Genießen wie die alten Römer

ILARIA GOZZINI GIACOSA

GENIESSEN WIE DIE ALTEN RÖMER

ANTIKE KÜCHE NEU ENTDECKT

Aus dem Italienischen von
Michaela Wunderle

Eichborn.

Die Originalausgabe erschien unter dem Titel: A Cena da Lucullo

Die Deutsche Bibliothek – CIP-Einheitsaufnahme

Gozzini Giacosa, Ilaria:
Geniessen wie die alten Römer: antike Küche neu entdeckt /
Ilaria Gozzini Giacosa. Aus dem Ital. von Michaela Wunderle.
– Frankfurt am Main: Eichborn, 1995
    ISBN 3-8218-1318-0

© Edizieni Piemme S.p.A.
Via Del Carmine, 5
15033 Casale Monferato (AL)
Italia

© für die deutsche Ausgabe: Vito von Eichborn GmbH & Co. KG, 1995
Lektorat: Lektoratsbüro Bonn
Gesamtgestaltung: Rüdiger Morgenweck
Satzbelichtung: Fuldaer Verlagsanstalt, Fulda
Printed in Slovakia
ISBN 3-8218-1318-0

Verlagsverzeichnis schickt gern:
Eichborn Verlag, Kaiserstr. 66, D-60329 Frankfurt/Main

VORWORT

*D*ie sogenannte »Geschichte des Kochens« fand ich schon immer unerträglich; so überflüssig
wie die vielen Bücher, die uns in der vergangenen zwei Jahrzehnten die Küche einer Katha-
rina von Medici, einer Platina, eines Apicius oder Archestratus nahebringen wollten.
Auf die Nerven ging mir das besserwisserische Gerede von Leuten, die lehrmeisterhaft ihre zwar
eifrigen, aber ahnungslosen Schüler zum Verzehr von Pfauen, Wildschweinen, Wolfsbarschen und
Pilzen aufforderten, ja, sie fast schon dazu nötigten. Gerade so, als wären inzwischen nicht viele
Jahrhunderte vergangen, als hätte bei der Aufbewahrung von Lebensmitteln nicht schon längst
der Kühlschrank die Funktion jener scheußlichen Salzlake übernommen, die in weit zurücklie-
genden Zeiten Eßbares haltbar machte.
Doch wie die vielen Organisatoren von Seminaren und Gesprächsrunden zu der Einsicht bringen, daß solcherlei Speisen unzeitgemäß sind, schon deshalb, weil die süßsaure Art der Zubereitung und die schweren Soßen der Römer heutzutage nicht mehr zu rechtfertigen sind?!
Daher fing ich mit einiger Skepsis an, das Vorwort für »Genießen wie die alten Römer« zu schreiben. Schließlich mußte ich dafür das komplette Buch lesen, Seite um Seite (wiewohl das doch
kaum noch üblich ist). Aha, dachte ich beim Anblick des Originalmanuskripts, da ist es ja wieder, das Geschwafel und die üblichen, endlosen Theorien über Dinge, die nun einmal der Vergan-
genheit angehören und durch die Jahrhunderte verfälscht worden sind.
Dann, beim Lesen, besann ich mich Seite um Seite eines Besseren: und auch Sie werden bei der
Lektüre jeden Vorbehalt verlieren. Natürlich nimmt es die Autorin sehr genau: Sie hat die antiken Texte übersetzt und zur Kontrolle mit anderen Übersetzungen verglichen. Zitate und Hinweise sind exakt belegt und so präzise wie die Kochkunst, die daraus resultiert.
Ilaria Gozzini Giacosa hat das altsprachliche Gymnasium der Ursulinen in Mailand besucht
und später an der Universitá Statale in Moralphilosophie promoviert. Als Kind hatte sie mitbe-
kommen, wie ihre Tante, die bekannte Latinistin und Gräzistin Rosa Calzecchi Onesti »De agricoltura« von Cato übersetzte. Sie erfuhr etwas über Sklaven und darüber, wie diese zu ernähren
seien. Später heiratete Ilaria Gozzini Giacosa einen Archäologen, der auch als Münzexperte für
eine bedeutende Schweizer Bank arbeitete. Sie wurde seine Assistentin. Von antiken Münzen bis
zur Küche der Antike ist es nur ein kleiner Schritt, und so kam es zu den hier gesammelten

Rezepten, auf die vermutlich jedes Adjektiv zutrifft außer »theoretisch«. Die Rezepte von Columella, Apicius, Cato und Petronius sind nämlich nicht nur wortgetreu übersetzt, sondern in der kleinen Züricher Küche der Autorin darüber hinaus praktisch erprobt worden. Der anfänglich skeptische Ehemann und die Tochter im Teenageralter konnten bald nicht mehr genug kriegen von der Soße zu Waldpilzen oder hart gekochten Eiern, von kalter Hühnerpastete, Kalbsbrieschen, Käse und Olivenpaste. Die Gerichte schmeckten immer besser, wurden lebendiger und aktueller. Mann, Tochter und die Köchin selbst waren die Versuchskaninchen. Dabei entstanden nicht nur streng werkgetreue Rezepte, sondern auch exakte Mengenangaben sowie behutsame und doch professionelle Bearbeitungen. Aus der köstlichen Küche von damals wurde das, was sie immer noch ist: Schlemmerei. Das Ergebnis dieser Arbeit halten Sie nun in Händen: 210 Rezepte von solch großer Aktualität, wie sie niemand für möglich gehalten hätte; und ich schon gar nicht.

EDUARDO RASPELLI

EINLEITUNG

In einer Zeit, in der jedes Journal eine andere Diät veröffentlicht und die Buchhandlungen von wunderbaren Kochbüchern überquellen, einer Zeit, in der sowohl Frauen als auch Männer das Kochen immer weniger als biblischen Fluch, sondern als kreative Kunst begreifen, erschien es mir ganz besonders interessant, herauszufinden, wie unsere einstigen Vorfahren, die alten Römer, aßen.

Nemo propheta in patria: Während sich die jungen Leute in den neuen Fast-food-Ketten drängen und triefend fette, verkohlte Hamburger verschlingen, wird den USA die »mediterrane Diät« als stärkster Feind von Cholesterin und Triglyzerid gepriesen. Und könnte es ein besseres Beispiel unverfälschter, echt mediterraner Ernährung als die antike römische Küche geben?!

Alles begann mit einem Scherz. Ich hörte in einem Restaurant an der sorrentinischen Küste, wie ausländische Touristen, noch ganz angetan vom Besuch in den Ruinen Pompejis, von einer dampfenden Pizza als der »Spezialität der antiken Römer, so einfach und so gut« schwärmten. Zuerst lachte ich über den Gedanken, die alten Römern hätten Tomatenpizza gegessen (womöglich von einem Vorfahr von Christoph Kolumbus gebacken); dann begann ich darüber nachzudenken. Während dessen sinnierte mein Mann, der gern gut ißt, mit lauter Stimme vor sich hin: »Wir konnten die früher nur ohne Tomaten leben?! Ohne Kartoffeln, ohne Paprika, ohne Auberginen, ohne Spaghetti und Risotto, ohne einen Espresso hinterher?! Und dann wird von ›mediterraner Diät‹ geredet! Alle Speisen, die einem beim Stichwort Mittelmeer einfallen, sind schließlich erst tausend Jahre nach dem Ende des römischen Reichs aus Amerika oder anderen fernen Ländern zu uns gekommen!«

Das stimmt, natürlich. Da jedoch jede Epoche die Eigenschaft besitzt, andere Ernährungsweisen außer der eigenen nicht zur Kenntnis zu nehmen, wollte ich wissen, welche Lebensmittel den »armen Römern« eigentlich zur Verfügung standen. Eins kam zum anderen. Kaum wußte ich, über welche »Rohstoffe« eine römische Hausfrau zu Julius Cäsars Zeiten verfügen konnte, bemühte ich mich schon herauszufinden, wie diese »Rohstoffe« miteinander kombiniert, wie sie gekocht, gewürzt und angerichtet wurden. Kurzum, ich wollte wissen, was vor 2000 Jahren in Rom auf den Tisch kam und wie es serviert wurde.

Noch heute führt man den Begriff »lukullisches Mahl« im Munde, gemeint ist damit ein erlesenes Essen. Daß damit an Lukull erinnert wird, den römischen General und berühmten Feinschmecker, der mehr wegen der kulinarischen Raffinessen, die er seinen Gästen bot, als wegen seiner militärischen Taten in die Geschichte einging, ist vielleicht in Vergessenheit geraten. Ich konnte also hoffen, Interessantes über ein Volk herauszufinden, das auf allen

Gebieten die Weltgeschichte derart nachhaltig geprägt hat. Tatsächlich fand ich sehr viele Rezepte. Manche sind raffiniert, wie etwa jene Vorspeise aus Trüffeln, die mit einer Kräuter-Vinaigrette angemacht wird. Andere sind rustikal, wie die Gemüsesuppe mit Schweinsfuß. Einige sind ausgefallen, wie die gekochten und gebratenen Gurken, oder witzig, wie jenes von den gepökelten Pfirsichen. Reichhaltig ist das Rezept von dem gefüllten Masthahn und verrückt wie das mit den Flamingo- oder Nachtigallenzungen. Aus diesen Rezepten, mit denen ich mich ausführlich zu beschäftigen begann, entstand schließlich ein Bild römischer Ernährungsgewohnheiten, das die Bauern und das gemeine Volk ebenso wie die Angehörigen der privilegierten Klassen einschloß. Auch die Orgien der kleinen Gruppe dekadenter Exzentriker fehlten nicht.

Als erstes entdeckte ich den wirklich interessanten altrömischen Lebens- und Ernährungsrhythmus, der mehr an die aktuellen Gewohnheiten eines Bewohners von London oder New York als an die heutigen Italiener erinnert. Ein Römer stand frühmorgens bei Sonnenaufgang auf; natürlich gab es kein elektrisches Licht, was ganz einfach bewirkte, daß sich die Menschen mit der Sonne erhoben und mit ihr schlafen legten:

Auf nun! Der Bäcker verkauft schon an die Knaben das Frühstück,
und die Schar mit dem Kamm kündet rings krähend den Tag.

(Martial XIV, 223)

Ähnlich dem heutigen Engländer, nahm ein Römer gleich nach dem Aufstehen ein reichhaltiges Frühstück (ientaculum) zu sich, das er allerdings im Stehen verzehrte. Für die Erwachsenen bestand ein solches Frühstück im allgemeinen aus den Resten vom Abend vorher (Oliven, Kapern, Eier, ein wenig Käse und Brot, Honig); für die Kinder dagegen gab es Milch und jene kleinen, süßen oder salzigen Fladen, auf die Martials Zeilen anspielen. Danach begann für den Bürger wie für den Landbewohner ein langer Arbeitstag. Wer sich in der Stadt aufhielt, hatte Aufgaben zu erledigen und begab sich deshalb zum Forum, zu den öffentlichen Ämtern, auf die Märkte und, wenn er mit jemanden Streit hatte, zu den Gerichten. Wer auf dem Lande lebte, ging auf die Felder, um dort die notwendige Arbeit zu verrichten oder um sich das zu holen, was er brauchte.

Mittags war es die Regel, während einer allgemeinen Pause einen Happen zu essen. Wer konnte, hielt auch ein Schläfchen, aber die meisten waren noch »in der City« oder bei der Arbeit, genauso wie heute. In solchen Fällen gab es die Möglichkeit, entweder eine Kleinigkeit in einem öffentlichen Lokal zu verzehren oder etwas bei den zahlreichen fliegenden Händlern zu kaufen. Wo und wie es auch stattfand, das Mittagessen (prandium) war stets sehr eingeschränkt, auch bei denjenigen, die mittags nach Hause kamen. Es war nur ein »Snack«, wie in der angelsächsischen Welt. Als später mit wachsendem Wohlstand und Komfort in allen großen und kleinen Städten Thermen entstanden, wurde es Usus, sich in der Mittagspause oder gegen Ende des Tages dorthin zu begeben und nach Bad, Gymnastik und Massage eine Kleinigkeit zu sich zu nehmen. Unter dem Vorwand, den Körper zu pflegen und Gymnastik zu treiben, wurden in diesen antiken Fitneßclubs interessante gesellschaftliche Beziehungen geknüpft und die Grundlage für Geschäfte und Verhandlungen gelegt. Wie moderne Manager machten auch die römischen VIPs den Besuch der Thermen zu einer Prestigefrage. Rings um die Bäder schossen Eßlokale aus dem Boden, und ihre unternehmerischen Besitzer schickten ihre Burschen sogar in die Thermen hinein, damit sie dort im Winter warme und im Sommer kalte Leckerbissen feilboten.

Bei Sonnenuntergang, am Ende des Tages, versammelte sich die Familie zum Abendessen (cena oder coena), der reichhaltigsten und vollständigsten Mahlzeit des Tages. Natürlich unterschied sich das Menü je nach Familie und auch danach, ob jemand in der Stadt lebte oder auf dem Lande. Außerdem hatte jede historische Epoche ihre Eigenart: In früheren Zeiten begnügte man sich mit Getreide- oder Gemüsesuppe, Milch, Käse, frischen oder getrockneten Früchten, ein paar Oliven und manchmal etwas Speck. Mit der Verfeinerung der Sitten und der Einführung neuer Nahrungsmittel änderte sich natürlich auch die Art und Weise der Ernährung. Das Brot löste die Suppe und den simplen Mehlbrei ab, und Fleisch, das bei den Armen stets rar war, erschien auf dem Speisezettel der Wohlhabenden. In jedem Fall und in jeder Familie aber versammelten sich abends alle um einen Tisch und nahmen die üppigste Mahlzeit des Tages ein. In den wohlhabenden Kreisen wurden natürlich zuweilen auch Gäste geladen, und dann bereitete man mehr zu als das tagtäglich Übliche. Dann wurde aus dem Abendessen ein convivium (Gastmahl, Bankett); bei den Getränken waren bestimmte Regeln zu befolgen, und die Gänge entsprachen einer festgelegten Zahl. Hier finden wir kuriose Analogien zu den italienischen Sitten von heute. Das Gastmahl begann mit üppigen Vorspeisen (gustum, gustatio oder promulsis), auf die schwere Gerichte (mensa prima oder caput cenae) folgten. Zum Abschluß reichte man das – im allgemeinen aus Obst und Süßigkeiten bestehende – Dessert (mensa secunda).

Natürlich hatte nicht jede Familie regelmäßig Gäste, aber es gab doch sehr viele Personen, die aus beruflichen Gründen gewöhnlich Fremde zu Tisch baten: die Patrone, die sich stets das Haus voller Clienten (Schützlinge) luden, waren reiche und einflußreiche Persönlichkeiten, »Bonzen« der damaligen Politik und Finanzwelt. Die Clienten wären heutzutage junge, hoffnungsvolle Politiker, gesellschaftliche Aufsteiger, Künstler, die nach einem Sponsor suchten, Anwälte ohne Zulauf. Der patronus war gehalten, diese clientes in seinem Haus zu empfangen und sie an seine Tafel zu laden. Falls dieser absolut keine Lust dazu verspürte und jene so arm waren, daß sie nicht ausreichend zu essen hatten, bot er ihnen Speisen, die sie in einem Korb, sportula, mitnehmen konnten. Jedes Mahl bei einem dieser »großen Tiere« bestand aus einem großen Bankett mit vielen Gängen, die bisweilen nur auf Wirkung abzielten, aber auch nach phantasievollen Rezepten zubereitet waren.

Faszinierend und überraschend erschien mir die Entdeckung, daß einige antike römische Gerichte in der regionalen Küche Italiens und anderen Ländern des ehemaligen römischen Reichs bis heute fortleben.

Deshalb wollte ich der vorliegenden Rezeptesammlung folgende Struktur geben: Als erstes habe ich das originale, lateinische Rezept transkribiert, anschließend genau übersetzt und schließlich kommentiert, so daß die praktische Umsetzung in der Küche gewährleistet ist. Falls es mir interessant erschien, habe ich den Vergleich mit einem heutigen Rezept aus einer italienischen Region oder aus einem anderen mediterranen Land wie der Türkei oder dem Libanon angefügt. Die Mengenangaben stehen jeweils am Schluß, falls sie nicht schon im römischen Originalrezept genannt wurden.

Das Buch setzt voraus, daß diejenigen, die römische Spezialitäten nachkochen wollen, bereits über einige Kochkenntnisse verfügen. Ich habe die elementarsten Verfahren nämlich nicht im einzelnen erläutert, sondern bin davon ausgegangen, daß der Leser weiß, wie man gekochtes Rindfleisch, einen Braten, süße Crème oder Mayonnaise zubereitet. Außerdem habe ich unter den antiken Rezepten nur solche ausgewählt, die wir heute ohne Veränderungen und verfälschende Beigaben nachkochen können. Mein Ziel war es, den authentischen, wenngleich zuweilen ungewöhnlichen Geschmack aus der Antike wiederzufinden, und nicht, das Rezept zu modernisieren. Es lag auch nicht in meiner Absicht, eine Abhandlung über eine vergessene Kochkunst zu schreiben, über die in Rom so beliebten süßsauren Spezialitäten, die weise Verwendung der unzähligen aromatischen Kräuter, die in Italien ja auch heute noch in Hülle und Fülle vorhanden sind, oder die raffinierten, der Tafel eines Lukull wahrhaft würdigen Leckerbissen. Die Rezepte wenden sich an alle, die Phantasie haben, Lust auf Neuerungen im Speiseplan und eine Familie, die mitzieht, indem sie statt der täglichen Spaghetti gern einmal etwas anderes probiert.

1. KAPITEL

DIE ANTIKEN QUELLEN

Das Essen für das Gesinde

... den Fußgefesselten im Winter: vier Pfund Brot; sobald sie anfangen, die Weinländerei umzugraben: fünf Pfund dauernd, bis sie anfangen, Feigen zu essen; dann kehre zu vier Pfund zurück.

(Cato, *De agricoltura*, LVI)

Tod eines Feinschmeckers

Nachdem er Tausende von Sesterzen in der Küche verschwendet hatte, sah sich Apicius von drückenden Schulden gezwungen, sein Vermögen zu überschlagen, und sobald er herausfand, daß ihm noch einige hundert Sesterzen geblieben waren, gab er sich mit Gift den Tod, denn er fürchtete, Hunger leiden zu müssen.

(Seneca, *Brief an die Mutter Elvia*, 10, 8-9)

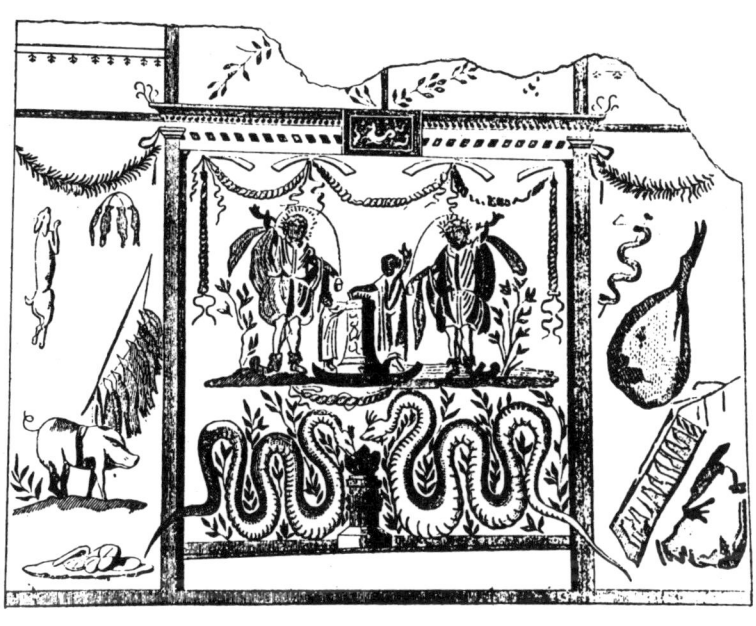

Wer – wie ich – eine Untersuchung über die Ernährung und die Küche der alten Römer unter die Lupe nehmen will, hat zahllose und ganz unterschiedliche Quellen zur Verfügung. Die Entwicklung der römischen Zivilisation umfaßt einen Zeitraum von über 1000 Jahren, und damit änderten sich natürlich auch Ernährung und Eßgewohnheiten der Römer. In den Jahrhunderten nach seiner Gründung vollzog sich in Rom ein allmählicher Wandel von einer im ganzen ärmlichen autarken Viehwirtschaft mit wenigen Produkten zu einer vielseitigeren Ökonomie. Das römische Reich umfaßte schließlich riesige Gebiete in drei Kontinenten, und dementsprechend groß war die Anzahl der verfügbaren Nahrungsmittel.

Natürlich spiegeln auch die Quellen, die wir heranziehen, die einzelnen Epochen dieser Geschichte wider. Aber vielleicht möchte der Leser nicht nur etwas über Autoren und Traktate erfahren, sondern auch über die Schriftsteller der Kochrezepte. Ebenso interessant sind die historischen Beschreibungen von großen Menüs und vom Ablauf eines festlichen Gastmahls. Unsere Autoren sind Cato und Columella, Apicius und Petronius, Martial und Juvenal.
Cato und Columella verfaßten Schriften über die Landwirtschaft, Cato um 180 v.Chr., Columella mehr als zweihundert Jahre später, zwischen 35 und 45 n.Chr. Auf den ersten Blick gibt es keinen Zusammenhang zwischen dem Inhalt dieser Werke und dem Thema »Küche«. Die Lehrbücher behandeln Themen wie Viehzucht, Weinbau und Veredelung von Obstbäumen. Es gibt aber auch Rezepte für einfache Speisen, zum Beispiel gewürzte Oliven aus eigener Ernte, sowie Ratschläge zur Ernährung der Feldsklaven oder für die Vorratshaltung.
So sind die Werke von Cato und Columella sehr aufschlußreich für uns. Wir finden dort Rezepte für einfache Getreidesuppen und erfahren, wie man Käse raffiniert würzt oder Obst und Gemüse haltbar macht.

Cato, der Zensor, ist außerdem eine sehr bekannte Persönlichkeit in der Geschichte der römischen Republik: Wir kennen ihn aus den Schulbüchern als den großen Feind Karthagos. Bei jeder Gelegenheit ergriff er im Senat das Wort, warnte seine Mitbürger und forderte sie auf, den gefährlichsten Feind Roms im Mittelmeerraum zu vernichten. Nach der Überlieferung war Cato indes nicht nur Politiker, sondern auch Landwirt. Mit den typischen Eigenschaften eines römischen Republikaners ausgestattet – streng, schroff, arbeitsam und sparsam –, hatte er als Jüngling auf den bescheidenen Gütern seiner Familie gearbeitet. Später, als wohlhabender Mann, betrieb er die Landarbeit stets neben seiner politischen Tätigkeit. Dadurch erwarb er sich ein beträchtliches Wissen, das in seinem Werk De agricoltura Früchte trug. Darin unterweist Cato Bauern (oder Gutsverwalter), wie ein landwirtschaftliches Anwesen zu führen sei, welche Arbeiten Sklaven zu verrichten hätten, wie diese zu ernähren, ja sogar welche Opferfladen für die den Göttern geweihten Rituale zuzubereiten seien.

Columella, von Beruf Soldat und »Landwirt« zugleich, entstammte einer sehr wohlhabenden spanischen Familie. Er hatte in Spanien viel Land geerbt und weiteres in Latium erworben. Neben seinem Leben als Soldat und Politiker war er auch Chef einer Gärtnerei, die anscheinend gut florierte.

Seine Abhandlung De re rustica ist sehr viel gründlicher und sachkundiger als die von Cato. Sie umfaßt dreizehn Bände mit dreizehn Themen. Für uns ist vor allem der zwölfte Band von Nutzen, denn er enthält zahlreiche Rezepte zur Aufbewahrung von Obst und Gemüse sowie Hinweise über das Verfahren bei der Zubereitung von Wein, Essig und Senf.

Zwei weitere Autoren, Petronius und Apicius, sind Zeitgenossen Columellas. Für uns sind sie die ergiebigste Quelle über die römische Küche. Obgleich beide in ihrer Zeit zur »Crème« der römischen Gesellschaft gehörten, waren sie so grundverschieden wie die Werke, die sie hinterließen: Apicius eine Abhandlung über die Küche, die berühmteste der Antike, Petronius dagegen einen Roman, in dem er mit fast modernem Humor ein Festessen im Haus eines Neureichen schildert.

Der erste Text liefert dem heutigen Leser etwa fünfhundert Rezepte; der zweite dagegen ist eine wahre Fundgrube: Er gibt Aufschluß über die Speisenfolge bei den Gastmählern der Reichen, über ihre Gewohnheiten beim festlichen Tafeln, kurzum, über die ganze Tischkultur der eleganten Gesellschaft zu Neros Zeiten.

Apicius war ein schrulliger Milliardär und Zeitgenosse von Kaiser Tiberius; eine eigenartige Gestalt, Lebemann und perfekter Koch aus Liebhaberei, der in den besten Kreisen der Hauptstadt verkehrte. Er veranstaltete prunkvolle Gastmähler und ersann dafür ausgefallene Gerichte, die er selbst zubereitete. Flamingo- und Nachtigallenzungen, Kamelfersen, gebratener Strauß und die gefüllte Gebärmutter einer Jungsau sind nur einige der Gerichte, die der exzentrische Feinschmecker kreierte.

Über ihn gibt es alle möglichen Anekdoten: Es ist bekannt, daß er oft zu den Versteigerungen auf dem Fischmarkt ging. Eines Tages bot er eine riesige Summe für eine ungewöhnlich große Seebarbe, während die kaiserliche Familie im Palast nervös auf den Ausgang der Versteigerung wartete. (Der Chronik nach gelang es ihm nicht, die Seebarbe zu ergattern, die für 5000 Sesterzen verkauft wurde.)

Ein andermal bemannte er ein Schiff, weil er gehört hatte, daß die Krebse, die vor der libyschen Küste gefangen wurden, ganz besonders groß seien. An Ort und Stelle mußte er aber feststellen, daß die Krebse sich von denen, die es in Rom gab, in nichts unterschieden; Apicius ließ das Schiff wenden, ohne einen Fuß an Land zu setzen.

Nach dem berühmten Naturforscher Plinius war es die Idee von Apicius, Gänse mit Feigen zu mästen, um ihre Lebern zu vergrößern. Demnach käme die foie gras von uns und nicht aus Frankreich!

Apicius, der Hobbykoch, bereitete mit größtem Geschick delikate Soßen und raffinierte Leckerbissen zu. Er war ein Gentleman, ein Herr, der sich der Kochkunst mit Geschmack und Können widmete. Dabei verkehrte er mit einem engen Kreis von Personen seines gesellschaftlichen Niveaus, schon darum, weil er nur solchen Leuten Klößchen aus Hummerfleisch oder einen guten Trüffelsalat vorsetzen konnte.

Von den wenigen alten Rezepten, deren Erfinder bekannt sind, tragen bestimmt sieben den Namen von Apicius, angefangen bei der berühmten salsa apiciana bis zur patina apiciana. Die Namen, die er seinen Gerichten gab, wurden beibehalten: Wer auch immer ein Omelett zubereitete, nannte es fortan patina, und das galt auch für die concicla (Gemüsepüree), das minutal (Frikassee), die ofellae (Ragout) und die isica (Frikadelle). Noch zweihundert Jahre nach Apicius' Tod rühmte sich der berüchtigte Kaiser Heliogabal, seine Gastmähler überträfen »an Pomp und Prunk selbst die Tafel eines Apicius« (Storia Augusta, Vita di Elagabola), und noch vierhundert Jahre später, zur Zeit des Heiligen Hieronymus, wurde ein hervorragender Koch »ein Apicius« genannt.

Das Leben dieser einzigartigen Persönlichkeit endete freilich tragisch; Apicius hatte ein Vermögen vergeudet, um sich die Narrheiten gestatten zu können, die er so liebte. Als er aber eines Tages seine Kosten überschlug, stellte er fest, daß er seinen Lebensstil so nicht mehr weiterführen konnte. Er brachte sich mit Gift um.

Wir wissen, daß er diverse Abhandlungen über das Kochen verfaßte, darunter eine besonders bedeutende über Soßen, De condituris. Später wurde Apicius' gesamtes Werk in einem einzigen Traktat – De re coquinaria – zusammengefaßt, das in zehn Bücher unterteilt ist. Diese Sammlung, die in einer Ausgabe aus dem IV. Jahrhundert erhalten und in verkommenem Latein abgefaßt ist, enthält auch Rezepte anderer Autoren, vielleicht von einem Schreiber eingefügt, weil sie an den Textrand gekritzelt waren. Uns braucht das jedoch nicht weiter zu kümmern, im Gegenteil, die Rezeptesammlung wird dadurch noch reizvoller, können wir uns doch ausmalen, wie jemand, der diese Vorläufer unserer heutigen Kochbücher im Gebrauch hatte, anderswo gelesene oder gehörte Rezepte in sein Lieblingskochbuch eintrug. Ganz genauso machen es auch heute viele Köchinnen.

Und nun zum Roman des Petronius: Dem berühmten Satyricon, nach dem Fellini einen seiner bekanntesten Filme drehte, gebührt ein besonderer Platz in unseren Quellen. Der Hauptteil des Romans, das nicht minder berühmte Gastmahl des Trimalchio, eine Art »Großes Fressen« in römischer Zeit, ist weithin bekannt und mit ihm sein geistreicher Autor.

Kein Wort könnte Petronius' Leben und Persönlichkeit besser beleuchten als jenes, das Tacitus ihm widmete: »Bei ihm verging der Tag mit Schlaf, die Nacht mit Geschäften und Lustbarkeiten; und wie andere durch Fleiß, so hatte er sich durch Müßiggang einen Namen gemacht. Dabei galt er nicht als Schlemmer und Prasser wie die meisten, die ihre Habe durchbringen, sondern kultivierter Lebenskünstler. Zuerst als Prokonsul und dann als Konsul von Bythnien bewies er Tüchtigkeit und Tatkraft. Später verfiel er wieder dem Lasterleben – zumindest schien es so. Im engsten Vertrautenkreis Neros war er oberste Instanz in allen Fragen des Geschmacks (arbiter elegantiae): schien doch jenem nichts reizvoll und von behaglicher Üppigkeit zu sein, was Petronius ihm nicht empfohlen hatte.« (Annalen, XVI,18)

Dieser Lord Brummel der Antike, »Schiedsrichter des guten Geschmacks«, beschreibt im Gastmahl des Trimalchio eine Orgie des »schlechten Geschmacks«, alles, was ein zum Milliardär gewordener Bauerntropf nur anstellen und sagen konnte. Die Beschreibung des Fests, das der freigelassene Sklave Trimalchio seinen Gästen bietet, ist reine Satire, und es ist schier unvorstellbar, wie ein normaler Mensch derartige Unmäßigkeiten veranstalten konnte. Für uns bleibt das Gastmahl das – zwar verzerrende, aber dennoch aufschlußreiche – Spiegelbild einer dekadenten Gesellschaft; und in Petronius Beschreibung vom Ablauf des Mahls und der dabei gereichten Speisen können wir hinter der gewollten Übertreibung deutlich die Tischsitten und Umgangsformen dieser Epoche erkennen.

Doch fiel dieser vornehme, anspruchsvolle und gebildete Herr, der die Scharen gerissener Schmarotzer, die den Hof des Nero inzwischen beherrschten, kaum ertrug, beim Kaiser eines Tages in Ungnade. Ausgerechnet Tigellinus, am kaiserlichen Hof der mächtigste jener Freigelassenen, die er im Satyricon verspottet hatte, verleumdete ihn bei Nero und setzte seine Verurteilung durch.

Petronius gab sich den ihm als Strafe auferlegten Tod als der Herr, als der er gelebt hatte. »Der Kaiser hatte sich in jenen Tagen gerade nach Kampanien begeben, und als Petronius nach Cumae gelangt war, wurde er dort in Gewahrsam gehalten. Da trug er es nicht länger, Furcht oder Hoffnung sich hinziehen zu sehen. Aber er stieß auch nicht blindlings das Leben von sich, nein: Die Pulsadern wurden aufgeschnitten, beliebig abgebunden und wieder geöffnet unter Worten an die Freunde, nicht in ernsten Tönen oder so, daß er sich damit der Standhaftigkeit nachrühmen lassen wollte. Er ging zur Tafel, überließ sich dem Schlaf, um seinen wenngleich erzwungenen Tod einem natürlichen anzugleichen. Nicht einmal mit seinem Testament schmeichelte er sich, wie die meisten im Augenblick des Untergangs, bei Nero oder Tigellinus oder irgendeinem Machthaber ein.« (Tacitus, Annalen, XVI, 19)

Eine lebhafte Beschreibung des Alltaglebens in Rom liefern uns schließlich noch Martial und Juvenal. Die beiden Dichter aus dem 1. Jahrhundert n.Chr. sind eine Fundgrube für viele nützliche Details; das gilt insbesondere für Martial.

Dieser Dichter spanischer Herkunft kam nach Rom, um dort sein Glück zu finden und einen vermögenden Mäzen dazu. Er ist der typische Client, ein Mensch, den das Leben dazu zwingt, einen anderen, oft sehr viel Dümmeren dominus zu nennen, um finanzielle Unterstützung oder eine Einladung zum Abendessen zu erhalten. Martial beschreibt in seinen kecken, lebhaften Epigrammen, welch ein mühseliges Leben er führte, und als krasses Gegenteil des bequemen Lebens der Reichen, bei denen er notgedrungen verkehrte. In seinen Epigrammen finden wir auch hie und da Hinweise auf die Speisenfolge bei Gastmählern und auf bevorzugte Speisen.

1 Das Fresko zeigt einen Garten im Haus des Livia in Prima porta in Rom.
2 Szene eines Gastmahls aus einem Fresko in Pompei.
3 Mosaik aus Pompei, das ein Meerstück zeigt mit Fischen, Weich- und Krustentieren.

Hilfreich für uns sind vor allem die beiden Gedichtsammlungen am Schluß der Epigramme, Xenia und Apophoreta. Xenia enthält die Verse, welche die eßbaren Geschenke begleiteten, die die Römer bei den wichtigsten Festen des Jahres, den Saturnalien, austauschten. Apophoreta beschreibt die Gaben, welche die Gäste zum Schluß eines Festessens von ihrem Amphytrion, ihrem Gastgeber, empfingen.

Über Juvenal, unseren letzten Autor, ist nur wenig bekannt. Italischer Herkunft, Verfasser der Satire, worin er über das lasterhafte Leben der römischen Gesellschaft zur Kaiserzeit spottet, lebte er zu Zeiten Domitians (81-96 n.Chr.) und später unter der ruhigen Herrschaft von Nerva, Traian und Hadrian (96-138 n.Chr.) in Rom. Interessante Quelle zum Kennenlernen der römischen Küche ist vor allem die 5. Satire, welche die für die Clienten erniedrigenden Gastmähler schildert, und die 4. Satire, die sarkastisch eine Senatssitzung des bösartigen Kaisers Domitian beschreibt, auf welcher beratschlagt werden soll, welches Gefäß und Rezept sich am besten für die Zubereitung jenes kolossalen Steinbutts eignet, der bei Ancona gefischt und dem Kaiser geschenkt worden war.

Die kritischen Ausgaben der antiken Werke und andere von mir verwendeten Quellen habe ich für alle, die sie kennenlernen wollen, am Ende des Buchs in der Bibliographie aufgelistet, zusammen mit den wichtigsten modernen Texten zu Geschichte, Leben, Sitte, Küche und Ernährung im antiken Rom.

2. Kapitel
NAHRUNGSMITTEL IM ALTEN ROM

Speisen und Getränke sind nicht nur eine Hilfe bei der Heilung von jeder Krankheit, sie gewährleisten auch gute Gesundheit. Deshalb müssen wir ihre Eigenschaften kennen, sei es, damit gesunde Menschen wissen, wie sie damit umgehen, sei es, um bei der Behandlung von Krankheiten bestimmen zu können, welche Nahrung zu verordnen sei.

(Celsus, *De re medica*, 2)

Dem Asellius Sabinus gab er 100.000 Sesterzen zum Geschenk für einen Dialog, in dem ein Champignon, die Schnepfe, die Auster und der Krammetsvogel um den Vorrang als beste Speise stritten.

(Sueton, *Das Leben des Tiberius*, 42,2)

Bestürzung überfällt den modernen Menschen, wenn er eine Zusammenstellung der Nahrungsmittel betrachtet, die Römern, anderen Mittelmeervölkern und den Ländern des heutigen Europas zur Verfügung standen: Viele Speisen, die heute als unverzichtbar für die Ernährung gelten, gab es damals nicht.

Da ist als erstes die wichtigste Zutat unserer heutigen Küche, die Tomate! – und auch die Kartoffel, die in Nordeuropa vielen Generationen das Überleben ermöglicht hat: Beide Nahrungsmittel kamen erst nach der Entdeckung Amerikas nach Europa; und mit ihnen Auberginen, Paprika und Peperoncini, Truthähne und Mais (damit die Polenta, die noch vor fünfzig Jahren Hauptnahrung unserer Bergbewohner war). Nahrungsmittel, die jeden Tag auf unseren Tisch kommen und mittlerweile die Quintessenz der mediterranen Küche darstellen: Mais und Truthahn sogar in solchem Maße, daß der italienische Name für Mais – granoturco – und der englische für Truthahn – turkey – untrennbar mit einem so mediterranen Land wie der Türkei verbunden sind. Durch Abwesenheit glänzt auch unsere Pasta: Die vielgestaltigen Teigwaren aus Hartweizen mit oder ohne Ei erscheinen erst recht spät auf unserer Tafel. Den Reis wiederum kannten die Römer, sie importierten ihn aus Indien, denn in Italien wurde er damals noch nicht angebaut; in der Küche benutzte man ihn freilich nur als Bindemittel, als Reisstärke.

Die Datteln einmal ausgenommen, fehlten natürlich auch exotische Früchte und nahezu alle Zitrusfrüchte. Sizilien also ohne Orangen, die dort erst im 10. Jahrhundert n.Chr. von den Arabern eingeführt wurden: Zu haben waren einzig Zitronen und Zedernfrüchte

(Zitro12*catum* (Feigenleber), und das Wort *ficatum* ist nichts anders als der direkte Vorläufer des heutigen italienischen Worts für Leber, »fegato«.

Speck, allerlei Würste und Schinken reicherten den Speisezettel an. Lombarden und Veneter wird erstaunen, daß die beliebteste Wurst die lucanica war, die Wurst aus Lukanien, der heutigen Basilikata. »Aus Lukanien komm ich als Tochter picenischen Schweines. Auf den schneeigen Brei legt man mich gerne als Kranz!« sagt Martial, als er einem Freund lukanische Würste sendet (XIII, 35). Die Vorläuferin unserer »luganighe« wurde bei den Römern also mit Polenta zusammen gegessen, natürlich einer Polenta — oder puls — aus Dinkel, nicht aus Mais; doch die glückliche Idee, Polenta mit Würsten zu vereinen, hatte man also schon damals.

Gemüse, das im alten Rom oftmals als Vorspeise verwendet wurde, gab es in sehr großer Vielfalt: Spargel und Artischocken, Mangold und Kohl, Rübensprößlinge und Karotten, Kardendisteln und Rüben, Zwiebeln und Porree sowie Kürbis und Gurken. Auch Salat kam auf den Tisch: Lattich, Kopfsalat, Brunnenkresse, Zichorie, Endivie und Malve waren roh und gekocht als Vorspeisen sehr beliebt. Dickbohnen, Lupinen, Linsen, Kichererbsen und Erbsen gaben die Grundlage für Suppen und Beilagen ab.

Ein weiterer Reichtum der römischen Tafel waren Käse und Obst: Käse, vorwiegend von Schaf und Ziege, war in der republikanischen Epoche lange Zeit Ernährungsgrundlage und blieb es auf dem Land und bei der ärmeren Bevölkerung auch noch in kaiserlicher Zeit.
Martial hat uns einige Bezeichnungen für Käse überliefert: Vestino hieß einer und ein anderer trebula, ein toskanischer Käse kam aus dem etruskischen Luni und ein geräucherter aus Velabro.

Wertvolle Hinweise liefert uns auch diesmal die liebenswerte Sitte, Freunden anläßlich der Saturnalien Leckerbissen mit einer gereimten Widmung zu schicken: »Den Käse aus Trebula kannst du mit Wasser und Feuer kochen«, schreibt Martial seinem Freund. Der Käse wurde also warm (vielleicht gebacken oder gegrillt) gegessen und mit Wasser und gestoßenem Korn vermengt, um daraus würzige Fladen zu backen. Kräuter spielten beim Anrichten von Käse ebenfalls eine Rolle (wie heute); ein lebendiges Bild bukolischen Lebens liefert uns die Beschreibung eines Bauern, der am frühen Morgen sein Essen für den Abend zubereitet: Fladenbrot und Käse, mit Kräutern und Knoblauch vermischt (Appendix Virgiliana, Moretum). Das Rezept dazu finden Sie im Kapitel über die Vorspeisen.

Auch Obst in Hülle und Fülle kam auf die römische Tafel. Es schloß das Mahl ab, so wie es auch heute noch ein italienisches Essen abrundet: Ab ovo usque ad malum lautete das Sprichwort, »vom Ei (der bevorzugten Vorspeise) zur Frucht (das Wort malum meinte nicht nur unsere Äpfel!)«. Dieser Ausdruck ist noch heute gebräuchlich: Cominciare ab ovo (beim Ei beginnen) ist eine geläufige Redewendung, auch wenn ihr Ursprung wahrscheinlich vielen unbekannt ist. Usque ad malum also – welche Frucht war da wohl gemeint? Dutzenderlei Sorten von Äpfeln oder Birnen, Granat- und Azaroläpfeln, Quitten, Pflaumen, Brombeeren und Maulbeeren. Seit dem 1. Jahrhundert v.Chr. auch köstliche Kirschen, welche der berühmte, milliardenschwere General Lukull vom fernen Schwarzen Meer mitgebracht hatte; seit dem 1. Jahrhundert n.Chr. Pfirsiche und Aprikosen. Die Aprikosen kamen aus Armenien (malum precox o precoquium), die Pfirsiche, und das besagt schon ihr italienischer Name pesca oder persica, aus Persien (malum persicum). Die königlichsten Früchte aber, die seit jeher an den mediterranen Gestaden gediehen, waren Feigen und Weintrauben. Dazu gesellten sich im Sommer Zucker-, Netz- und Wassermelonen zum Durstlöschen, im Winter getrocknete Früchte und Haselnüsse, Walnüsse, Mandeln und Pinienkerne sowie aus Palästina und Äthiopien importierte Datteln. Zu guter Letzt sei noch die typischste aller mediterranen Früchte erwähnt, die als Vorspeise und als Dessert Verwendung fand: die Olive.

Diese kurze Übersicht über die zu römischer Zeit gebräuchlichen Nahrungsmittel wäre unvollständig, wenn wir nicht auch das Getreide erwähnten. Viele Jahrhunderte lang war es die Ernährungsgrundlage, genauso wie heute, nur in anderer Gestalt die alten Römer kannten ja schließlich keine Spaghetti-Gelage.

Aber sie rührten aus den verfügbaren Getreidearten schmackhafte Suppen und Mehlbreie zusammen, aßen Brot und Fladen wie wir. Vor allem war ihr Getreide, das noch nicht durch industrielle Verfahrensweisen zugerichtet wurde, sehr viel wertvoller als unser heutiges.

Die anpassungs- und widerstandsfähige Gerste wurde vielleicht als erstes Getreide angebaut; als Grundnahrungsmittel der Soldaten war sie zur Zeit der Republik das gebräuchlichste Getreide. In der Kaiserzeit ging dann ihre Verwendung stark zurück.

Dinkel oder Spelz, der zu hart war, um zu feinem Mehl gemahlen zu werden, wurde zerkleinert und zu Grießbrei oder Mehlspeisen verkocht; solange, bis es die Einführung von Weizen oder triticum zu Beginn des 5. Jahrhunderts v.Chr. ermöglichte, Mehl herzustellen und damit Brot und Fladen.

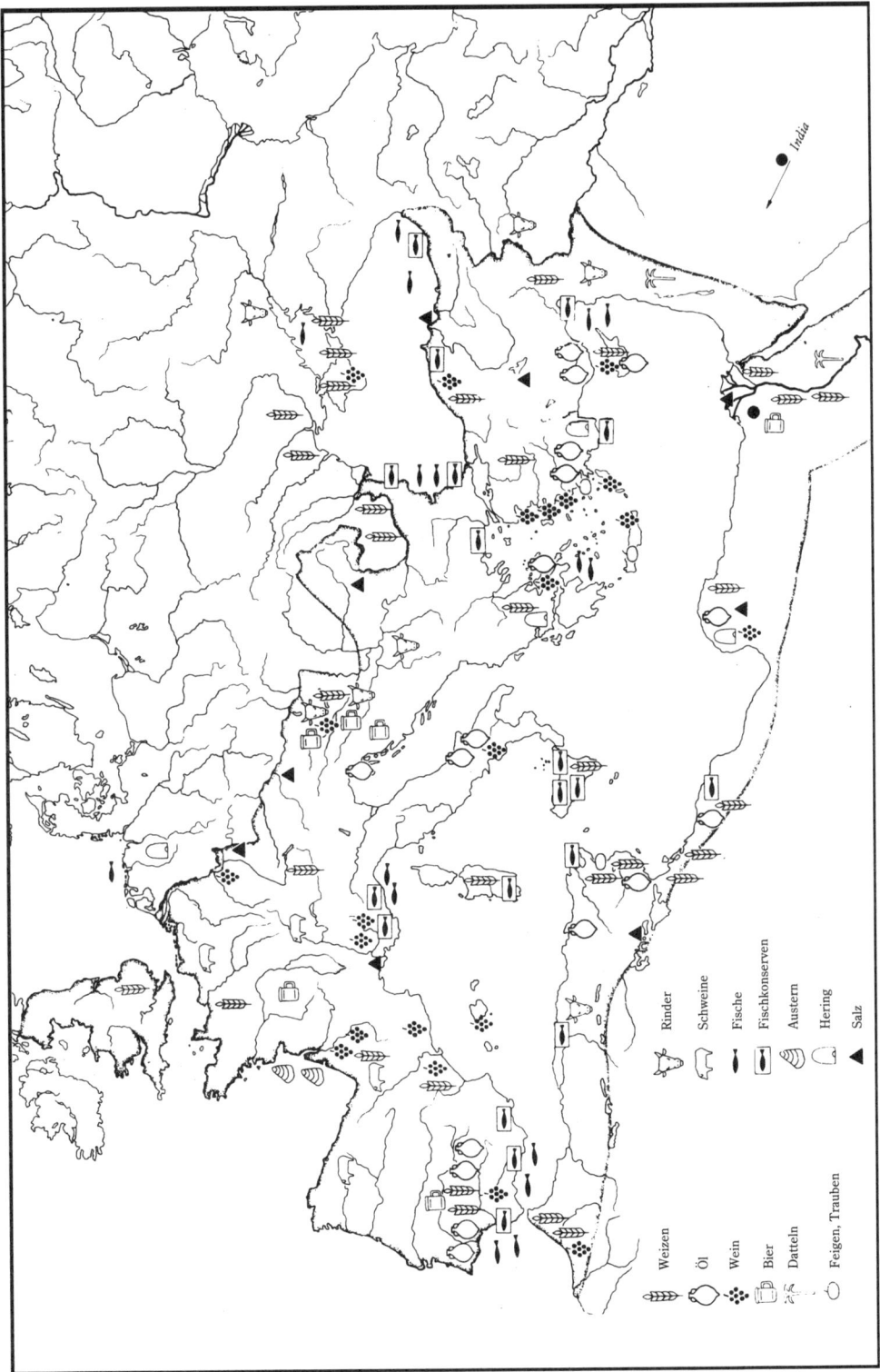

Rinder

Schweine

Fische

Fischkonserven

Austern

Hering

Salz

Weizen

Öl

Wein

Bier

Datteln

Feigen, Trauben

India

Hafer galt bei den Römern ausschließlich als Nahrungsmittel für Tiere, während Hirse und Kolbenhirse für die puls (Polenta) oder Mehlbreie verwendet wurden. Hirse bleibt auch im Mittelalter für die Armen das Grundnahrungsmittel für die Zubereitung von Suppen. Und Roggen schließlich galt im Grunde nur als Unkraut, allenfalls mischte man ihn mit Dinkel, um puls daraus herzustellen.

Der heute so gebräuchliche Reis wurde als Luxusprodukt aus Indien importiert; bei Ausgrabungen aus römischer Zeit wurde er sogar jenseits der Alpen gefunden. In Form von Stärke wurde er als Bindemittel (wie bei uns heute Kartoffel- oder Maisstärke) und in der Medizin verwendet. Der Anbau von Reis als Nahrungsmittel beginnt in Europa erst im 13. Jahrhundert durch die Araber in Spanien. Und wieder berührt es uns eigenartig, wenn wir feststellen, daß ein Nahrungsmittel, das viele Generationen lang Hauptbestandteil der Ernährung ganzer italienischer Landstriche war, erst so spät zu uns kam und nicht aus Italien stammt.

Wie wir sehen, hatten die Römer Brot. Unendlich viele Sorten: Weißbrot, Schwarzbrot, Brot aus Hefeteig, Schiffszwieback für Seeleute, und, schon damals, wohlschmeckende Brötchen mit Mohn, Anis, Fenchel, Sellerie und Kumin.

Der Bäcker (pistor oder triticarius, oder, wenn er Fladen buk, placentarius genannt) hatte drei unterschiedlich fein gesiebte Mehlarten zur Verfügung: unser Auszugsmehl (siligo oder pollen genannt), eine Mischart (simila oder similago) und ein Vollkornmehl (das cibarium), Mehl, »dem nichts weggenommen wurde«, wie Celsus sagt, ungesiebtes Mehl also. Der Bäcker verfügte auch über Hefe (auf lateinisch fermentum). Er konnte somit entscheiden, ob er ungesäuertes Brot zubereiten oder es gehen lassen wollte. Aus dem Schaum, der während der Gärung von Bier entstand, wurde in Spanien und Gallien Bierhefe hergestellt (Plinius XVIII, 12), die das Brot besonders weich und delikat machte. Die beste Hefe wurde indes aus

Hirse gewonnen. »Wer ein ganzes Jahr lang Hefe haben will, vermische den Schaum, der in den Gefäßen, in denen Wein vergärt, an die Oberfläche steigt, mit Mehl der Hirse, verrühre gut und forme Häufchen daraus, die an der Sonne trocknen werden. Dann bewahre sie an einem trockenem Ort auf.« (Geoponica, 2, 23)

Bliebe nur noch, über die Getränke der alten Römer zu sprechen, vor allem über den Wein, aber auch über mulsum, Apfelwein und Bier. Aber dazu verweisen wir auf das 12. Kapitel, das sich mit diesem Thema befaßt.

Und schließlich noch ein Wort zu den Läden, die Lebensmittel verkauften: Wer auf dem Land lebte oder große Güter besaß, verfügte über sehr viele notwendige Produkte, ohne welche kaufen zu müssen. Was Cato und Columella beschreiben, läßt ein praktisch autarkes

System erkennen; sein Zweck besteht ausdrücklich darin, alles Lebensnotwendige selbst herzustellen, und zwar sowohl Lebensmittel als auch Kleidung. Natürlich hatten die Bewohner Roms oder andere Stadtbewohner diese Möglichkeit nicht; deshalb wuchs die Zahl der Läden in jeder großen und kleinen Stadt im Lauf der Zeit mit den Bedürfnissen. Auch erlebte Rom – in seiner Bedeutung am Anfang vergleichbar mit der von New York zu Beginn dieses Jahrhunderts und in der Kaiserzeit dann mit der von New York heute – das Aufkommen moderner Einkaufszentren. Läden und Lädchen, die rings um das Forum zu finden waren, wurden 179 v.Chr. im macellum zusammengefaßt: Wie ein überdachter, orientalischer Basar beherbergte ein einziges Gebäude die verschiedensten Geschäfte. Aus Gründen der Stadtplanung wurde es später zu Augustus' Zeiten abgerissen und auf dem Esquilin wieder aufgebaut (macellum liviae).

Das grandioseste, futuristischste »Einkaufszentrum« der Antike bildeten indes die Traiani-schen Märkte. Noch ihre Ruinen lassen die beeindruckend moderne Organisation sehr gut erkennen: ein halbkreisförmiges Gebäude von etwa 30 Metern Höhe, das auf fünf Stockwerken gut 150 Läden umfaßte!

Um diesen außerordentlichen »Supermarkt« und die anderen Bauten dieses großartigen städtebaulichen Ensembles zu realisieren, rief Kaiser Traian (98-117 n.Chr.) damals den größten Architekten der Epoche, Apollodorus von Damaskus, an seinen Hof und betraute ihn mit dem ehrgeizigen Projekt, zu dem ein Platz (forum) und ein Gericht (basilica) gehörten, zwei Bibliotheken (die eine enthielt die lateinischen Bände und die kaiserlichen Archive, die andere die griechischen Bände), die berühmte, noch heute als Traians-Säule bekannte grie-chische Säule und ein riesiger, überdachter Markt. Das Projekt, für das der gesamte Tuff-

steinfelsen abgetragen werden mußte, der sich vom Quirinals-Hügel zum Kapitol hinunter-zog, wurde zwischen 109 - 113 n.Chr. verwirklicht, also in sehr kurzer Zeit.

Nach Abschluß der Bauarbeiten beherbergte ein majestätisches Backsteingebäude von halbkreisförmigem Grundriß 150 Läden, die sich je nach den Waren, die darin verkauft wur-den, über fünf Etagen verteilten. Im Erdgeschoß lagen kühle, nicht sehr tiefe Räume; hier wurden Obst und Blumen verkauft; im ersten Stock nahmen große, gewölbte Säle die Wein- und Ölhändler auf; im zweiten und dritten Stockwerk wurden die teuersten und seltensten Produkte verkauft, Pfeffer und Gewürze (pipera) – die Erinnerung an diesen wichtigen Gebäudeteil war noch bis ins Mittelalter lebendig, denn die steile, kurvige Straße, die hinter dem Markt verlief, hieß damals noch Via Biberatica! Im vierten Stock lagen die kaiserlichen

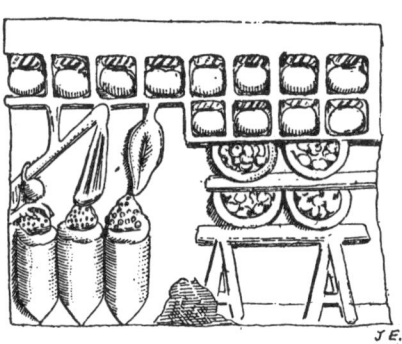

Ämter, welche zu bestimmten Zeiten die congiarii verteilten, Gaben für das Volk in Form von Getreide, Öl und Wein. Der letzte Stock schließlich war den Fischbassins vorbehalten. Genau wie heute in den Aquarien eleganter Restaurants, wurde der Fisch in großen Becken mit Meerwasser aus dem nahen Ostia und in Becken mit Süßwasser, das ein modernes Leitungssystem einspeiste, angeboten.

Der oberste Stock der Markthallen war genauso hoch wie die Traian-Säule: Die Höhe der

Säule sollte den Leuten unten auf dem Platz eine genaue Vorstellung von der Höhe der Markthallen und damit von der Kühnheit der Konstruktion vermitteln.

Sogar die gigantischsten Supermärkte Europas sind also nichts wirklich Neues! Und bestimmt gab es schon immer jemand, der den Kopf schüttelte, wenn Gebäude wie das macellum oder die Traianischen Markthallen hochgezogen wurden: »Das ist das Ende der Tante-Emma-Läden!« Oder: »In so großen Geschäften findet man ja nie etwas!«

3. Kapitel
KÜCHEN, SPEISEZIMMER UND EINLADUNGEN

Ein Rost nebst Bratspieß

Dampfe dir hier an dem langen Spieß der schäumende Eber, Brutzle auch, daß es sich krümmt, Fleisch auf des Rostes Geflecht!

(Martial XIV, 221)

Ein Ruhebett

Nimm das Sofa, belegt mit Schildpatt, in Form eines Halbmonds; acht Mann faßt es. So komm jeder, der Freund dir ist!

(Martial XIV, 87)

Trimalchios Zahnstocher

... und dann bohrte er mit einem silbernen Zahnstocher zwischen den Zähnen herum ...

(Petronius 33, 1)

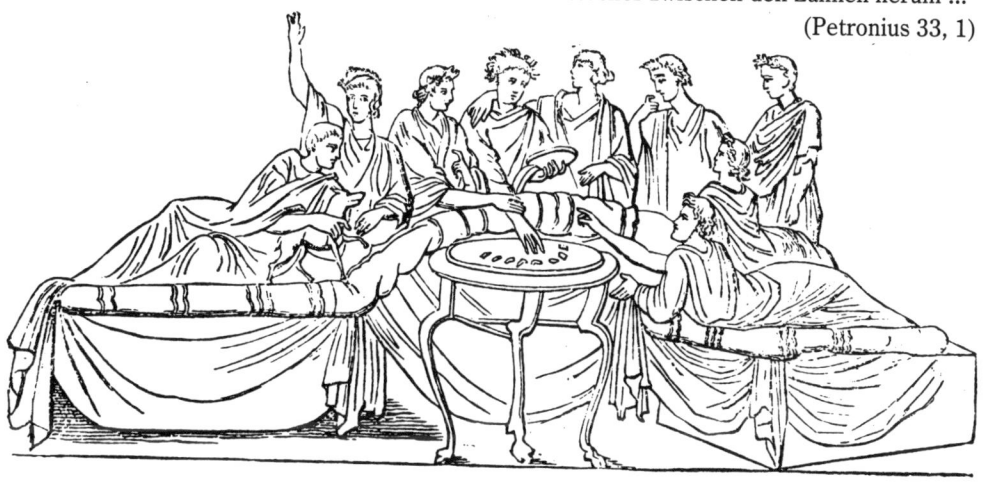

31

4

5

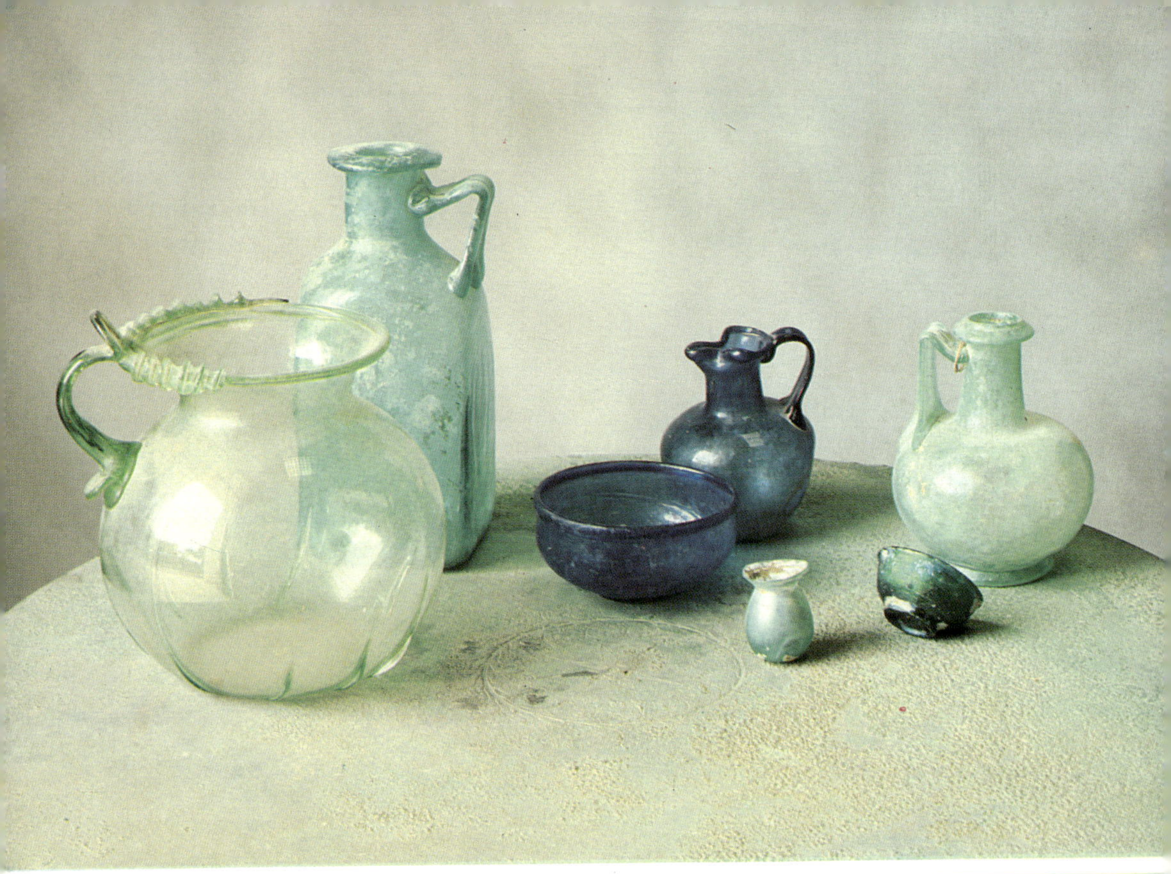

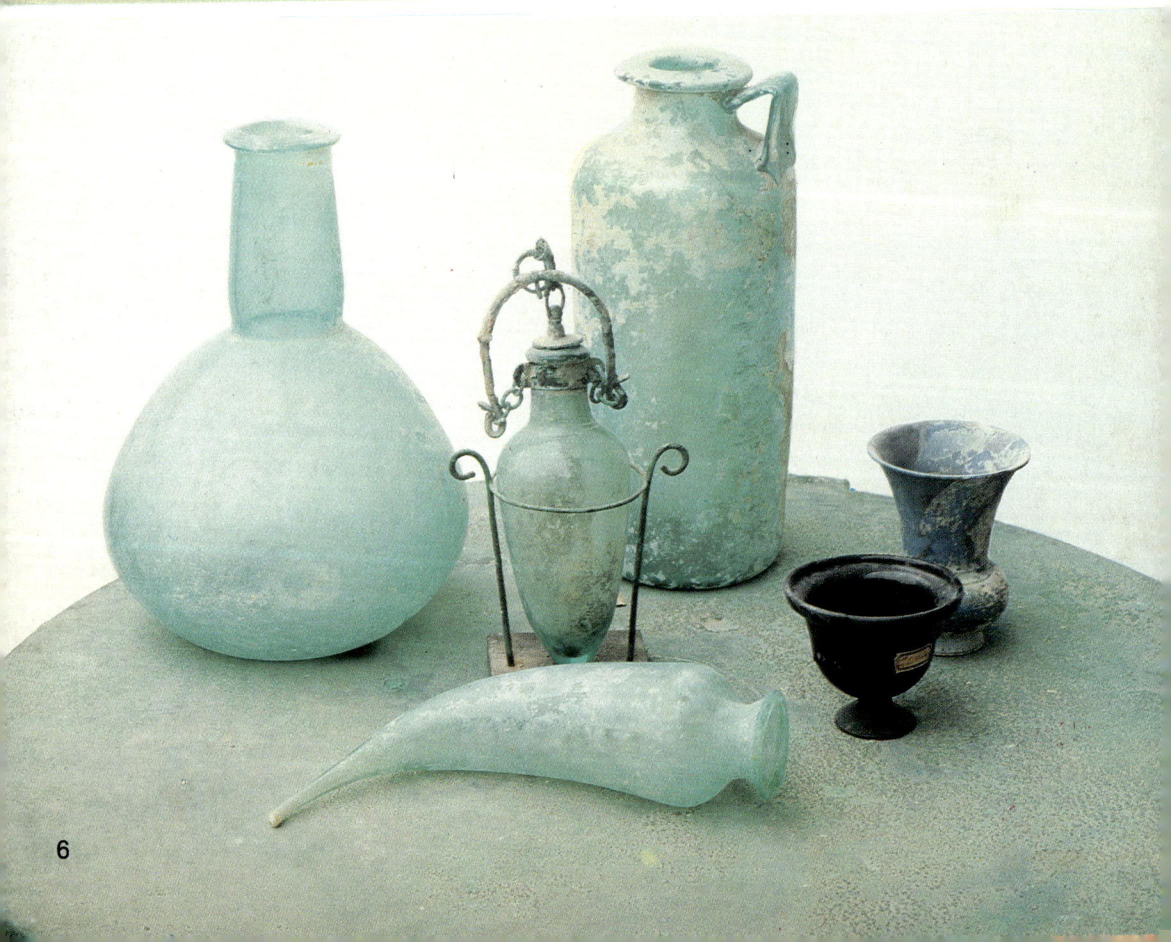

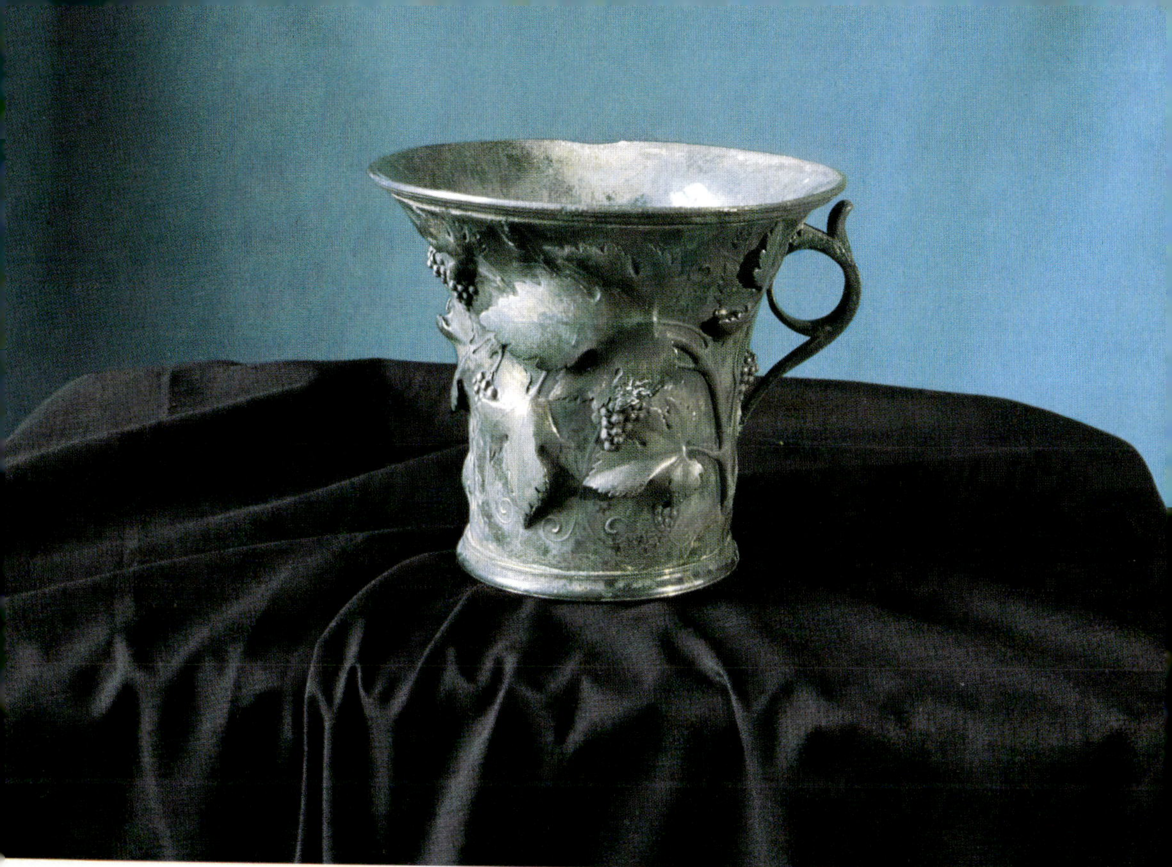

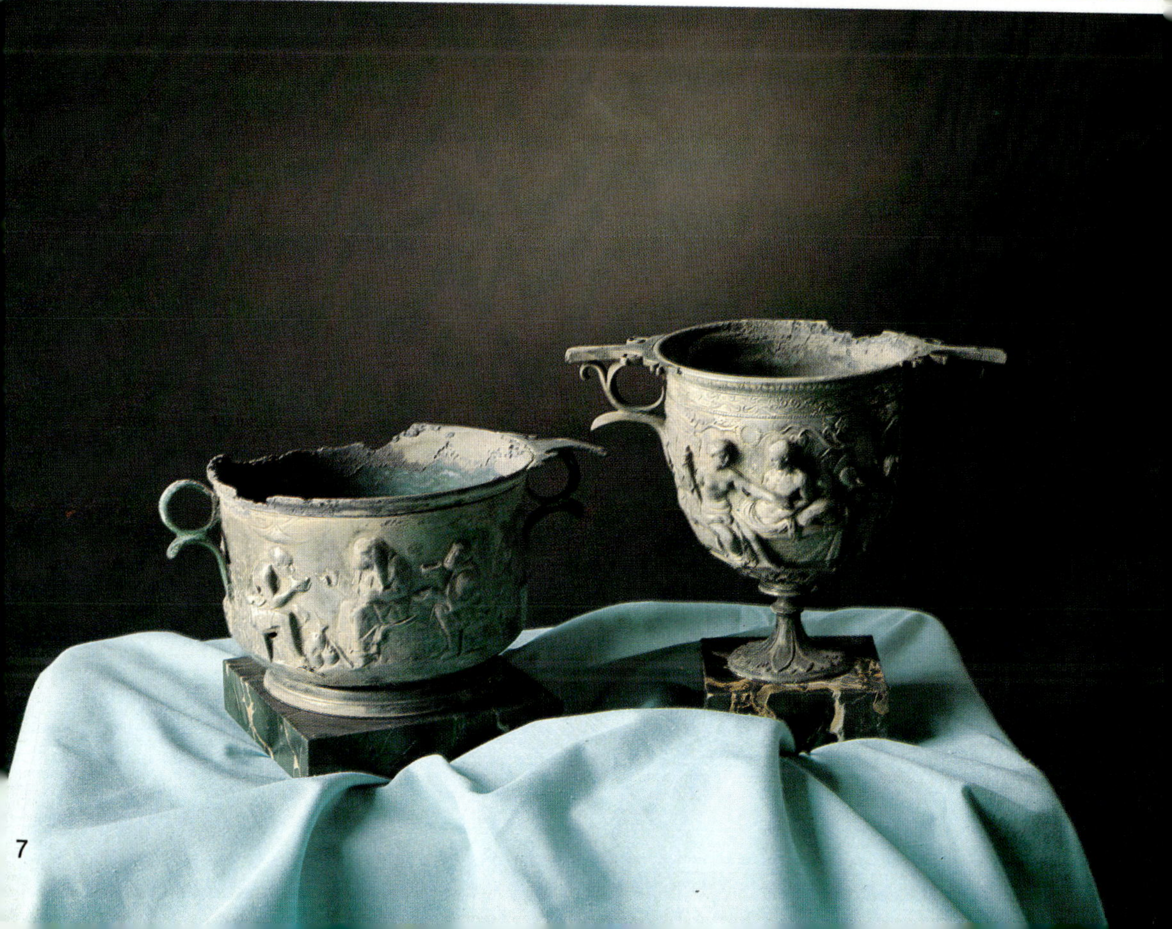

7

4   Stilleben mit Geflügel, einem Teller mit Fischen und einem
    Becher mit schwarzen Oliven aus einem Fresko von Pompei.
5   Silberzeug aus dem Schatz des Hauses des Menandro in Pompei.
6   Flaschen, Krüge, Becher, Gläser und Vasen für Duftwässer aus
    geblasenem Glas, gefunden in Pompei.
7-8 Trinkgefäß, Tasse und Becher aus getriebenem Silber; Schöpf-
    gefäß, Krug und Opferschale, Teile des Silberzeugs aus dem
    selben Schatz des Hauses des Menandro.

In den einfachen Häusern war die römische Küche kein besonders geräumiger Ort, weder gut ausgestattet noch belüftet wie bei uns, und natürlich fehlten die elektrischen Geräte, die uns die Arbeit erleichtern. Die ältesten Hausbauten (und die Häuser der Armen in späteren Epochen) besaßen nicht einmal einen für die Essenszubereitung bestimmten Raum: Die Feuerstelle befand sich im atrium, dem Ort also, an dem sich das Leben abspielte, falls man nicht außer Haus oder zum Schlafen in den winzig kleinen cubiculi (Schlafzimmern) weilte.

Richtige Küchen hatten dagegen die Häuser in der Stadt und in der Regel auch die Häuser der Reichen. Aus den Ruinen von Pompeji und Herkulaneum können wir uns eine Vorstellung von der durchschnittlichen Größe und Aufteilung dieses Raumes machen: in der Regel klein, fensterlos, mit einem Fußboden aus gestampfter Erde (also nicht abwaschbar) und dazu ohne Rauchfang, waren diese Räume mit Sicherheit wenig hygienisch und reichlich unpraktisch, ja sogar gefährlich, und es brannte. In den Satire beschreibt Horaz einen solchen Brand: »Nam vaga per veterem dilapso flamma culinam / Volcano summum properabat lambere tectum.« (Sat. I, 5) (In der Tat leckte die Flamme, nachdem sich das Feuer ausgebreitet hatte, durch die alte Küche und züngelte schon zum Dach hinauf.)

Die Ausstattung einer x-beliebigen Küche bestand aus einem kleinen Backofen für Brot und Fladen, einem Ausguß und einigen Feuerstellen, die in einen Backsteinsockel an der Wand eingefügt waren. Lebensmittel wurden in Speisekammern und Speichern aufbewahrt. Gekocht wurde auf Herden, die mit Holz oder öfter noch mit Holzkohle beheizt wurden, denn dadurch gab es weniger Rauch. Die Zahl der verfügbaren Küchengeräte war eher gering: Messer, Spatel, Löffel aus Holz, Metall oder Knochen, Quirle, Siebe, Spieße, Gitterroste, Mörser und viele Gefäße aus Ton oder Bronze.

Die großen Amphoren aus Ton, die Öl, Wein, Most oder Fischsoße enthielten, lagerten in den Speisekammern, zusammen mit großen und kleinen Tonkrügen voller Oliven, Dörrobst und getrockneten Hülsenfrüchten. In diesen Krügen wurden auch Früchte und Gemüse aufbewahrt. Schon fertig zubereitet kamen die Fischkonserven in Tongefäßen aus Spanien, Griechenland und vom Schwarzen Meer, und in denselben Gefäßen wurden sie auch erworben und gelagert.

Die Kochtöpfe hießen ollae und bestanden in der Regel aus Ton, manchmal auch aus Bronze; ihr Deckel hieß operculum; die patinae waren mehr oder minder tiefe, runde oder ovale Teller, in denen Omeletts, Aufläufe und Fleischklöße in Holzasche gebacken wurden.

Die gebräuchlichsten Gefäße, in denen Speisen aufgetragen wurden, hießen acetabuli, die als Saucièren verwendet wurden, calices, auf denen Früchte serviert wurden, lanx, ein Tablett für jederart Speisen, catinus oder catillus, worauf Fleisch und Fisch serviert wurde, und ciatus oder simpulum, große Schöpflöffel, mit denen Wein in die Humpen gegossen wurde. Außerdem gab es unterschiedliche Arten von Löffeln (sogar einen speziell für Austern

und Austerneier!) und diverse Töpfe, Teller und Tassen, welche das Geschirr für den täglichen Gebrauch vervollständigten.

Gekocht wurde von Sklaven – jeder Römer, der nicht gerade bitterarm war, besaß wenigstens einen oder zwei von ihnen. Die Einkäufe und den Stand der Speisekammern kontrollierte freilich die Hausherrin. Die reichsten Leuten hielten sich sehr gut bezahlte Köche, coci. Wer sich keinen ständigen Koch erlauben konnte, mietete einen für die Gastmähler!

Wie man sieht, waren die Küchen in der Regel recht beengt. Freilich gab es auch Ausnahmen: Häuser, die imstande waren, derart prachtvolle Gastmähler zu organisieren, wie das von Petronius in seinem berühmten Gastmahl des Trimalchio geschilderte, verfügten gewiß über viel größere und besser ausgestattete Küchen, um derart aufwendige Gerichte für sehr viele Gäste zubereiten und anrichten zu können. Schließlich brauchten die Köche, Kochkünstler und Küchenjungen, die für große Bankette vonnöten waren, Bewegungsspielraum. Wir wissen ja, daß die luxuriösen Empfänge einer berühmten Persönlichkeit wie Lukull von ganzen Heerscharen von Köchen vorbereitet und von einem Chefkoch, dem archimagirus, dirigiert wurden. Dazu bemerkt Seneca in einem seiner Briefe: »Betrachte nur unsere Küchen und die Köche, die zwischen vielen Feuerstellen hin- und hereilen!« (Epist. 114); er meinte damit die große Küche eines für den häufigen Empfang vieler Gäste gut ausgerüsteten, reichen Hauses.

Der Raum, in dem man speiste, das triklinium, war in den Herrenhäusern ein weitläufiges, gut eingerichtetes und schön geschmücktes Gemach, hell erleuchtet und prunkvoll ausgestattet. In älterer Zeit wurde im Sommer im atrium, im Freien, gegessen, später kamen überdachte Speiseräume auf, die einen für den Sommer, die anderen für den Winter; sie unterschieden sich in ihrer Lage zur Sonne.

Die Speisezimmer waren alle sehr behaglich: Wenn sie im Freien lagen, empfingen Mosaikfußböden, Fontänen, Wasserspiele, Fischbecken (pischinae), Pflanzen, Liegen und Tische aus kostbarem, intarsiertem Marmor die Gäste in einer Atmosphäre von Reichtum und Lebendigkeit. Auch den Innenräumen verliehen Fresken mit Festmählern, Jagdszenen, üppig blühenden Gärten sowie Mosaiken, mit Kissen gepolsterte, hölzerne Liegen, Tische mit Intarsien aus Bronze und Silber Festlichkeit und Eleganz. Frische Blumen machten die Räume heiter, und während des Mahls regneten zuweilen duftende Blüten auf die Gäste herab. Seit dem 1. Jahrhundert n.Chr. erscheint das Tischtuch – mappa – auf den Tafeln. Vor dieser Neuerung eilten ab und zu die Sklaven herbei, um Holz und Marmor reinzuwischen und abzutrocknen.

Die Eßteller und die Vorlegteller waren bei den Reichen besonders schön, entweder aus phantasievoll bemaltem Ton oder aus Bronze, Silber, Gold und aus Elektron (einer Verbindung von Silber und Gold). In einem Haus in Pompeji, dem Haus des Menandrus, wurden 118 Teile eines silbernen Geschirrs mit einem Gesamtgewicht von 24 kg gefunden. Auch nördlich der Alpen, in Augusta Raurica (oder Kaiseraugst bei Basel) wurde ein wundervolles Tafelgeschirr mit unglaublich feinem, reichem Dekor gefunden.

Die Gäste erschienen bei Sonnenuntergang, nach dem Bade in den Thermen, und trugen Abendgala (vestis cenatoria). War ein Client so arm, daß es ihm unmöglich war, ein Gewand für den Abend zu kaufen, hatte ihm der Patron eins zu stellen. Reichere Gäste trieben ihren Wunsch nach Pomp und Prunk indes so weit, daß sie mehrere Gewänder mitbrachten und sich im Lauf des Abend öfters umzogen. Nach dem Betreten des Trikliniums (aber bitte nur »mit dem rechten Fuß zuerst«, wie ein Sklave Trimalchios mahnt) geleitete der Hausherr die Gäste an die ihnen zugewiesenen Plätze.

Der Raum war folgendermaßen gestaltet: Die Liegen, triklinium genannt wie der Raum, dem sie diesen Namen gegeben hatten, waren hufeisenförmig um einen Tisch angeordnet, und zwar stand auf jeder Tischseite eine. Auf jedem triklinium nahmen drei Personen Platz (das griechische Wort tríclinos bedeutet »Liege mit drei Plätzen«). Gab es mehr als neun Geladene, wurde ein weiterer Tisch mit drei Liegen aufgestellt, und so fort.

Nach griechischer Art liegend zu speisen war beim Bürgertum die Regel. Nur das Volk aß im Sitzen. Doch auch bei den Wohlhabenderen streckte sich beim Essen in der Familie einzig der Vater aus, Gattin und Kinder hatten aufrecht zu sitzen. Die Verteilung der Plätze auf den Liegen entsprach einer genauen Rangordnung, derzufolge der vornehmste Gast neben dem Hausherrn plaziert wurde. Folgende Zeichnung erläutert die Tischordnung:

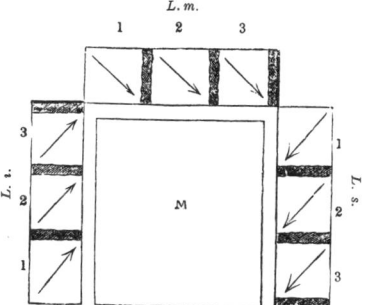

L.i. lectus imus
(mindere Liege)

L.m. lectus medius
(mittlere Liege)

L.s. lectus superiore
(beste Liege)

1. locus imus
(minderer Platz)

2. locus medius
(mittlerer Platz)

3. locus summus
(bester Platz)

Jede Liege konnte drei Personen aufnehmen, die jeweils hintereinander lagerten, in der von den Pfeilen angegebenen Richtung, und sich, wie die Zeichnung ebenfalls zeigt, mit dem linken Ellbogen auf ein Kissen stützten.
L. i. 3 war der Platz des Hausherrn.
L. m. 1 war der Ehrenplatz oder *locus consularis.*

Die Gäste ihrerseits konnten ebenfalls einen Gast mitbringen, der hinter ihnen Platz nahm und deswegen den komischen Spitznamen umbra (Schatten) trug. Wenn außergewöhnlich viele ungeladene Gäste mitkamen, mußten die zuletzt Gekommenen mit Hockern vorlieb nehmen, da auf den Liegen kein Platz mehr war.

Sobald alle Gäste untergebracht waren, verkündete bei großen Galadiners ein nomenclator, welche Speisen aufgetragen wurden: Der nomenclator war nur einer der vielen Sklaven, die das Bankett ausrichteten. Der cetarius, unser Sommelier, führte die Oberaufsicht über die Getränke. Zu den Vorspeisen ließ er als Aperitif mulsum (Honigwein) bringen. Dann schenkte er den Wein aus, der die mensa prima und die mensa secunda begleitete. Dieser Wein wurde beim Einschenken gefiltert. Die schwierige Prozedur vollzog sich im Speisezimmer, vor den Augen der Gäste. Damit er gefiltert, mit Kräutern gewürzt, im Sommer gekühlt und im Winter erwärmt werden konnte, wurde der Wein aus der Amphore in die athepsa umgegossen (siehe das 11. Kapitel über die Getränke). Ein für das Tranchieren zuständiger Sklave (structor oder scissor) schnitt das Fleisch in mundgerechte Happen, welche die ministratores den Gästen reichten. Waren nur wenige geladen und war das Mahl nicht allzu aufwendig, blieben Vorlegteller, Saucièren und Brot auf dem Tisch stehen, und jeder Gast konnte sich selbst bedienen. Bei den großen Banketten aber waren zahlreiche ministratores damit beschäftigt, dafür zu sorgen, daß kein Gast vor leerem Teller saß.

Die hingelagerten Gäste stützten sich mit dem linken Arm auf und hielten den Teller in der linken Hand. Sie aßen mit der Rechten und nahmen dabei die Bissen mit der Hand vom Teller: Zum Essen gab es nämlich noch keine Gabeln; sie hatten früher auch eine andere Funktion als heute. Gebräuchlich waren dagegen Löffel jeder Art; Messer benutzte lediglich der Sklave zum Tranchieren.

Die gute Sitte verlangte, daß man stets nur wenig zu sich nahm, ohne sich dabei zu bekleckern. Ovid mahnt: »Nimm die Speise mit den Fingern, das ist die richtige Haltung beim Essen; aber beschmier' dir mit den schmutzigen Händen nicht das ganze Gesicht!« (Ars amatoria, III, 755-756) Wenn etwas zwischen den Zähnen hängen blieb, gab es für den derart in Schwierigkeiten geratenen Gast Zahnstocher aus Bein oder Elfenbein. Wieder einmal stellt unser Trimalchio die Ungeschliffenheit eines Neureichen unter Beweis, wenn er sich die Zähne mit einer pinna argentea (bei seinem Reichtum waren selbst die Zahnstocher aus Silber!) säubert und dabei die Unterhaltung recht und schlecht fortführt. Solcherlei »Säuberungsaktionen« hatten sehr diskret stattzufinden, wenn Martial, der Dichter, vom Zahnstocher als dentiscalpio spricht!

Bei den großen Banketten waren die einzelnen Gänge raffiniert zusammengestellt, wahrhafte piéces montées, der Tafel des Sonnenkönigs ebenbürtig. Denken wir etwa an die Beispiele aus dem Gastmahl des Trimalchio: als Vorspeise Oliven, die in einem auf der Kruppe eines bronzenen Esels liegenden Quersack gereicht werden. Dann, auf einem Tablett, ein hölzernes Huhn, das Pfaueneier aus Krapfenteig bebrütet, in denen jeweils eine gebratene Grasmücke in gepfefferter Eiersauce ruht. Es folgt das Hauptgericht, ein gebratenes Schwein mit einer Füllung aus verschiedenen heißen Würstchen und beim Dessert als bewunderter Mittelpunkt der Tafel schließlich ein Priap aus Kuchenteig. Solcher Überfeinerung entsprachen die Manieren jedoch nicht. Häufig wurden Reste einfach auf den Boden geworfen, und die Sklaven hatten hin und wieder mit dem Besen alles wegzukehren. Recht eigentümliche Mosaiken, die »im ungeputzten Saal« heißen und zeigen, welche Speisereste nach einem Gastmahl unter dem Tisch zu finden waren, belegen diese bedauerlichen Gewohnheiten anschaulich.

In diese heitere, festliche Atmosphäre aber mischte sich manchmal ein Ton, den wir heute als makaber empfinden, im Gegensatz zu den Römern: Oft waren die Pokale aus getriebenem Silber mit Skeletten verziert, und auch die Mosaiken in den Eßzimmern zeigten bisweilen

Totenschädel oder Skelette. So stellt ein Mosaik in Pompeji ein Skelett dar, darunter den Spruch: »Erkenne dich selbst«.

ΓΝΩΘΙ·CAYTON

Sogar ein Speisezimmertisch – mensa – wurde gefunden, auf dem ein Schädel erkennbar ist. Auch beim Silberschatz von Boscoreale gibt es zwei mit den Skeletten von Dichtern und Denkern verzierte Trinkbecher (modioli). Man weiß, daß der Gastgeber – Amphitryon – mitten beim schönsten Essen oftmals die sogenannte larva convivalis kommen ließ, ein kleines Skelett aus Elfenbein oder beweglichen Holzgliedern. Als Aufforderung, die vergänglichen Freuden des Lebens zu genießen, und als mahnenden Hinweis auf die Kürze des Lebens, gab es diesen merkwürdigen Brauch schon bei den Ägyptern (Herodot, II, 78); im Gastmahl des Trimalchio benutzt Trimalchio den Augenblick, in dem ein Sklave die larva convivalis (die dem Geltungsbedürfnis des Hausherrn entsprechend aus Silber ist) an die Tafel bringt, als Vorwand, sich in pseudophilosophischen Ergüssen zu ergehen, denen die vom Essen ermüdeten Gäste gelangweilt zuhörten. Bei Ausgrabungen in Pompeji wurde übrigens eine kleine larva argentea gefunden, die haargenau zu Petronius Beschreibung paßt.

Im Verlauf eines Gastmahls wurde den Gästen auch abwechslungsreiche Unterhaltung geboten: Musik, Ballett, Darbietungen von Jongleuren und Tänzern, Rezitationen und Poesie.

Schließlich verabschiedeten sich die Gäste; oft nahmen sie Reste der appetitlichsten Speisen mit und trugen sie in der mitgebrachten Serviette nach Hause. Auch hier passierte es manchmal, daß einer die Grenzen des guten Geschmacks überschritt, wie Caecilianus im folgendem Epigramm:

Was man auch immer aufträgt, raffst du an dich,
nimmst das Euter der Sau und Ferkelrippchen,
Haselhuhn, das für zwei zugleich bestimmt war,
eine Hälfte der Barbe, ganz den Seebarsch,
ein Muränenfilet, nebst Hühnerkeule
und ein Täubchen, das trieft von seiner Tunke.
Wenn das alles ins feuchte Tuch gepackt ist,
dann bekommt es der Bursch nach Haus zu tragen.
Und wir anderen, wir liegen still bei Tische.
Gib das Essen zurück, wenn du noch Scham hast!
Lud dich, Caecilian, ja nicht für morgen.

(Martial, II, 37)

Die freigiebigsten Amphytrionen (Gastgeber) verteilten oder verlosten unter den Geladenen beim Abschied Geschenke unterschiedlichen Wertes: Über die Gaben, die apophoreta hießen (»Das, was man von der Tafel mitnehmen kann«), haben wir einen Essay im letzten Buch von Martials Epigrammen, welche er diesem Brauch widmet. Bei dieser »Tafellotterie« wurden Speisen, Lampen, Musikinstrumente, Anstecknadeln, Kämme, Würfel, Spieltafeln, Kästchen, Vasen mit Goldfries und goldene Becher, ja sogar Fliegenwedel und »Rückenkratzer« in Gestalt von elfenbeinernen Händchen verteilt und verlost.

Endlich gingen die Gäste dann nach Hause. Freilich nicht immer: Manchmal wollte sich die Gesellschaft noch nicht auflösen, und der Hausherr führte seine Gäste in ein zweites Triklinium. Während die Sklaven die Reste des Mahls im ersten Raum zusammenkehrten, hob im zweiten ein commissatio an, ein Trinkgelage, das an russische Zechsitten erinnert, wie sie die Romane des 19. Jahrhunderts schildern: Ein zufällig ausgewählter Zeremonienmeister führte die Sauferei an und befahl, wie viele Humpen in einem Zug zu leeren seien.

Eine letzte Aufgabe blieb den Sklaven am Ende der »Zeremonie«: Sie mußten ihre Herren nach Hause tragen.

4. Kapitel
DIE SAUCEN

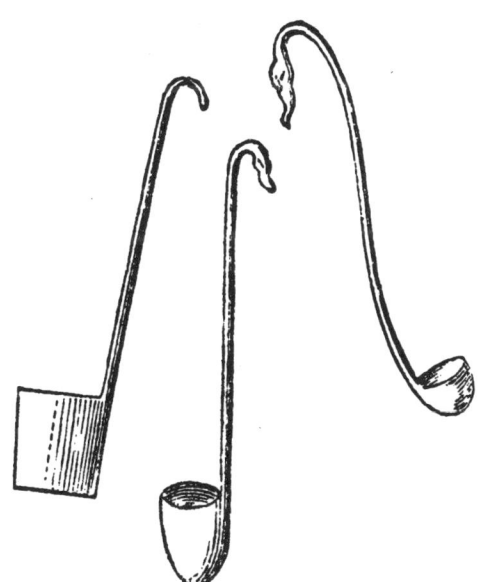

Ein Krug Thunfischlake
Ich gesteh's, aus Antipolis komm
ich, ein Kind von dem Thunfisch;
wär's von Makrelen, ich würd dir
sicherlich nicht geschickt.
(Martial XIII, 103)

Essig
Schätze den Krug aus Essig vom
Nil nicht gar zu gering ein!
Als es noch Wein drin war, war er
geringer an Wert.
(Martial XIII, 122)

Garum sociorum
Von dem ersten Blute der Makrele, die grade noch atmet,
nimm als teures Geschenk hier
die vorzügliche Brüh.
(Martial XIII, 102)

Die Saucen, Glanzleistung aller großen Köche, waren Apicius' Spezialität. Er hatte ein ganzes Buch darüber verfaßt, De condituris, dessen Rezepte in späteren Jahrhunderten in De re coquinaria eingegangen sind. Es geht also um Saucen zu gekochtem und gebratenem Fleisch, zu Gemüse, Eiern und jenen exotischen Narrheiten wie Kamelferse, Flamingo und Strauß.

In dem Buch gibt es Saucen, die wir heute Marinaden nennen würden, und wir finden Vinaigrettes, Saucen aus rohen Eiern (Mayonnaisen), rohe und gekochte weiße Saucen (deren Farbe freilich nicht wie bei uns von Butter und Mehl herrührt, sondern von Nüssen, Haselnüssen oder gemahlenen Pinienkernen). Butter fehlte ganz, aber die Saucen sind exquisit.

Ich stelle hier die wichtigsten vor: Die Rezepte anderer Saucen werden Sie in den folgenden Kapiteln finden, denn die Anleitungen dazu beziehen sich zur gleichen Zeit auch auf die Zubereitung der Speisen, zu denen die Saucen gehören. Doch bevor ich jetzt zu den Rezepten komme, möchte ich die Grundzutaten der Saucen erläutern.

Gewürze, Beeren und aromatische Kräuter sind immer dabei: Die wichtigsten sind Pfeffer, Ingwer, Nelken, Safran, Senf, Kardamom, Mohn- und Fenchelsamen, Kreuzkümmel, Anis, Selleriesamen, Sesam, Beeren von Myrte, Lorbeer und Wacholder, Minze, Thymian, Bohnenkraut, Oregano, Petersilie, Liebstöckel, Kerbel, Dill, Koriander, gemeiner Lavendel und Lavendel.

Die wichtigsten flüssigen Zutaten waren eingekochter Most (defrutum), FischSauce (garum), Wein, Rosinenwein (passum), Öl, Essig und Wasser.

Als Bindemittel zum Andicken der Saucen waren vor allem Stärke (amulum), Eier und bisweilen auch Semmelbrösel gebräuchlich. Oft gehörten auch Walnüsse, Pinienkerne, Haselnüsse, Datteln und zerkleinerte Pflaumen zu den Bestandteilen einer Sauce. Salz fehlte ebenfalls: Es wurde fast immer durch Fischsauce ersetzt, die an sich schon sehr salzig war.

Da diese Fischsauce (oder garum) einen überragenden Platz nicht nur bei der Zusammensetzung von Saucen, sondern in der Küche der Römer insgesamt innehat, will ich gleich erläutern, um was es sich da handelt.

DAS »GARUM«

Griechischen Ursprungs, war diese Sauce, die anfänglich als Luxus für die Tafel der Wohlhabenden galt, in der Kaiserzeit bereits im ganzen Mittelmeerraum verbreitet. Die Produktionsstätten wurden in allen Küstenorten gefunden, in Pompeji, Leptis Magna, Südspanien, Clazomene. Wo immer es Salinen und Fabriken für Fischkonserven gab, wurde auch garum in großen Mengen hergestellt.

Natürlich gab es, wie bei jedem Produkt, garum von hervorragender und von minderer Qualität. Von der Tafel des Kaisers und seinem Hof bis hinunter zu den Sklaven hatte ein jeder seine Fischsauce, so wie heute jeder Asiate neben seiner Reisschale Sojasauce stehen hat.

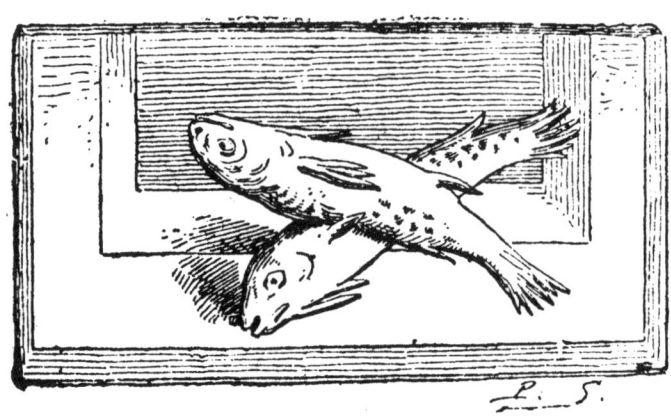

In den alten Texten finden sich unzählige Rezepte: Das ausführlichste, das ich hier etwas gestrafft wiedergebe, stammt von einem Schriftsteller des 3. Jahrhunderts n.Chr., Gargilius Marzial:

> *Nimm fette Fische und ein gut gepichtes Gefäß von einem Volumen von 26-35 Litern. Dann gebe man Kräuter mit starker Würzkraft wie Dill, Koriander, Fenchel, Sellerie, Minze, Oregano und andere dazu und bilde damit eine Schicht auf dem Boden des Gefäßes; darauf lege eine Schicht Fische, die kleinen ganz, die großen in Stücken; darüber breite eine zwei Finger dicke Schicht Salz. Diese drei Schichten wiederhole bis hinauf zum Rand des Gefäßes. Laß es sieben Tage lang in der Sonne stehen. Dann mische zwanzig Tage lang die Sauce jeden Tag einmal durch. Am Ende erhält man eine Flüssigkeit (garum).*
>
> (Gar. Mart., *De medicina et de virtute herbarum*, 62)

Eine solche Fischlake war natürlich sehr salzig, sehr aromatisch und intensiv, und sicherlich hervorragend für alle, die Fisch mögen. In der Türkei wird noch heute mit einer Fischsauce gekocht, die gharos heißt und offensichtlich von der antiken Sauce abstammt.

Von diesem garum, auch muria oder liquamen genannt, gab es, wie gesagt, viele Varianten: Die teuerste und feinste war das sogenannte garum sociorum (garum für die Freunde), das ausschließlich aus Makrelen bestand und in Südspanien hergestellt wurde. In denselben Fabriken wurde aus den Resten der Produktion von garum höchster Qualität die Sauce allec zubereitet, mit der die Armen kochten. Schließlich wurde noch für die Sklaven aus den Innereien der Fische für die Tafeln der Herrschaft ein ganz gewöhnliches garum zusammengemixt.

Daß unter anderem auch die Innereien von Fischen verwendet wurden und die Vorstellung, daß die Behälter tagelang in der Sonne standen, damit sich der Fisch zersetze, hat nur schwer ausrottbare Vorurteile über den Wohlgeschmack der altrömischen Küche hervorgebracht.

In vielen Texten ist zu lesen, daß die Römer verdorbene Fischinnereien aßen – eine gewiß nicht einladende Beschreibung. Doch die Wirklichkeit sah ganz anders aus, denn meistens wurde ja der ganze Fisch verarbeitet, und die Salzlake verhinderte, daß er faulte. Was statt dessen vor sich ging, war eine von Bakterien hervorgerufene Gärung, die mit der Zeit die Zersetzung des Fischs bewirkte. Nun ist die Gärung ein Vorgang, der bei der Zubereitung von sehr vielen Lebensmitteln und Getränken durchaus noch gebräuchlich ist (man denke nur an Wein, Bier, Essig, Käse und Joghurt); sie ist bestimmt kein Synonym für Verwesung!

In der Regel wurde das garum fabrikfertig in großen Amphoren gekauft und zu Hause mit anderen Zutaten vermischt, so erhielt man oenogarum (garum mit Wein), hydrogarum (garum mit Wasser) und oxygarum (garum mit Essig). Es gab sogar ein eigens für die Juden angefertigtes garum, das garum castimoniale. Im Einklang mit den biblischen Schriften wurde jenes garum aus »Tieren mit Flossen und Schuppen, die im Wasser leben« hergestellt, also ohne Mollusken, Aale oder Muränen usw. (Levitico, 11, 9-12). Die in Italien lebende jüdische Gemeinde wurde mit solchem garum beliefert, wie Bruchstücke von Amphoren bezeugen, die in unserem Land gefunden wurden und entsprechende Inschriften trugen (Corpus Insciptionum Latinarum, IV, 2569 und 2609). Da fast jedes Rezept von Apicius garum enthält – Apicius nennt die Fischsauce stets mit ihrem lateinischen Namen liquamen; ich dagegen verwende bei den Übersetzungen den griechischen Begriff garum, weil das in italienischen Ohren besser klingt als liquamen, das an »liquame«, das italienische Wort für Jauche, erinnert – müssen wir versuchen, es herzustellen oder einen Ersatz dafür zu finden, sonst bekämen unsere Gerichte niemals den ursprünglichen Geschmack. Wer keinen Fisch mag, sei unbesorgt. Auch in altrömischen Zeiten gab es Kritiker dieser Fischsauce, Plinius zum Beispiel.

Da ich aus naheliegenden Gründen unser garum nicht durch Gärung in der Sonne herstellen möchte, können wir auch ein schnelles Rezept verwenden, das ein berühmtes griechisches Handbuch der Landwirtschaft, das Geoponica (20, 46, 5) vorschlägt:

Wenn ein garum schnell, d.h. ohne Sonne zubereitet werden soll, verfahre man folgendermaßen: Man bereite eine Salzlake vor, die so konzentriert sei, daß ein rohes Ei obenauf schwimmt. Man gebe Fisch (Sardellen oder ähnliche Fische) sowie Oregano dazu, und dann koche man das Ganze, bis die Flüssigkeit verdampft ist. Anschließend gebe man defrutum (zur Zubereitung von Eingekochtem – Most siehe dieses Kapitel) zu, lasse alles abkühlen und filtere es mehrmals.

Wenn Ihnen auch dieses Rezept zu kompliziert erscheint, versuchen Sie folgendes: *Man verdünne 2 Löffel Sardellenpaste mit Traubensaft (der zuvor von 1 Liter auf 1 Deziliter eingekocht wurde) und mische alles mit eine Prise Oregano.*

Eine weitere Lösung könnte sein, auf eine asiatische Sauce namens núoc-man zurückzugreifen, die auf der Basis von Fisch zubereitet wird. Diese Sauce ist in vielen Supermärkten und allen asiatischen Spezialitätengeschäften erhältlich. Man ißt sie zu Frühlingsröllchen, der meistverbreiteten chinesischen Spezialität im Ausland.

Ich schlage vor, Sie versuchen, das garum zu Hause zuzubereiten. Je nach Geschmack dosieren Sie die Menge der Sardellen und können so eine Sauce erhalten, die mehr oder minder intensiv oder salzig schmeckt.

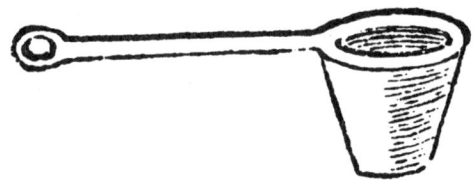

»DEFRUTUM« ODER »SAPA«

Eine weitere, sehr häufig verwendete Zutat für Speisen aller Art war der Wein – noch heute in der Küche gebräuchlich, verwenden wir ihn freilich nur in kleinen Mengen. Er wird während des Kochens zugegeben und dann verkocht, oder Fleisch (vor allem Wild) wird darin mariniert. Die Römer dagegen arbeiteten fast immer mit durch langes Kochen bereits eingedicktem Wein oder Most. Je nachdem, wie lang die Kochzeit war und ob Wein oder Most verwendet wurde, hieß das Konzentrat caroenum oder sapa (oder defrutum).

Zwei Abkömmlinge der antiken sapa kann man heute noch in zwei Provinzen Italiens finden, in der Emilia und in Sardinien. In beiden Fällen handelt es sich um Most, der lang gekocht wurde, um ihn zu reduzieren, und in beiden Fällen hat sich der antike Name erhalten, sapa oder saba.

SAPA-REZEPT AUS SARDINIEN

Man nehme Most aus der weißen Nuragus-Traube aus erster Pressung und lasse ihn auf ein Zehntel der ursprünglichen Menge einkochen. Mit 10 Litern Most erhält man 1 Liter sapa.

SAPA-REZEPT AUS DER EMILIA

Das Rezept aus der Emilia verwendet Most aus schwarzen Trauben und reduziert diesen Most auf ein Drittel der anfänglichen Menge. 3 Liter Most ergeben 1 Liter sapa. Mit dieser sapa wird in der Emilia das berühmte »savor« zubereitet. Man läßt Früchte (zum Beispiel Birnen, Äpfel, Quitten oder Pfirsiche) mit etwas Kürbisfleisch und der sapa zusammen kochen. Die dicke Sauce, die man erhält, kann viele Monate lang aufbewahrt werden und wird als Beilage zu gekochtem Rindfleisch, zur Polenta oder für die Füllung von »tortelli di zucca« – Teigtäschchen mit Kürbisfüllung – verwendet.

Früher pflegte man im Winter auch Schnee in eine Tasse zu tun, ihn in der Mitte einzudrücken und ein wenig sapa in die Mulde zu gießen – ein überaus köstliches Eis.

Wenn Sie in einer Weinbaugegend leben, dürfte es nicht schwierig sein, frischen Most zu besorgen und sapa zuzubereiten. Dabei werden Ihnen nicht nur die altrömischen Rezepte von Nutzen sein, sondern auch noch andere, schmackhafte Rezepte aus Italien. Befolgen Sie diese Anweisungen:

Bringen Sie den Most in einem Kupferkessel zum Kochen, lassen Sie ihn bis auf die gewünschte Menge (aus dem sardischen oder emilianischen Rezept) einkochen. Sie lassen die sapa abkühlen und gießen sie dann in eine gut verschließbare Flasche. Sie ist jahrelang haltbar.

DAS »AMULUM«

Als Bindemittel für Saucen benutzte man auch amulum (Stärke), buccelli (Brotstückchen), in Stücke gebrochene tracta (ein Teig aus Wasser und Mehl, der im Ofen gebacken wurde) und Eier.

Die Römer gewannen Stärke aus Roggen (Cato LXXXVII), oder, noch raffinierter, aus Reis. Für uns genügt es, wenn wir das amulum durch handelsübliche Produkte ersetzen, etwa durch Maizena oder Kartoffelstärke.

DAS »SILPHION«

Ein Wort soll auch über eine geheimnisvolle, seltene und sehr teure Zutat fallen, die häufig in alten Rezepten auftaucht: das Silphion. Silphion (das Wort ist griechisch, die Römer gebrauchten oft den Namen laserpicium oder laser) war eine Pflanze, deren Anbau den Reichtum von Kyrene und seiner Region ausmachte. Sie gehörte zur Familie des Steckenkrauts, und man verwendete sowohl den Stengel wie die Wurzel und den harzigen Saft. Ein winzige Dosis genügte vollauf, um ein Getränk zu würzen.

Diese exotische Pflanze, die erste, die nach Rom gelangte, war für die Wirtschaft der Kyrenaika so wichtig, daß sie bis zum VI. Jahrhundert v.Chr. auf allen Münzen Kyrenes und anderer Städte dieser Region dargestellt wurde; und da Münzen, die ja naturgemäß von Hand zu Hand gingen, die mächtigsten aller damaligen Massenmedien waren, war diese Darstellung eine öffentlichkeitswirksame Botschaft von unleugbarer Wirksamkeit.

Eigenartigerweise war diese Pflanze jedoch schon zur Zeit Neros ausgestorben. Damals wurde noch Silphion minderer Qualität aus Persien und Armenien eingeführt. Überdies verkauften unredliche Kaufleute Produkte, die aus dem Harz anderer Pflanzen hergestellt wurden (bisweilen sogar mit Bohnenmehl vermischt), und gaben sie als Silphion aus.

So teuer war das Gewürz, daß es Apicius für notwendig hielt, seinen reichen und überfeinerten Lesern einen Trick zu empfehlen, der kleinste Mengen streckt:

> *Wie du eine Unze laser unbegrenzt verwenden kannst: Gib das laser in ein geräumiges Einmachglas und dazu ungefähr 20 Pinienkerne. Wenn das laser verwendet werden soll, mahle die Kerne und du wirst den Geschmack in den Speisen bewundern. Eine entsprechende Menge an Kernen muß dann wieder in das Glas getan werden.*
>
> (Apicius 13)

Die Botaniker glauben, daß das laser parthicum, das das Silphion ersetzte, als dieses verschwand, die ferula asafoetida sei, aus der man Gummiharz gewann, den Extrakt der Asafötida (Teufelsdreck), der in der europäischen Pharmazie lange im Gebrauch war und im Nahen Osten noch heute verwendet wird. Mir ist es nicht gelungen, ihn zu besorgen, weder in Apotheken noch in Kräuterläden. Da dieser Stoff den Speisen ein sehr eigenes Aroma verleiht, einen leicht bitteren Knoblauchduft, spüren Sie ihm nur nach; ansonsten können Sie ihn durch ein paar Spritzer ausgepreßten Knoblauch annähernd ersetzen.

GUSTUM

Die Vorspeise, gustum, gustatio oder promulsis genannt, war bei den Römern ein sehr reichhaltiger Gang mit unterschiedlichsten Speisen. Dieses Photo zeigt eine Auswahl der vielen möglichen Speisen, die den Gästen zur Eröffnung eines römischen Gastmahls gereicht wurden: eine köstliche Paste aus dem Fruchtfleisch grüner und schwarzer Oliven, epityrum genannt, die man auf ein Stück Brot gestrichen oder mit Frischkäse vermischt kostete; einen Kopfsalat mit Thunfisch und harten Eiern, die mit einer Fischsauce (garum) gewürzt werden; und eine Käsetorte mit Kräutern (moretum), die mit warmen Fladen, der »Piadina«, gegessen wurde.

EPITYRUM

Entkernen Sie schwarze und grüne Oliven, geben Sie sie in den Mixer und tun Kräuter dazu (Fenchel, Raute, Minze, Koriander und Kumin), Essig und Öl. Durchmixen.

EIER UND THUNFISCH IN SALAT

Bereiten Sie aus gut gewaschenem und abgetropftem Kopfsalat ein Bett, geben schöne Bauchstücke vom Thunfisch darauf und bedecken diese mit Scheiben aus hartgekochten Eiern. Reichen Sie dazu gesondert eine Sauce aus garum und Öl.

MORETUM

Zerstampfen Sie aromatische Kräuter (Minze, Raute, Koriander, Fenchel und Liebstöckel) im Mörser, würzen Sie mit Honig, garum, Pfeffer und Öl und ziehen alles unter den Frischkäse. Geben Sie die Mischung in eine runde Form. Gekühlt servieren.

Noch zwei Bemerkungen vor den Rezepten. Erstens: Die altrömische Küche arbeitete sehr viel mit Kräutern. Sollten Sie welche nicht finden, ist das nicht weiter schlimm. Wichtig ist nur, daß stets zumindest einige davon verwendet werden. Zweitens: Wenn Sie keinen Fisch mögen und einer Speise kein garum zufügen wollen, denken Sie daran, statt dessen Salz zu nehmen.

WEISSE SAUCE FÜR GEKOCHTES FLEISCH
(Apicius 276)

Ius candidum in elixam: Piper, liquamen, vinum, rutam, cepam, nucleos, conditum, modicum de buccellis maceratis unde stringat, oleum. Cum coxerit, ius perfundis	*Weiße Sauce für gekochtes Fleisch: (Nimm) Pfeffer, garum, Wein, Raute, Zwiebel, Pinienkerne, conditum (Gewürzwein) und ein wenig von eingeweichten Brotkrümeln, wovon es dickflüssiger werden soll, und Öl. Wenn die Sauce gar ist, gieße sie darüber.*

Diese Sauce wird kalt zubereitet: Nachdem das Brot im Wein eingeweicht und Pinienkerne und Zwiebeln zerkleinert sind, mit den anderen Zutaten mischen.

Mengenangaben für 4 Personen: 4 Scheiben Hausmacher Brot, 2 kleine Zwiebeln oder 1 große Zwiebel, 100 g Pinienkerne, 1 Becher Gewürzwein, ein Glas Weißwein (Sie können den gesamten Wein durch Vermouth ersetzen), 1/2 Becher Olivenöl, 1 Prise Pfeffer und 1 Becher Raute, ein Teelöffel garum. Zu Gewürzwein und Vermouth siehe 12. Kapitel.

WEISSE SAUCE ZUM SCHNITZEL
(Apicius 281)

Ius album in copadiis: Piper, ligusticum, cuminum, apii semen, timum, nucleos infusos, nuces infusas et purgatas, mel, acetum, liquamen et oleum.	*Weiße Sauce zum Schnitzel mache man aus Pfeffer, Liebstöckel, Kumin, Selleriesamen, Thymian, eingeweichten Pinienkernen, eingeweichten und gereinigten Walnüssen, Honig, Essig, garum und Öl.*

Die Pinienkerne und Walnüsse die Nacht über in garum einweichen, am nächsten Tag im Mörser zerdrücken und die Paste mit einem Löffel garum, in dem die Nüsse eingeweicht waren, geschmeidig machen. Oder die Nüsse zusammen mit garum im Mixer zerkleinern. Weitere Zutaten hinzugeben, die Sauce kalt (oder im Wasserbad leicht erwärmt) servieren, als Beilage zu Kalbsschnitzel, Kalbsrückenstück oder Hühnerbrust.

Mengenangaben für 4 Personen: 200 g Pinienkerne, 200 g Walnüsse (geschält gewogen), 1 Prise Pfeffer und 1 Prise von jedem Gewürz, 1 Löffel garum, 1 Löffel Essig und 1 Löffel Honig, 2 Löffel Öl.

Diese Sauce erinnert an die türkische Sauce zum »Tscherkessischen Hühnchen«, dem vielleicht berühmtesten Rezept der türkischen Küche. Zum Vergleich lege ich es vor:

TSCHERKESSISCHES HUHN

Ein Huhn kochen; sobald es abgekühlt ist, in Stücke zerteilen und auf einer Platte anrichten. Aus Walnüssen, Pfeffer, Salz und Öl eine Sauce zubereiten. Dieser Mischung ein wenig Brühe und einen Löffel Paprika zufügen (ein Gewürz, das im Vergleich zu den traditionellen Zugaben erst spät hinzukam). Die Sauce über das Huhn geben und servieren.

Eng verwand mit der römischen weißen Sauce ist auch eine piemontesische Sauce zu gekochtem Rindfleisch, die im Unterschied zu der türkischen Sauce keinerlei Zutat verwendet, über die nicht schon die alten Römern verfügten. Diese delikate, süßsaure Sauce heißt »Bienensauce«.

REGIONALES REZEPT AUS DEM PIEMONT

Bienensauce: Die Walnußkerne ohne Haut im Mörser zerstampfen, Brühe und Senf dazugeben und gut durchziehen lassen. Honig dazu tun und gut einrühren. Die Mengen: auf 1/2 Becher zerstampfte Walnüsse 1 Löffel Brühe, 1 Teelöffel Senf, 1 oder 2 Löffel Honig.

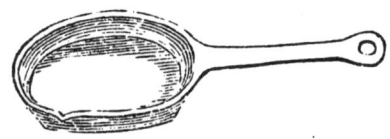

EIERSAUCE FÜR SCHNITZEL
(Apicius 284)

Ius in copadiis: Ova dura incidis, piper, cuminum, petroselinum, porrum coctum, mirtae bacas, plusculum mel, acetum, liquamen, oleum.	*Sauce für Schnitzel: Schneide hartgekochte Eier klein, Pfeffer, Kumin, Petersilie, gehackten Porree, Myrtenbeeren, nicht zu wenig Honig, Essig, garum und Öl (dazu).*

Auch diese Sauce wird kalt zubereitet, vom Kochen der Eier und des Lauchs einmal abgesehen; sie wird für Schnitzelfleisch empfohlen. Die grob gehackten Eier, die frisch gehackte Petersilie und der gekochte, abgeschüttete und klein geschnittene Lauch werden einfach in den Mixer gegeben. Sie fügen die anderen Zutaten hinzu, mixen gut durch und servieren die Sauce. Für unseren modernen Geschmack besser nicht zuviel Honig nehmen.

Mengenangaben für 4 Personen: 3 gekochte Eier, 4-5 Myrtenbeeren, 2 gekochte, kleine Porreestangen, 1 gute Handvoll Petersilie, 1 Prise Pfeffer und Kumin, 1 Löffel Honig, 1 Löffel garum, 1 Löffel Essig und 1/2 Becher Olivenöl.

DATTELSAUCE FÜR SCHNITZEL
(Apicius 282)

Ius in copadiis: Piper, apii semen, careum, satureiam, cneci flos, cepullam, amigdala tosta, careotam, liquamen, oleum, sinapis modicum. Defrito coloras.

Schnitzelsauce: (Nimm) Pfeffer, Selleriesamen, Feldkümmel, Bohnenkraut, wilden Safran, eine kleine Zwiebel, geröstete Mandeln, Datteln, garum, Öl und ein wenig Senf. Färbe es mit defrutum (eingekochtem Most).

PFLAUMENSAUCE FÜR SCHNITZEL
(Apicius 278)

In copadiis ius album: Piper, cuminum, ligusticum, rutae semen, damascenas, infundis vinum, oenomeli et aceto temperabis. (Agitabis) timo et origano.

Weiße Sauce für Schnitzel: (Nimm) Pfeffer, Kumin, Liebstöckel, Rautensamen, Damaszenerpflaumen; gieße Wein dazu und schmecke mit Weinhonig und Essig ab, rühre mit Thymian und Oregano um.

Lassen Sie die Pflaumen in Wasser quellen (geeignet ist jede Art von getrockneten Pflaumen); entkernen und im Wein mit den Gewürzen kochen lassen. Wenn sie fast gar sind, geben Sie Essig und Honigwein dazu. Das römische Rezept erklärt nicht, wie die Schnitzel zubereitet werden, meiner Meinung nach erzielt man das bessere Resultat, wenn man die Kalbsschnitzel oder Hühnerbrüste auf niedriger Flamme mit der Sauce zusammen dünstet. Das Fleisch sollte zusammen mit dem Essig und dem Honigwein – oenomeli – in die Sauce gegeben werden. Sie können das Fleisch in dem Topf, in dem es gekocht wurde, auf den Tisch bringen.

Mengenangaben für 4 Personen: 300 g getrocknete Pflaumen, von jedem Gewürz 1 Prise, 1 Becher trockenen Weißweins, 1 Teelöffel Essig und 1/2 Becher Honigwein. Pfeffer eher mehr, etwa 2 Teelöffel voll.

Die eigenartige Empfehlung »mit Thymian und Oregano umrühren« beruht darauf, daß es üblich war, die frischen Kräuter zu einem Strauß zusammenzubinden und damit die Sauce aufzuschlagen, die auf diese Weise Aroma annahm.

SAUCE ZUM BRATEN
(Apicius 269)

Aliter assaturas: Petroselini scripulos VI, laser scripulos VI, gingiberis scripulos VI, lauri bacas V, condimenti, laseris radicem scripulos VI, origani scripulos VI, ciperis scripulos VI, costi modice, piretri acripulos III, apii seminis scripulos VI, piperis scripulos XII, liquaminis et olei quod sufficit.

Sauce zum Braten: 6 Skrupel Petersilie (ca. 7 g), 6 Skrupel laser, 6 Skrupel Wacholder, 6 Lorbeeren, gehackte Kräuter, 6 Skrupel laser-Wurzel, 6 Skrupel Oregano, 6 Skrupel cipero (Nußgras), ein wenig Scherberkraut, 3 Skrupel Bertramswurz, 6 Skrupel Selleriesamen, 12 Skrupel Pfeffer, garum und ausreichend Öl.

Dieses Rezept ist wegen der vielen exotischen Kräuter und Gewürze, die es enthält, sehr schwer nachzukochen. Das berühmte laser, das hier sowohl als Harz sowie als kleingehackte Wurzel eine Rolle spielt, Zypern- oder Nußgras, dessen süße Knollen in der Antike sehr beliebt waren, Scherberkraut, eine Wurzel, welche die Römer aus dem fernen Indien einführten und die ein sehr intensives Aroma hatte, und schließlich noch Bertramswurz, der in unserer Ernährung heute nicht mehr gebräuchlich ist.

Ich bringe das Rezept gleichwohl, denn mit ein paar Änderungen handelt es sich um eine sehr gute Marinade. Der Braten bekommt ein delikates Aroma, wenn er während der Bratzeit im Ofen oder in der Kasserole häufig mit der Marinade begossen wird.

Mengenangaben: Wir zerkleinern 2 große Handvoll Petersilie, je 1 Handvoll Oregano, Thymian und Bohnenkraut, fügen reichlich Salz und Pfeffer und 5 mit dem Fleischklopfer grob zerdrückte Lorbeeren zu, 6 g Selleriesamen, den Saft zweier großer Knoblauchzehen, 1/2 Becher Öl und 1/2 Becher garum.

WARME SAUCE FÜR DEN BRATEN
(Apicius 270)

Aliter assaturas: Mirtae siccae bacam extenteratam cum cumino, pipere, melle liquamine, defrito et oleo teres et fervefactum amulas. Carnem elixam sale subassatam perfundis, piper aspargis et inferes.

Soße für den Braten: Zerstoße im Mörser getrocknete und entkernte Myrtenbeeren mit Kumin, Pfeffer, Honig, garum, defrutum und Öl; koche alles auf und binde es mit amulum (Stärke). Koche das Fleisch mit Salz und lasse es dann anbräunen, gieße die Sauce darüber, streue Pfeffer darüber und bringe es auf den Tisch.

Sie geben die entkernten Myrtenbeeren in eine Kasserolle und zerreiben sie mit den anderen Zutaten und einem Teil des Mostsirups. Wenn die Sauce etwas eingekocht ist (nach ca. 10 Minuten), geben Sie etwas Kartoffelmehl oder Maizena dazu, das zuvor mit etwas Mostsirup in einer Tasse angerührt wurde. Nach Zugabe des Kartoffelmehls noch etwa 10 Minuten kochen lassen.

Mengenangaben für 4 Personen: 5-6 Myrtenbeeren, 1 Löffel Kumin, 1 Teelöffel Honig, 1 Teelöffel garum, 1 Becher defrutum (1/2 zum sofortigen Aufkochen, 1/2 Becher zum Anrühren mit der Stärke), 1 Löffel Öl.

Der zweite Teil des Rezeptes gibt an, wie das Fleisch zubereitet werden soll. Wenn die Römer einen Braten nicht am Spieß brieten, war bei ihnen oft eine doppelte Zubereitungsart üblich: Das Fleisch wurde zuerst halb gar gekocht und dann in eine Kasserolle gegeben, wo es Farbe annahm und eine Kruste bildete. Für unseren Geschmack ist es besser, den Braten auf die herkömmliche Art zuzubereiten. Auf die römische Art geht nämlich ein guter Teil des Geschmacks ins Kochwasser über, ohne daß eine Brühe daraus wird, denn die Zubereitung wird nicht darin zu Ende geführt. Wenn Sie das Rezept jedoch vollständig übernehmen wollen, versuchen Sie folgendes: Kalkulieren Sie eine halbe Stunde Kochzeit im Wasser, und braten Sie das Fleisch dann in einer Pfanne fertig.

DATTELSAUCE FÜR GEKOCHTEN STRAUSS
(Apicius 210)

In strutione elixo: Piper, mentam, cuminum assum, apii semen, dactilos vel careotas, mel, acetum, passum, liquamen et oleum modice, et in caccabo facies ut bulliat, amulo obligas, et sic partes strutionis in lance perfundis et desuper piper aspargis. Si autem in condituram coquere volueris, alicam addis.	*Sauce für gekochten Strauß: (Nimm) Pfeffer, Minze, gerösteten Kumin, Selleriesamen, Datteln oder Brennpalmen-Datteln, Honig, Essig, passum, garum und ein weing Öl. Laß es in einem kleinen Topf kochen. Binde mit amulum und übergieße so die Teile des Straußes auf der Platte und streue Pfeffer darauf. Wenn du es aber zu einer Gewürzsauce kochen willst, gib Grütze dazu.*

Sie entkernen und hacken die Datteln und geben sie mit den anderen Zutaten außer dem amulum in eine Kasserolle. 20 Minuten kochen lassen; dann geben Sie etwas Kartoffelstärke zu und lassen die Sauce einkochen. Die Brennpalmen-Datteln, die Apicius erwähnt, sind ganz besonders süße Datteln, die die Römer meist aus Jericho kommen ließen. Für uns ist eine einzige Dattelart natürlich gut genug; wenn möglich frische Datteln, die inzwischen in jedem Supermarkt zu finden sind.

Mengenangaben für 4 Personen: Etwa 20 Datteln, 1 Prise von jedem Gewürz und jedem Kraut, je 1 Teelöffel Honig und garum, 1 Becher Likörwein, je 1 Löffel Essig und Öl.

Diese Sauce paßt zu jeder Art von Geflügel, Kleinvieh oder Wild. Sie zu gekochtem Strauß zu reichen dürfte schwierig sein, wenn Sie nicht die Vogelschutzverbände und den WWF gegen sich aufbringen wollen. Dieses Gericht wurde bei den Römern im übrigen keineswegs oft gegessen. Von Apicius' Rezepten abgesehen, stammt der einzige Beleg über den Verzehr dieses exotischen Tieres aus der Biographie des (für ungezügelte Völlerei und exotische Extravaganzen bekannten) Kaisers Heliogabal, die in der Historia Augusta enthalten ist.

KALTE SAUCE FÜR GEFLÜGEL
(Apicius 218)

Piper, ligusticum, apii semen, mentam, mirtae bacas vel uvam passam, mel, vinum, acetum, liquamen et oleum. Uteris frigido.	*Pfeffer, Liebstöckel, Selleriesamen, Minze, Myrtenbeeren oder Rosinen, Honig, Wein, Essig, garum und Öl. Verwende sie kalt.*

Sie weichen die Rosinen eine Stunde lang in Wein ein, schütten sie dann ab, zerhacken sie oder geben sie in den Mixer. In diesem Fall geben Sie alle übrigen Zutaten hinzu. Die Version mit den Myrtenbeeren ist sehr kräftig und aromatisch, die mit den Rosinen ist vielleicht delikater. Wenn Sie die Variante mit den Myrtenbeeren zubereiten, brauchen Sie die Beeren vorher nicht einzuweichen, sondern nur zu entkernen und im Mörser gründlich zu zerstoßen. Der Rat »Du wirst sie kalt verwenden« könnte nahelegen, daß die Sauce warm zubereitet wird und dann abkühlen muß. Ich habe sie allerdings stets kalt zubereitet.

Mengenangaben für 4 Personen: 100 g Rosinen (oder 5-6 Myrtenbeeren), 1 Prise Kräuter und Gewürze, 1 Teelöffel Honig, je 1 Löffel Essig, garum und Öl, 1 Becher Wein.

SAUCE FÜR VERSCHIEDENE VÖGEL
(Apicius 225)

Ius in diversis avibus: Piper, cuminum frictum, ligusticum, mentam, uvam passam enucleatam aut damascena, mel modice, vino myrteo temperabis, aceto, liquamine et oleo. Calefacies et agitabis apio et satureia.	*Sauce für verschiedene Vögel: (Nimm) Pfeffer, gerösteten Kumin, Liebstöckel, Minze, entkernte Rosinen oder Damaszenerpflaumen und ein wenig Honig. Schmecke mit Myrtenwein ab sowie mit Essig, garum und Öl. Mache sie heiß und rühre es mit Sellerie und Bohnenkraut um.*

Sie lassen die Rosinen in Wein quellen wie im vorigen Rezept (die Pflaumen in etwas lauwarmem Wasser), zerkleinern die gewünschten Früchte und geben sie in eine Kasserolle; Sie geben die anderen Zutaten dazu und lassen alles etwa 20 Minuten kochen. Der letzte Satz ist so zu verstehen: Binden Sie Sellerie und Bohnenkraut zu einem Sträußchen, und fügen Sie es der kochenden Sauce bei (siehe auch Rezept »Apicius 278«, Sauce für Kalbsschnitzel, Seite 51). Diese nimmt den Duft des Kräuterbouquets an, das Sie vor dem Servieren entfernen.

Selbstverständlich nehmen Sie nur die Blätter von ganz jungem (Bleich)sellerie.

Mengenangaben für 4 Personen: 1 Prise Pfeffer und je 1 Prise von den anderen Gewürzen und Kräutern, 5-6 Pflaumen oder 1 gute Handvoll Rosinen, 1 Teelöffel Honig, 1 Becher Wein (der einige Minuten lang mit zwei Myrtenbeeren gekocht wurde), je 1 Löffel Essig, garum und Öl.

GRÜNE SAUCE FÜR GEFLÜGEL
(Apicius 228)

Ius viride in avibus: Piper, careum, spicam indicam, cuminum, folium, condimenta viridia omne genus, dactilum, mel, acetum, vinum modice, liquamen et oleum.	*Grüne Sauce für Geflügel: Pfeffer, Kümmel (Feldkümmel), Nardenspitzen, Kumin, Lorbeer (?), jede Art grüner Gewürzkräuter, Datteln, Honig, Essig, wenig Wein, garum und Öl.*

Wenn wir die Sauce sehr grün mögen, sollten wir reichlich Petersilie nehmen, wie bei unserer modernen »grünen Sauce«. Die Aufgabe, die Sauce zu binden, die bei uns zerkrümeltes Brot erfüllt, übernehmen hier die Datteln. Wenn Sie in einem Laden für exotische Lebensmittel Dattelmehl finden, können Sie es verwenden. In diesem Fall bereiten Sie die Sauce warm zu und kochen Sie etwa 20 Minuten lang. Andernfalls geben Sie die Dattel in den Mixer (nachdem Sie sie entkernt und grob zerkleinert haben) und servieren die Sauce kalt.

Mengenangaben für 4 Personen: 1 gute Handvoll Petersilie, 1 Lorbeerblatt, je 1 Prise von den anderen Gewürzen, 1 Lavendelstengel (der indische Lavendel ist mit unserem verwandt), 5-6 Datteln, 1 Löffel Essig, 2 Löffel Öl, je 1 Teelöffel Honig und garum, 1 Löffel Wein.

SAUCE ZU WILD JEDER ART
(Apicius 351)

Ius in venationibus omnibus elixis et assis: Piperis scripulos VIII, rutam, ligusticum, apii semen, iuniperum, timum, mentam aridam scripulos senos, pulei scripulos III. Haec omnia ad levissimum pulverem rediges et in uno commisces et teres. Adicies in vasculum melle quod satis erit, et his uteris cum oxigaro.	*Sauce zu gekochtem und gebratenem Wild: 8 Skrupel Pfeffer, Raute, Liebstöckel, Selleriesamen, Wacholderbeeren, Thymian, 6 Skrupel getrocknete Minze, 3 Skrupel Poleiminze. Mach das alles zu sehr feinem Pulver, mische es zusammen und mahle es. Gib in das Gefäß ausreichend Honig dazu und verwende dies mit oxygarum (garum mit Essig).*

Diese Sauce eignet sich zum Würzen von jederart gekochtem und gebratenem Fleisch. Sie wird ganz frisch zubereitet: Am Anfang wird das Pulver aus Kräutern und Gewürzen zubereitet, das ganz zuletzt mit oxygarum verlängert wird. Da diese Sauce kräftig würzt, kann sie in größerer Menge als augenblicklich notwendig vorbereitet werden, damit immer welche zur Hand ist. Nur getrocknete Kräuter nehmen und alle zusammen im Mörser zerreiben. Geben Sie das Pulver in ein Glasgefäß, und fügen Sie Honig zu. Wenn Sie etwas davon verwenden wollen, verrühren Sie einen Eßlöffel dieser Mischung mit einem Becher oxygarum.

Mengenangaben für 4 Personen: 5 g von jedem Kraut, 5 g Pfeffer, 2-3 Wacholderbeeren, 1 Löffel Honig, 1 Becher oxygarum.

SAUCE FÜR FISCH
(Apicius 405)

In torpedine elixa: Piper, ligusticum, petroselinum, mentam, origanum, ovi medium, mel, liquamen, passum, vinum, oleum. Si voles addes sinape, acetum. Si calidum volueris, uvam passam addes.

Für gekochten Zitterrochen: Pfeffer, Liebstöckel, Petersilie, Minze, Oregano, ein Eidotter, Honig, garum, passum, Wein, Öl. Wenn du willst, gib Senf und Essig zu. Wenn du es heiß möchtest, gib Rosinen zu.

Das Rezept wird für gekochten Zitterrochen empfohlen, aber die Sauce paßt sehr gut zu jedem anderen Fisch. Da es sich um eine Art Mayonnaise handelt, fangen wir mit dem Eigelb an. Sie verquirlen zuerst das Eigelb oder die Eigelbe, ganz wie bei einer Mayonnaise, und fügen das Öl zuerst tropfenweise, dann in dünnem Strahl zu. Sobald das gesamte Öl mit dem Eigelb verquirlt ist, fügen Sie garum und die Weine (eventuell auch Likörwein) hinzu, verfahren dabei aber stets sehr vorsichtig. Dann folgen die weiteren Zutaten. Auch Senf wäre nicht schlecht; ich persönlich gebe ihn oft auch an Mayonnaise, doch in diesem Fall lassen Sie den Likörwein und den Honig besser weg. Die warme Variante der Sauce, die durch Rosinen ergänzt wird, gleicht dem anschließend folgenden Rezept von Apicius, weshalb wir sie hier zurückstellen.

Mengenangaben für 4 Personen: 2 Eigelb, 1 Becher (2 Deziliter) Öl, 1/2 Löffel scharfen Senf, 1 Löffel Essig, 1/2 Löffel Honig, je 1 Teelöffel garum, passum und Wein, 1 Eßlöffel gemischte, zerkleinerte, getrocknete Kräuter.

SAUCE ZU TINTENFISCHEN (SEPIEN)
(Apicius 411)

Aliter sepias: Piper, ligusticum, cuminum, coriandrum viridem, mentam viridem, ovi vitellum, mel, liquamen, vinum, acetum et oleum modicum. Et, ubi bullierit, amulo obligas.

Sauce zu Tintenfischen: Pfeffer, Liebstöckel, Kumin, frischen Koriander, grüne Minze, Eidotter, Honig, garum, Wein, Essig und ein wenig Öl. Und, wenn es gekocht hat, binde mit amulum.

Sie verquirlen die Eigelbe mit der Flüssigkeit, geben die kleingehackten Kräuter und den Pfeffer dazu und lassen alles etwa 10 Minuten lang auf sanftem Feuer köcheln. Sobald die Sauce anfängt, Blasen zu werfen, geben Sie Kartoffelstärke dazu, die Sie zuvor in etwas Wein verrührt haben. Auch die Sauce vom vorherigen Rezept kann auf diese Weise zubereitet werden (doch sollten Sie hier die Ölmenge auf 1 Löffel reduzieren).

Mengenangaben für 4 Personen: 2 Eigelb, je 1 Teelöffel Essig und garum, 1 Löffel Öl, 1 Becher trockenen Wein, zerkleinerte Kräuter und Gewürze: ingesamt 1 Eßlöffel voll.

Eine Variante dieser Sauce – von Apicius als »Sauce zur Goldbrasse« beschrieben – enthält zudem noch entkernte und zerkleinerte Myrtenbeeren. Ich gebe im hier nur den Text wieder, ohne Kommentar. Befolgen Sie nur die obige Anleitung.

SAUCE ZUR GOLDBRASSE
(Apicius 462)

Piper, ligusticum, careum, origanum, rutae bacam, mentam, myrtae bacam, ovi vitellum, mel, acetum, oleum, vinum, liquamen. Calefacies et sic uteris.

Pfeffer, Liebstöckel, Kümmel, Oregano, Rautenbeere, Minze, Myrtenbeere, Eidotter, Honig, Essig, Öl, Wein, garum. Mach sie heiß und verwende sie so.

SAUCE FÜR GEBRATENEN FISCH
(Apicius 434)

Ius diabotanon in pisce frixo: Piscem quemlibet curas, lacas, friges. Teres piper, cuminum, coriandri semen, laseris radicem, origanum, rutam, fricabis; suffundes acetum, adicies careotam, mel, defritum, oleum, liquamen, temperabis; refundes in caccabum, facies ut ferveat. Cum ferbuerit, piscem frictum perfundes, piper asperges et inferes.

Kräutersauce für gebratenen Fisch: Bereite beliebigen Fisch vor, salze und brate ihn. Zerstoße Pfeffer, Kumin, Koriandersamen, laser-Wurzel, Oregano und Raute, zermahle es, gieße Essig und gib Datteln, Honig, defrutum, Öl und garum dazu, schmecke ab, gieße es in einen Topf und laß es aufkochen. Wenn es aufgekocht ist, übergieße den gebratenen Fisch, streue Pfeffer darauf und serviere.

Diese Sauce eignet sich gut für gebratenen und gebackenen Fisch. Meiner Meinung nach sollte sie aber in einer Saucière gesondert gereicht werden.

Sie zerkleinern die Kräuter (den laser durch den Saft einer ausgepreßten Knoblauchzehe ersetzen), geben sie mit dem Essig in eine Kasserolle, fügen die zerkleinerten Datteln und die anderen Zutaten zu.

Lassen Sie alles 15-20 Minuten kochen. Servieren Sie die Sauce warm.

SAUCE FÜR SARDEN
(Apicius 423)

Ius in sarda: Piper, origanum, mentam, cepam, aceti modicum et oleum.	*Sauce für Sarden: Pfeffer, Oregano, Minze, Zwiebeln, etwas Essig und Öl.*

Es handelt sich um eine Vinaigrette mit Kräutern und Zwiebeln. Die Sauce wird kalt zubereitet; alle Zutaten mischen und eine halbe Stunde lang durchziehen lassen. Sie kann – auch kalt – zu gebratenem und gekochtem Fisch gereicht werden. Da hier die übliche Zutat garum fehlt, etwas salzen.

SAUCE ZU AUSTERN UND MEERESFRÜCHTEN
(Apicius 31)

Cuminatum in ostrea et concilia: Piper, ligusticum, petroselinum, mentam siccam, folium, malabatrum, cuminum plusculum, mel, acetum et liquamen.	*Kuminsauce zu Austern und anderen Schalentieren: Pfeffer, Liebstöckel, Petersilie, getrocknete Minze, Lorbeer, Nardenspitzen, etwas mehr Kumin, Honig, Essig und garum.*

Wieder handelt es sich um eine Vinaigrette; diesmal gebe man sie über die gekochten Austern, bevor diese aufgetragen werden, oder man bringe sie in einer Saucière auf den Tisch. Sie zerstampfen Kräuter und Gewürze im Mörser und geben reichlich Kumin zu, dessen Geschmack hervortreten soll, dazu Honig, Essig und garum.

Lassen Sie alles eine halbe Stunde lang durchziehen. Ein Teelöffel Honig genügt. _ Glas Essig, 1 Eßlöffel garum.

SAUCE FÜR AUSTERN
(Apicius 413)

In ostreis: Piper, ligusticum, ovi vitellum, acetum, liquamen, oleum et vinum. Si volueris, et mel addes.	*Für Austern: Pfeffer, Liebstöckel, Eidotter, Essig, garum, Öl und Wein. Wenn du willst, gib auch Honig dazu.*

Auch hier haben wir eine Sauce, ähnlich einer Mayonnaise oder einer französischen Remoulade, die ja nichts anderes ist als eine Mayonnaise mit Kräutern. Im Unterschied zu der Sauce »Apicius 405« enthält diese hier nur ein einziges Gewürz, den Liebstöckel, und kein passum. Auch die Zugabe von Honig geschieht nach Belieben. Zur Zubereitung folgen Sie den Angaben für Sauce 405. Beide Saucen passen zu allen Fischen und gekochtem Gemüse.

Sauce zu Waldpilzen
(Apicius 311)

In fungis farneis: Piper, carenum, acetum et oleum.	Zu Eschenpilzen: Pfeffer, Weinsirup, Essig und Öl.

Wahrscheinlich handelt es sich um eine Sauce für Pilzsalat. Je nach Menge der Pilze, die angemacht werden sollen, ändern sich die Mengenangaben für die Zutaten. Aber behalten Sie folgende Proportionen bei: 1/5 Wein, 2/5 Essig, 2/5 Öl. Salzen Sie etwas, obwohl das Rezept kein Salz erwähnt, und sparen Sie nicht mit Pfeffer.

Die Sauce paßt zu Steinpilzen, Kaiserschwämmen und Champignons. Apicius meint hier wahrscheinlich Eschenpilze.

Essigsaure Marinade
(Apicius 84)

Piper, puleium, mel vel passum, liquamen, et acetum. Interdum et silfi accedit.	Pfeffer, Katzenminze, Honig oder passum, garum und Essig. Manchmal wird auch Silphion zugegeben.

Bei der Zubereitung dieser Marinade ersetzen Sie das Silphion wie üblich mit ein paar Tropfen Knoblauchsaft; hier nun sind auch leicht zerdrückte Knoblauchzehen recht; Sie geben sie in das Gefäß, in das Sie gekochtes Gemüse (Karotten, Bohnen) oder gebratenes Gemüse (Kürbisscheiben, Stäbchen aus Zucchini) geben werden.

In einem kleinen Topf bringen Sie Essig, garum, Honig oder passum zum Kochen; Sie geben das gekochte Gemüse in ein Gefäß, streuen Pfeffer und gehackte Poleiminze darüber und begießen es dann mit der warmen Marinade. Wenigstens 3-4 Stunden ziehen lassen, dann servieren.

Mengenverhältnisse: auf 1 Becher Essig 1 Teelöffel Honig (oder Likörwein) und 1 Teelöffel garum, 2 oder 3 große Knoblauchzehen, 1 Handvoll frische, zerkleinerte Poleiminze.

Wenn Sie Bohnen damit würzen, können Sie die Poleiminze durch Bohnenkraut ersetzen, und bei den Zucchini durch 4-5 Lorbeerblätter.

Diese essigsaure Marinade ist nur eine von vielen Saucen zu rohem und gekochtem Gemüse. Der Autor eines Buchs mit römischen Rezepten, Fulvio Uliano, hat für diese Art von Saucen eine phantastische, aber faszinierende Erklärung: Er nennt diese Würzsaucen »esca Apicii«, Apicius' Lockspeise. Er meint, von diesem Ausdruck sei die Wendung »a scapece« herzuleiten, die in der neapolitanischen Küche immer dann auftaucht, wenn von Gemüse in einer Marinade aus Essig, Knoblauch und Kräutern die Rede ist. Da mir nicht bekannt ist, ob es eine plausible Erklärung des Begriffs »a scapece« gibt, glaube ich gern, daß es tatsächlich von »esca Apicii« abgeleitet ist, und weil die Geschichte interessant ist, habe ich sie Ihnen erzählt. Wenn's nicht wahr ist, ist's doch gut erfunden!

WARME SAUCE ZU GEKOCHTEM GEMÜSE
(Apicius 117)

Sfondilos elixos perfundes amulato infra scripto: apii semen, rutam, mel, piper teres, passum, liquamen, et oleum modice, amulo obligas, piper asperges et inferes.	*Begieße die gekochten Artischocken mit der unten beschriebenen dicken Sauce: zerstoße Selleriesamen, Raute, Honig und Pfeffer, gib passum, garum und ein wenig Öl dazu, binde mit Stärkemehl, streu Pfeffer darauf und serviere.*

Bringen Sie in einer Kasserolle alle Zutaten außer der Stärke zum Kochen. Sobald sich alles etwas verbunden hat, geben Sie einen Teelöffel Stärke (die Sie zuvor in etwas Wein angerührt haben) dazu und lassen die Sauce andicken. Die Kochzeit beträgt etwa 20 Minuten.

Mengenangaben: 1 Becher Wein, 1 Löffel Öl, je 1 Teelöffel garum und Honig, 1 Teelöffel Stärke, 1 Löffel gemischte Gewürze und Kräuter.

SAUCE FÜR GEKOCHTE EIER
(Apicius 328)

Ova elixa: Liquamine, oleo, mero vel ex liquamine, pipere, lasere	*Gekochte Eier: Garum, Öl, unvermischten Wein oder garum, Pfeffer und laser.*

Die Sauce, mit der Sie harte Eier anmachen, bereiten Sie zu, indem Sie garum oder mit Wein vermischtes garum (das dann oenogarum heißt) miteinander verrühren und – als Ersatz für den laser – etwas Knoblauchsaft, Öl und Pfeffer dazutun.

Mengenangaben für 4 Eier: 2 Löffel Öl, 1 Teelöffel garum, 2 Knoblauchzehen zum Auspressen, 1 Prise Pfeffer.

SAUCE FÜR WEICHGEKOCHTE EIER
(Apicius 329)

In ovis apalis: Piper, ligusticum, nucleos infusos. Suffundis mel, acetum, liquamine temperabis.	*Weichgekochte Eier: Pfeffer, Liebstöckel, eingeweichte Pinienkerne. Gieße Honig und Essig dazu und schmecke es mit garum ab.*

Eine exquisite Sauce: Bringen Sie sie in einer Saucière auf den Tisch, damit sich jeder selbst bedienen kann, denn weiche Eier können nicht vorab in Stücke geteilt werden. Legen Sie die Pinienkerne 3-4 Stunden zuvor in etwas Essig. Schütten Sie dann alle Zutaten in den Mixer. Gründlich mixen.

Mengengaben für 4 Eier: 1 gute Handvoll Pinienkerne (ca. 50 g), 3 Löffel Essig, 1 Teelöffel Honig, 1 Prise Pfeffer und 1 Prise getrockneten Liebstöckel.

KÄSESAUCE ZU SALATEN
(Apicius 38)

> **Hypotrimma:** Piper, ligusticum, mentam aridam, nucleos pineos, uvam passam, cariotam, caseum dulcem, mel, acetum, liquamen, oleum, vinum, defritum aut caroenum.
>
> *Hypotrimma: Nimm Pfeffer, Liebstöckel, getrocknete Minze, Pinienkerne, Rosinen, Datteln, milden Käse, Honig, Essig, garum, Öl, Wein, Most oder Rosinenwein.*

Ein ebenso gutes wie ungewöhnliches Rezept, in gewissem Sinn die Vorgängerin der delikaten Roquefortsauce, mit der die Franzosen ihren Salat anmachen.

Geben Sie alle Zutaten in den Mixer, bis auf die Pinienkerne, die Rosinen und Datteln. Gut durchmixen. Geben Sie Kerne und Früchte zur Sauce (die Datteln zuerst zerkleinern). Die Sauce paßt gut zu Kopfsalat und rohem oder gekochtem Chicoreesalat.

Mengenangaben: 1 Handvoll Pinienkerne und Rosinen, 4-5 Datteln, 100 g Weichkäse, 1 Becher Öl, je 1 Teelöffel Honig und garum, je 1 Löffel Essig und Most (oder Wein oder Likörwein).

5. Kapitel
DIE VORSPEISEN

Gänseleber

Schau nur diese Leber,
sie schlägt eine riesige Gans noch an Größe.
Staunend fragst du gewiß:
»Bitte, wo wächst denn nur die?«

          (Martial XIII, 58)

Grasmücken

Da mich die Feige ernährt,
da Trauben voll Süße mich speisen,
weshalb heiße ich dann nicht
nach der Traube vielmehr?

          (Martial XIII, 49)

Eier

Wenn um das gelbliche Dotter
das Eiweiß schimmernd herumliegt,
würze hesperidischer Saft
von der Makrele das Ei.

          (Martial XIII, 40)

Austern

Komm ich als Muschel,
getränkt vom Lucriner Wasser bei Bajae,
dürst ich als Schlemmerin
nun nach der vortrefflichen Brüh.

          (Martial XIII, 82)

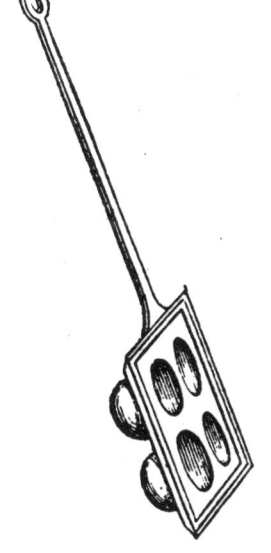

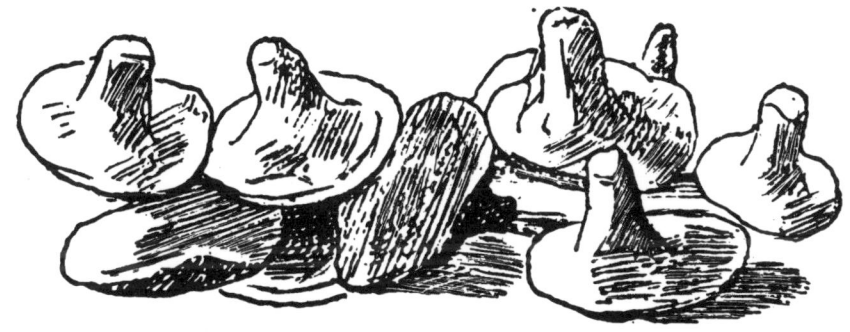

GUSTUM

Im allgemeinen kamen zur Eröffnung des Mahls Eier,
Gemüse, Schalentiere, Pilze und Oliven, die mediterran-
sten aller Früchte, auf die Tafel. Die grünen oder
schwarzen eingelegten oder frischen Oliven galten bei
den Römern sowohl als Vorspeise wie als Dessert.
Gemüse, bei uns eine Beilage, war bei den Römer ein
hochgeschätztes Entrée: Beispielsweise Kürbis wurde
den Gästen – wie auf dem Foto – gebraten angeboten, in
einer Sauce aus Essig und Kräutern; Pilze wurden auf
sehr unterschiedliche Weise zubereitet. Abgelagerter
und geräucherter Frischkäse reicherte den ersten Gang
eines Banketts an.

GEBRATENER
KÜRBIS

Sie schälen den Kürbis, schneiden ihn in eher dünne
Scheiben und braten sie in Öl, das sehr heiß sein muß,
denn so wird verhindert, daß der Kürbis zu viel Öl aufsaugt. Sie geben die Stücke auf einen Vorlegteller und
überziehen sie mit einer Sauce aus garum und Pfeffer.

PILZSALAT

Schneiden Sie Steinpilze in Scheiben, und würzen Sie
diese mit einer Sauce aus 1/5 Wein, 2/5 Essig und 2/5
Öl, dem sie etwas Salz und Pfeffer hinzugefügt haben.

Die Vorspeise war, wie wir gesehen haben, bei den Römern ein sehr reichhaltiger Gang und bestand aus vielen verschiedenen Speisen. Folgende Spezialitäten schätzte man zur Eröffnung des Mahls besonders: Eier, Gemüse, Salate, Pilze und Trüffeln, Austern, Meeresfrüchte, Kräuterkäse, Oliven, Würste und Aufläufe, aber auch gehaltvolle und vollständige Gerichte wie Frikassee und Fleischpastete, die für uns heute eine ganze Mahlzeit sind.

Wir erklären Ihnen hier einige der köstlichsten Speisen. Wenn sie überlegen, was Sie ihren Gästen servieren wollen, entscheiden Sie sich bitte für wenigstens zwei oder drei Gerichte. Eine große Auswahl an Speisen galt nämlich als sehr wichtig. Und bitte zu den Vorspeisen geeistes mulsum servieren!

EIERGERICHTE

Harte Eier (Ova elixa):
Sie würzen sie mit der Sauce 328 von Apicius, die Sie im Saucenkapitel finden.

Weiche Eier (Ova apala):
Sie würzen sie mit der delikaten Pinienkernsauce 329 von Apicius.

Gebratene Eier (Ova frixa):
Braten Sie die Eier in Wein-garum (Apicius 327).

Eier- und Thunfischsalat:
Sie richten ein Bett aus gründlich gewaschenem und abgetrocknetem Kopfsalat an, arrangieren darauf schöne Bauchstücke vom Thunfisch und belegen sie mit Scheiben aus harten Eiern. Garum und Öl werden gesondert gereicht. Diese Vorspeise ist ein Vorschlag von Martial (Epigrammi, XI, 52).

Eier und Artischocken:
Dazu das Rezept 112 von Apicius im 9. Kapitel.

ERBSENAUFLAUF NACH COMMODUS
(Apicius 198)

Concicla Commodiana: Pisam coques. Cum despumaverit, teres piper, ligusticum, anetum, cepam siccam, suffundis liquamen, vino et liquamine temperabis. Mittis in caccabum ut combibat. Deinde ova IIII solves, in sextarium pisae mittis, agitas, mittis in cumana, ad ignem ponis ut ducat, et inferes.	*Auflauf nach Commodus: Koche Erbsen. Wenn der Schaum zurückgegangen ist, stoße Pfeffer, Liebstöckel, Dill, getrocknete Zwiebel, gieße garum dazu und schmecke mit Wein und garum ab. Gib es in einen Topf, damit es sich einsaugt. Dann verrühre vier Eier und gib sie auf ein Sextar Erbsen, rühre um, gib es in eine Tonkasserolle, setze es aufs Feuer, und trage es auf.*

Dieses Gericht, das offenbar Kaiser Commodus gewidmet ist, dem Sohn und Nachfolger des großen Marc Aurel, ist ein delikater Erbsenauflauf.

Sie kochen die Erbsen, schütten sie ab und pürieren sie. Dann würzen Sie mit der Kräuter- und Zwiebelsauce, die Sie mit Wein und garum abgeschmeckt haben.

Fügen Sie die verquirlten Eier zu (wenn Sie wollen, daß der Auflauf noch luftiger wird, verquirlen Sie das Eigelb und schlagen das Eiweiß schaumig). Sie geben alles in eine feuerfeste Schüssel, lassen das Gericht 20-25 Minuten lang im Backofen bei mittlerer Temperatur (200 Grad) aufgehen und tragen es in derselben Schüssel auf.

Mengenangaben für 4 Personen: 2 kg ungeschälte (oder 500 g tiefgefrorene) Erbsen, 4 Eier und die Zutaten für die Sauce.

SPARGELAUFLAUF
(Apicius 132)

Patina de asparagis frigida: Accipies asparagos purgatos, in mortario fricabis, aqua suffundes, perfricabis, per colum colabis. Et mittes ficetulas curatas, teres in mortario piperis scripulos sex, adicies liquamen, fricabis, vini ciatum I, passi ciatum I, mittes in caccabum olei uncias III. Illic ferveant. Perungues patinam, in ea ova VI cum oenogaro misces, cum suco asparagi impones cineri calido, mittes inpensam supra scriptam. Tunc ficetulas compones. Coques, piper asparges et inferes.	*Patina aus kaltem Spargel: Nimm geputzte Spargel und zerreibe sie in einem Mörser, gieße Wasser dazu und zerreibe es gut und passiere es durch einen Durchschlag. Und gib zerlegte Grasmücken dazu. Zerstoße in einem Mörser 6 Skrupel Pfeffer, gib garum dazu, zerreibe es, gib 1 Zyathus Wein, 1 Zyathus Likörwein und 3 Unzen Öl in den Topf. Dort soll es kochen. Fette ein Backblech ein, mische darauf 6 Eier mit oenogarum und lege es zusammen mit dem Spargelbrei in heiße Asche und gib die oben beschriebene Füllung darauf. Dann ordne die Grasmücken darauf an. Backe es, streu Pfeffer darauf und serviere.*

Hier ist nun eins der Rezepte, bei denen Grasmücken eine Rolle spielen, Vögel mit einem sehr feinen Schnabel, die die Römer sehr schätzten. Es versteht sich, daß die Grasmücken nicht nur gesäubert und ausgeweidet, sondern bereits halb gar in einer feuerfesten Schüssel angerichtet sind. Sie bilden die unterste Schicht dieses Gerichts.

Zu den gesondert gekochten, abgeschütteten und passierten Spargeln kommen 6 verquirlte Eier, die mit der im Rezept beschriebenen Sauce gewürzt sind. Sie gießen diese Mischung über die Grasmücken und backen sie 25-30 Minuten im Rohr. Natürlich können Sie statt der heute nur schwer zu findenden Grasmücken Wachteln oder Hühnerbrüste nehmen.

Das Gericht kann auch kalt serviert werden, wie der lateinische Name Patina de asparagis frigida erkennen läßt.

Mengenangaben für 4 Personen: 4 Wachteln (oder 4 Hühnerbrüste), 2 kg Spargel, 6 Eier, reichlich Pfeffer, je 1 Löffel Wein, Likörwein, garum und Kräuter.

SPARGELOMELETT
(Apicius 133)

> Aliter patina de asparagis: Adicies in mortario asparagorum praecisuras quae proiciuntur, teres, suffundes vinum, colas. Teres piper, ligusticum, coriandrum viridem, satureiam, cepam, vinum, liquamen et oleum. Sucum transferes in patellam peructam et, si volueris, ova dissolves ad ignem ut obliget. Piper minutum asperges.

> *Spargelomelett auf andere Art: Gib in einen Mörser die abgeschnittenen Teile von Spargeln, die sonst weggeworfen werden, zerstampfe sie, gieße Wein hinzu und passiere es. Zerstoße Pfeffer, Liebstöckel, frischen Koriander, Bohnenkraut, Zwiebeln, Wein, garum und Öl. Gib den Brei hinüber in eine eingefettete Pfanne, und verrühre, wenn du willst, am Feuer Eier darin, um es zu binden. Streue gemahlenen Pfeffer darauf.*

Eine »ärmliche« Variante des vorigen Rezepts. Gekocht wird diesmal auf dem Herd; es handelt sich also um ein Omelett.

Ein exquisites Spargelomelett gibt es in Apulien; es gibt es dort als Spezialität, die von den daunischen Ureinwohnern stammt. Von diesem Rezept lassen sich die Mengenangaben für das Omelett von Apicius ableiten.

REGIONALES REZEPT AUS APULIEN

Daunisches Spargelomelett: Putzen und kochen Sie die Spargel. Verquirlen Sie ein Ei mit geriebenem Pecorino, Salz, Pfeffer, gehackter Petersilie und den Spargeln. Nun braten Sie das Omelett und servieren es warm.

Mengenangaben für 4 Personen: 1 kg wilden Spargel, 1 Löffel geriebenen Pecorino, 1 Handvoll Petersilie, 5 ganze Eier, Salz und Pfeffer.

AUFLAUF ODER OMELETT MIT LATTICH
(Apicius 130)

> **Patina:** Tyrsum lactucae teres cum pipere, liquamine, careno, aqua, oleo. Coques, ovis obligabis, piper asparges et inferes.
>
> *Patina: Zerstampfe Lattichstengel mit Pfeffer, garum, Weinsirup, Wasser, Öl, koche, und binde mit Eiern; streue Pfeffer darauf und serviere.*

Je nachdem, ob Sie das Gericht in der Pfanne oder im Backofen zubereiten, ist es ein Omelett oder ein Auflauf. Aus dem Rezept geht das nicht deutlich hervor; in jedem Fall aber ist es einfach zuzubereiten.

Schneiden Sie den Lattich in grobe Stücke, und schmecken Sie ihn mit Pfeffer, garum, etwas Weinsirup, Wasser und Öl in einer Pfanne ab. Nehmen Sie nicht zu viel Flüssigkeit, fügen Sie während des Kochens eventuell noch etwas hinzu. Vom Feuer nehmen, die verquirlten Eier zugeben und je nach Wunsch auf dem Herd oder im Rohr zu Ende kochen.

Mengenangaben für 4 Personen: 3 große Lattiche, 4 Eier, je 1 Löffel garum, Wein, Öl, ausreichend Wasser.

OMELETT FÜR DEN ALLTAG
(Apicius 128)

> **Patina cotidiana:** Cerebella elixata teres cum pipere, cumino, lasere. Cum liquamine, careno, lacte et ovis ad ignem lenem vel ad aquam calidam coques.
>
> *Alltagsauflauf: Zerstampfe gekochte Hirnchen mit Pfeffer. Dazu gib Kumin, laser mit garum, caroenum und mit Milch verrührte Eier. Koche auf kleiner Flamme oder in einem Wasserbad.*

Dieses Gericht wird im Libanon und in Syrien noch sehr häufig gegessen, Länder, in denen das auch von den Römern geschätzte Lammhirn als Delikatesse gilt. Sie können es natürlich durch Kalbshirn ersetzen.

Sie lassen das Hirn kochen und zerstampfen es dann mit Pfeffer, Kumin und ausgepreßtem Knoblauch im Mörser. In einem Gefäß vermengen Sie das Hirn mit den Eiern und geben garum, carenum und etwas Milch zu. Wie ein Omelett backen.

Mengenangaben für 4 Personen: 4 Eier, 2 Lammhirne oder 1 Kalbshirn, 1/2 Becher Milch, 1 Löffel garum und 1 Löffel carenum.

ANGEMACHTER KRÄUTERKÄSE
(aus Moretum Appendix, Virgiliana)

> **Quattuor alia, apius, ruta, coriandrum, salis micas, caseus.**
>
> *Vier Knoblauchzehen, Petersilie, Raute, Koriander, Salz und Käse.*

Die Zubereitung: In einem Mörser Knoblauch, dann den Käse und schließlich die Kräuter zerstampfen, und zwar so, daß alles gut bindet; die Paste wird mit Olivenöl geschmeidig gemacht, und schließlich kommt noch ein Schuß kräftigen Essigs dazu. Am Ende formen sie aus dem Kräuterkäse eine Halbkugel und stellen sie in den Kühlschrank.

Zu diesem angemachten Käse ißt der bäuerliche Held des Kurzepos Moretum einen sorgsam zubereiteten Fladen. Als erstes mahlt er Weizenkörner, dann siebt er das Mehl durch und vermengt es mit Wasser, aromatischen Kräutern und Salz. Nachdem er den Teig lange geknetet hat, formt er einen runden Fladen daraus und drückt mit der Hand ein Gittermuster hinein. Schließlich backt er ihn auf dem Herd in heißer Asche.
Diesen Fladen, eine kleine »Piadina«, können auch wir herstellen; wir backen ihn entweder im Ofen oder ohne Fett in einer beschichteten Pfanne.

KÄSE MIT KRÄUTERN
(Apicius 41)

> **Moretaria: Mentam, rutam, coriandrum, feniculum, omnia viridia, ligusticum, piper, mel, liquamen. Si opus fuerit, acetum addes.**
>
> *Gewürze für moretum: Minze, Raute, Koriander, Fenchel (alle frisch), Liebstöckel, Pfeffer, Honig, garum. Falls es nötig ist, gieße Essig dazu.*

Sie zerstampfen die angegebenen Kräuter im Mörser, würzen mit Honig, garum und Öl und vermengen alles gut mit dem Käse (der im Rezept, das nur die Gewürze nennt, nicht erwähnt wird). Sie können Frischkäse verwenden, römischen Ricotta zum Beispiel.

Dieser Käse schmeckt auch warm köstlich: Dazu geben Sie ihn etwa 15-20 Minuten in den geheizten Ofen (200 Grad) und servieren ihn mit gebratenen Würsten und gewürzten Oliven.

Die Zusammenstellung von Würsten und gebackenem Käse ist in den Abruzzen weitverbreitet. Es genügt, wenn Sie die Kräuter nur wie eine Hülle auf den Ricotta legen.

KALTE PASTETE AUS KÄSE UND HÜHNERLEBER
(Apicius 125)

Sala cattabia: Piper, mentam, apium, puleium aridum, caseum, nucleos pineos, mel, acetum, liquamen, ovorum vitella, aquam recentem. Panem ex posca maceratum exprimes, caseum, bubulum, cucumeres in caccabulo compones, interpositis nucleis. Mittes concisi capparis minuti (...) iocusculis gallinarum. Ius profundes, super frigidam collocabis et sic appones.

Sala cattabia: Pfeffer, Minze, Petersilie, getrocknete Poleiminze, Käse, Pinienkerne, Honig, Essig, garum, Eidotter und frisches Wasser. Presse in Essigwasser eingeweichtes Brot aus und lege Kuhkäse und Gurken mit dazugemischten Pinienkernen in einem kleinen Topf zurecht. Gib klein geschnittene Kapern zusammen mit Hühnerleber dazu. Gieße die Sauce darüber, stelle es auf Eis und serviere es so.

Auch wenn das Rezept nur fragmentarisch erhalten ist, kann es doch nachgekocht werden, und es schmeckt gut. Das Ergebnis ist der französischen Terrine sehr ähnlich. Unbekannt ist die Bedeutung des Namens »sala cattabia«, der in mindestens drei Rezepten von Apicius' Abhandlung zitiert wird.

Sie bereiten eine Würzsauce aus den am Anfang angegebenen Zutaten, also aus Pfeffer, Kräutern, etwas Käse, Pinienkernen, Honig, Essig, garum, hart gekochtem Eigelb und Wasser. Weichen Sie zerkrümeltes Brot in Essig ein. Ausdrücken und mit dem restlichen Käse vermengen.

Sie braten die Hühnerleber gesondert und drehen sie dann zweimal durch den Wolf.

Dann beginnen Sie, die einzelnen Zutaten abwechselnd in eine Terrine zu schichten: Zuerst – blanchierte – Gurken oder Essiggurken, es folgen die Pinienkerne, dann das Brot-Käse-Gemisch, schließlich die passierte Hühnerleber. Auf jeder Schicht verteilen Sie sorgfältig einen Löffel Sauce. Fahren Sie damit fort, bis jede Schicht wenigstens zweimal vorkommt. Ein paar Stunden lang in den Kühlschrank stellen.

Mengenangaben für 1 Terrine: 1/2 kg Ricotta, 400 g Hühnerleber, 2 große Gurken (oder 6 Essiggürkchen), 100 g Pinienkerne. Für die Sauce: Pfeffer, Kräuter, Pinienkerne, Eigelb von drei harten Eiern, 1 Löffel garum, 1 Teelöffel Honig, 1 Löffel Essig.

KALTE PASTETE AUS HUHN, BRIESCHEN UND KÄSE
(Apicius 126)

Sala cattabia Apiciana: Adicies in mortario apii semen, puleium aridum, mentam aridam, gingiber, coriandrum viridem, uvam passam enucleatam, mel acetum, oleum et vinum, conteres. Adicies in caccabulo panis Picentini frustra, interpones pulpas pulli, glandulas haedinas, caseum Vestinum, nucleos pineos, cucumeres, cepas aridas minute concisas. Ius supra perfundes. Insuper nivem sub hora asparges et inferes.

Sala cattabia nach Apicius: Gib in einen Mörser Selleriesamen, getrocknete Poleiminze, getrocknete Minze, Ingwer, frischen Koriander, entkernte Rosinen, Honig, Essig, Öl und Wein und zerstampfe es. Gib in einen kleinen Topf Stückchen von pizentinischem Brot, gib Hühnerfleisch, Bries vom Zicklein, vestinischen Käse, Pinienkerne, Gurken und kleingeschnittene, getrocknete Zwiebeln dazu. Gieße die Sauce darüber. Streue den Rand mit Schnee an und trage auf.

Bereiten Sie die Sauce aus den angegebenen Kräutern, einer Handvoll (in Wein eingeweichten) Rosinen, 1 Teelöffel Honig, je 1/2 Becher Essig und Wein und 1 Becher Öl.

Sie kochen die Hühnerbrüste, schneiden sie dann in Stücke; kochen Sie das Bries vom Kalb. Schichten Sie alle Zutaten abwechselnd in eine Terrine, und beginnen Sie dabei mit den – blanchierten – Gurken oder Essiggurken. Anstelle von Brot aus Piceno verwenden Sie in Essig eingeweichtes Vollkornbrot. Statt des im Rezept genannten Käses nehmen Sie – wenn Sie mögen, leicht salzigen – Ziegenkäse. Würzen Sie jede Schicht der Pastete mit einem gut bemessenen Löffel Sauce, und stellen Sie sie dann ein paar Stunden lang kühl.

Mengenangaben für 1 Terrine: 3 Hühnerbrüste, 1 Bries, 400 g Käse, 7-8 Scheiben Vollkornbrot, 2 große Gurken, Kräuter.

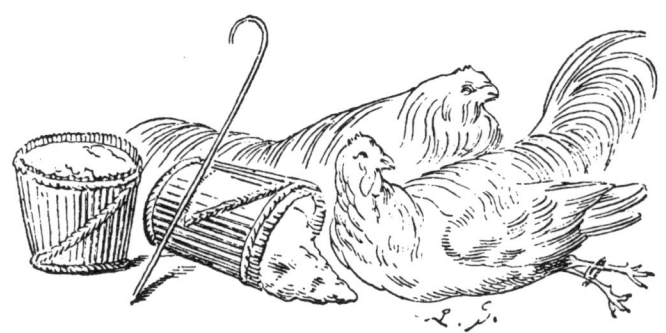

ALEXANDRINISCHES BROT
(Apicius 127)

Sala cattabia: Panem Alexandrinum excavabis, in psca macerabis. Adicies in mortarium piper, mel, mentam, alium, coriandrum viridem, caseum bubulum sale conditum, aquam, oleum. Insuper nivem et inferes.

Sala cattabia: Höhle ein alexandrinisches Brot aus und weiche es in Essigwasser ein. Gib in einen Mörser Pfeffer, Honig, Minze, Knoblauch, frischen Koriander, mit Salz gewürzten Kuhkäse, Wasser und Öl. Gib zur Kühlung Schnee darauf und trage auf.

Sie weichen ein Hausmacherbrot ohne Rinde in leicht verwässertem Essig ein und drücken es dann gut aus. In einer Schüssel vermengen Sie das Brot gut mit Frischkäse (zum Beispiel Ricotta), gehackten Kräutern und Pfeffer. In den Kühlschrank stellen. Der im Rezept genannte Schnee war nur in Zeiten, in denen es noch keine anderen Möglichkeiten gab, notwendig.

Mengenangaben für 4 Personen: 1/2 kg Ricotta, ein Hausmacher Brot von 1/2 kg ohne Rinde, Pfeffer und Kräuter nach Belieben.

HÜHNERLEBERPASTETE
(Apicius 430)

Iecur coques, teres et mittes piper aut liquamen aut salem, addes oleum — iecur leporis aut haedi aut agni aut pulli — et, si volueris, in formella piscem formabis. Oleum viridem supra adicies.	*Koche Leber, stampfe sie und gib Pfeffer oder garum oder Salz hinein. Gib Öl dazu. Leber vom Hasen, Zicklein, Lamm oder Huhn. Und, wenn du willst, forme in einer Backform einen Fisch. Gib grünes Öl darüber.*

Diese Paté gehört zu einer kleinen Anzahl von Rezepten, die unter dem seltsamen Titel »salsum sine salso« (Salzfisch ohne Salzfisch) gesammelt worden sind und sich auf den römischen Brauch beziehen, »getarnte« Lebensmittel auf den Tisch zu bringen. Niemand sollte schon vor dem ersten Bissen wissen, worum es sich handelte. Sie können dieser Paté natürlich jede beliebige Form geben. Die Leber in der Pfanne durchbraten und mit etwas Pfeffer und garum abschmecken; dann zweimal durch den Wolf drehen. Probieren und mit Öl geschmeidig machen, weiteres garum zugeben und, wenn nötig, etwas Pfeffer. In eine Form geben und ein paar Stunden im Kühlschrank kaltstellen.

Mengenangaben für 4 Personen: 1/2 kg Leber (möglichst Hühner-, Lamm- und Kalbsleber), garum, Pfeffer und Öl nach Belieben.

OLIVENPASTE ODER »EPITYRUM«
(Cato CXIX)

Epityrum album, nigrum, varium sic facito. Ex oleis albis, nigris variisque nucleos eicito. Siec condito. Concidito iosas, addito oleum, acetum, coriandrum, cuminum, feniculum, rutam, mentam. In orculum condito, oleum supra siet. Ita utito.	*Grünes, schwarzes oder andersfarbiges epityrum mache so: Aus grünen, schwarzen oder andersfarbigen Oliven nimm die Kerne heraus. So mache sie ein: Zerschneide die Oliven selber, dazu füge Öl, Essig, Koriander, Kumin, Fenchel, Raute und Minze dazu. Mache sie in einem Tontopf ein; das Öl muß darüber stehen. So verbrauche das epityrum.*

Diese Olivenpaste wurde von Griechen und Römern mit Käse zusammen gegessen, daher rührt ihr Name (epityrum = auf Käse). Varro berichtet, daß es sich um ein griechisches Rezept handelt, und auch Columella (Kap. XLIX) überliefert uns ein Rezept und schlägt vor, die Oliven mit Salz, Liebstöckel, Raute und Fenchel anzumachen. Wenn Sie diese Olivenpaste zubereiten wollen, verzichten sie besser auf das Salz, da die heute im Handel befindlichen Oliven bereits hinreichend gesalzen sind.

Sie entkernen die Oliven, geben sie in den Mixer, tun Kräuter, Öl und Essig dazu und mixen alles durch.

Heute ist in den Supermärkten unter verschiedenen Namen eine Olivenpaste im Handel; wenn Sie es eilig haben, geben Sie sich ruhig damit zufrieden; wenn Sie Zeit haben, machen Sie sie zu Hause selbst. Eine solche Paste ist aromatischer und trifft den antiken Geschmack besser.

Dem antiken Brauch entsprechend, können Sie diese Paste als Vorspeise mit frischem Käse, etwa mit Ricotta oder anderen Frischkäsen essen, Sie können sie aber auch auf geröstetes Brot streichen (»crostini«) und zum Aperitif servieren. Ist dies der Fall, nehmen Sie schwarzes und grünes Fruchtfleisch; der Teller sieht dann hübscher aus. In Umbrien, wo Oliven und Olivenöl besonders gut sind, wird das epityrom heute noch zubereitet und als Sauce für »moderne« Speisen wie Spaghetti verwendet. Deshalb hier nun für Sie ein köstliches Rezept aus Perugia.

REGIONALES REZEPT AUS UMBRIEN

Schwarze Spaghetti mit Olivenpaste: Bräunen Sie in 1/2 Becher Öl eine große Knoblauchzehe an; sie darf nicht dunkel werden. Sie nehmen das Öl vom Feuer und geben 4 Löffel Olivenpaste und reichlich gehackte Petersilie zu. Damit können Sie 1/2 kg Spaghetti anmachen.

Olivenpaste ist auch heute eine hervorragende Zutat zur Tomatensauce sowohl bei Nudeln und beim Huhn.

SALATE

Die Römer boten auch Salate als Vorspeise an, wie es auch heute noch in der Schweiz und in Deutschland üblich ist; in diesen Ländern fängt das Menü oft mit einem Salat an. Sie können diese römische Sitte übernehmen, indem Sie Lattich, Endivien und Zichorie zusammen mit Malve und Lavendel servieren und mit der Käsesauce für Salate anmachen (Apicius 38 im Saucen-Kapitel). Sie können sich auch von den zwei folgenden Salatrezepten inspirieren lassen. Das erste ist im Nahen Osten weit verbreitet, vor allem in der Türkei, das zweite kommt aus Rumänien.

MODERNES TÜRKISCHES REZEPT

Salat aus Rauke (Rucola) und Brunnenkresse. Für vier Personen brauchen Sie: 1 üppiges Bündel Rauke, 1 üppiges Bündel Brunnenkresse, zwei im Topf zerquetschte Knoblauchzehen, Salz, Pfeffer, Öl, Essig.

Die sehr aromatische und leicht bittere Rauke hatte bei den Römern den Ruf, ein Aphrodisiakum zu sein. Dieser Glaube hat sich bei den Völkern erhalten, die sie heute noch verzehren. Vielleicht ist dies ein Grund, warum dieser einfache, duftende Sommersalat so geschätzt wird.

MODERNES RUMÄNISCHES REZEPT

Salat aus Brot und Oliven. Entkernen und zerkleinern Sie die Oliven (ca 30 g); geben Sie sie in ein Tongefäß, tun in Essig eingeweichtes und zerpflücktes Brot (3-4 Stücke Hausmacherbrot) dazu, außerdem Lavendelblüten und Olivenöl. Wenn alles Geschmack angenommen hat, geben Sie gut gewaschenen und trocken geschleuderten Salat (möglichst Brunnenkresse) hinzu und mischen alles durch. Dieses Rezept belegt, daß sich der Gebrauch von Lavendelblüten für die Ernährung erhalten hat. Er war in Italien zur Zeit der Römer verbreitet und hat sich bei uns verloren, im Nahen Osten und auf dem Balkan dagegen nicht. Das heute gebräuchliche Wort »Lavendel« kommt von dem Wort levantica, das nichts anderes als Levante bedeutet, jenes Gebiet am Mittelmeer, wo man Lavendel auch heute noch ißt.

RÜBEN UND STECKRÜBEN
(Apicius 100)

Rapas sive napos: Elixatos exprimes, deinde teres cuminum plurimum, rutam minus, laser parthicum, mel acetum, liquamen, defritum, et oleum modice. Fervere facies et inferes.	*Rüben und Steckrüben: Presse sie aus, nachdem sie gekocht sind, dann zerstoße sehr viel Kumin, weniger Raute, parthisches laser, Honig, Essig, garum, defrutum und etwas Öl. Laß es kochen und trage auf.*

Sie schälen weiße Rüben (oder Steckrüben) und kochen sie. Wenn sie gar sind, in Stücke schneiden und in eine Kasserolle geben, zusammen mit gehackter Raute, reichlich Kumin, dem Saft einer ausgepreßten Knoblauchzehe (anstelle des unauffindbaren laser), einem Klacks Honig, einem gut bemessenen Löffel Essig, garum, Mostsirup und Öl.

Lassen Sie alles noch ein paar Minuten auf dem Feuer durchziehen, damit die Rüben Geschmack annehmen. Servieren.

Mengenangaben für 4 Personen: 1 kg Rüben, reichlich Kumin, Raute, 2 Knoblauchzehen, 1 Teelöffel Honig, 1/2 Becher Essig, etwas garum (oder oenogarum) und Öl.

Essig und Honig in einem Rezept für Gemüse ist für die altrömische Küche typisch. Etwas von dieser Geschmackskombination hat in unseren süßsauren, in Essig und Zucker gedünsteten Zwiebeln überlebt. Im Gebiet um Trient werden auch heute noch gerne Rüben in Zucker und Essig gedünstet.

VORSPEISE AUS KÜRBIS
(Apicius 73)

Gustum de cucurbitas: Cucurbitas coctas expressas in patinam compones. Adicies in mortarium piper, cuminum, silfi modice (id est laseris radicem), rutam modicum, liquamine et aceto temperabis, mittes defritum modicum ut coloretur, ius exinanies in patinam. Cum ferbuerint iterum ac tertio, depones et piper minutum asparges.	*Vorspeise aus Kürbis: Lege ausgepreßte, gekochte Kürbisse in eine Pfanne. Gib in einen Mörser Pfeffer, Kumin, ein wenig Silphion (das heißt laser-Wurzel), ein wenig Raute, schmecke mit garum und Essig ab, gib ein wenig Mostsirup dazu, damit es Farbe annimmt, gieße die Sauce in die Pfanne. Wenn es zum zweiten und dritten Mal aufgekocht ist, nimm es vom Feuer, streue zermahlenen Pfeffer darauf.*

Sie kochen den Kürbis (oder besser, sie backen ihn im Ofen), schöpfen das Wasser ab, indem Sie ihn etwas pressen, und geben ihn in ein Gefäß. Inzwischen haben Sie schon die Sauce vorbereitet, die Sie über den Kürbis geben; alles wieder aufkochen und ein paar Minuten durchziehen lassen; servieren.

Mengenangaben für 4 Personen: 1 kg Kürbis, 1 Löffel Pfeffer und Kräuter, ein Löffel garum, 1 Becher Essig und Mostsirup und den Saft einer Knoblauchzehe.

MELONE ALS VORSPEISE
(Apicius 85)

Pepones et melones: Piper, puleium, mel vel passum, liquamen, acetum. Interdum et silfi accedit.	*Wasser- und Honigmelonen: Pfeffer, Poleiminze, Honig oder Likörwein, garum, Essig. Manchmal kommt auch Silphion dazu.*

Wie die Italiener von heute nahmen die Römer Melonen als Vorspeise; damals wurden sie allerdings mit einer essigsauren Kräutersauce angemacht. Ein Versuch lohnt die Mühe; vielleicht sind Sie beim ersten Mal etwas verblüfft über den ungewöhnlichen Geschmack; aber Sie werden ihn rasch mögen.

AUSTERN UND MEERESFRÜCHTESALAT

Mit Apicius' Saucen 31 und 413 (siehe Saucen-Kapitel) anmachen. Die Römer aßen Austern roh und gekocht.

GEBRATENE SARDELLE
(Apicius 147)

Patina de apua fricta: Apuam lavas, ova confringes et cum apua commisces. Adicies liquamen, vinum, oleum, facies ut ferveat et cum ferbuerit, mittes apuam. Cum duxerit, subtiliter versas. Facies ut coloret, oenogarum simplex, perfundes piper asparges et inferes.	*Auflauf von gebratener Sardelle: Wasche die Sardelle, schlage Eier auf und mische sie mit der Sardelle. Gib garum, Wein und Öl dazu, laß es kochen, und wenn es gekocht hat, gib die Sardelle dazu. Wenn sie darin gezogen hat, wende sie vorsichtig. Laß sie braun werden und gib oenogarum (aus beliebigem Wein) darüber. Streue Pfeffer darauf und serviere.*

Für dieses einfache Gericht aus gebratenem Fisch können Sardellen oder andere kleine Fische verwendet werden, kleine Seezungen oder Seebarben. Der ausgenommene Fisch wird kurz in verquirltem Ei gewendet und in einer Kasserolle in einer Sauce aus garum, Wein und Öl gebraten. Beide Seiten rasch goldbraun werden lassen. Die Bratzeit soll nicht mehr als 12 Minuten betragen. Servieren und oenogarum dazu reichen.

Mengenangaben für 4 Personen: 600 g kleine Fische.

PILZE UND TRÜFFELN

Pilze und Trüffeln galten bei den Römern, wie heute bei uns, als Delikatesse. Sie aßen weiße und schwarze Trüffeln als raffinierten Salat; wir bringen zwei Rezepte. Pilze wurden roh gegessen (im Salat) oder gekocht und mit einer Sauce überzogen, sie wurden in Sauce gedünstet oder auch gegrillt. Es gab sogar einen speziellen Vorlegteller, boletarium oder boletar genannt, auf dem sie serviert wurden.

An den Namen, welche die antiken Autoren verwenden, ist nicht immer erkennbar, welche Pilze gemeint sind, doch es gilt als sicher, daß die Römer unsere Steinpilze (die sie suili nannten) aßen, Wiesenchampignons, Morcheln (morchellae), diverse Blätterpilze (boleti), Butterpilze und Eschenpilze (fungi farnei), die vielleicht jene Löcherpilze sind, die auf Eschen wachsen. In der Antike wurde sogar der Versuch unternommen, Pilze zu züchten (auf jeden Fall bei den Griechen und vielleicht auch bei den Römern), aber die Versuche schlugen fehl. Hier finden Sie hier nun einige Rezepte, die zu den Vorspeisen gehörten.

TRÜFFELN IM SALAT
(Apicius 35 und 36)

Oenogarum in tubera: Piper, ligusticum, coriandrum, rutam, liquamen, mel, vinum, et oleum modice. **Aliter: Timum, satureiam, piper ligusticum, mel, vinum, liquamen et oleum.**	*Würzsauce mit oenogarum für Trüffeln: Pfeffer, Liebstöckel, Koriander, Raute, garum, Honig, Wein und etwas Öl. Auf andere Art: Thymian, Bohnenkraut, Pfeffer, Liebstöckel, Honig, Wein, garum und Öl.*

Sie hobeln die Trüffel in feine Scheibchen und machen sie mit einer der Saucen von Apicius an. Statt garum oder Wein nehme

Sie oenogarum, das Sie nach dem Rezept aus dem Saucen-Kapitel bereits vorbereitet haben.

PILZE
(Apicius 314)

Caliculos eorum liquamine vel sale aspersos inferuntur.	*Man serviere deren Hüte besprengt mit garum oder Salz.*

Sie nehmen für dieses Rezept große, unversehrte Steinpilzkappen und legen sie

auf den Grill. Mit ein paar Spritzern garum servieren.

FEIN AUFGESCHNITTENE PILZE

(Apicius 315)

> Tirsos eorum concisos in patellam novam perfundis, addito pipere, ligustico, modico melle; liquamine temperabis; oleum modice.

> *Übergieße deren Stiele, die du in eine neue Auflaufform geschnitten hast, unter Zugabe von Pfeffer, Liebstöckel und ein wenig Honig dazu. Schmecke mit garum ab. Dazu ein wenig Öl.*

Als intelligenter Gourmet hat Apicius auch ein Rezept für die Stiele der Pilze, deren Kappen gegrillt wurden!

Die Pilzstiele zerschneiden und mit etwas Öl, Pfeffer, Liebstöckel (oder Petersilie) und einem Klacks Honig in einer Pfanne braten. Statt Salz etwas garum nehmen. Natürlich können Sie das Rezept ebenso für den ganzen Pilz verwenden: Der ganze Pilz schmeckt natürlich besser. Auf dieselbe Weise brieten die Römer auch große weiße und braune Wiesenchampignons; das Rezept ist aber auch für unsere Blätterpilze und Zuchtchampignons geeignet.

Mengenangaben für 4 Personen: 1/2 kg Pilze, 1 Handvoll Petersilie oder Liebstöckel, 1 Löffel garum, Pfeffer.

ANDERE GERICHTE
VORSPEISE VON APRIKOSEN

(Apicius 178)

> Gustum de praecoquis: (Duracina primotica pusilla) praecoquia purgas, enucleas, in frigidam mittis, in patina componis. Teres piper, mentam siccam, suffundis liquamen, adicies mel, passum, vinum et acetum. Refundis in patina super praecoquia, olei modicum mittis et lento igni ferveat. Cum ferbuerit, amulo obligas, piper aspargis et inferes.

> *Vorspeise von Aprikosen: Säubere gerade reife, feste Aprikosen, entsteine sie, gib sie in kaltes Wasser und lege sie in eine Pfanne. Stoße Pfeffer, getrocknete Minze, gieße garum dazu und gib Honig, passum, Wein und Essig dazu; gieße es in die Pfanne über die Aprikosen, gib ein wenig Öl zu und koche es auf kleiner Flamme. Wenn es gekocht hat, binde mit Stärkemehl. Streue Pfeffer darauf und serviere.*

Mag sein, daß Sie das Rezept so mögen, wie es ist; ich persönlich schaffe es nicht, Aprikosen mit Essig zu verspeisen. Wie auch immer, Sie nehmen Aprikosen, säubern und entkernen Sie. Dann kochen Sie alles in der Sauce aus den angegebenen Zutaten. Ganz am Schluß mit etwas Maizena oder Mehl binden und mit Pfeffer bestreuen.

Mengenangaben für 4 Personen: 2 kg Aprikosen, 1 Löffel Pfeffer, 1 Löffel getrocknete Minze, 1 Becher mit Wein und Likörwein, je 1 Teelöffel garum und Essig.

FRIKASSEE AUS APRIKOSEN
(Apicius 170)

Adicies in caccabo oleum, liquamen, vinum, concides cepam Ascaloniam aridam, spatulam porcinam coctam tessellatim concides. His omnibus coctis teres piper, cuminum, mentam siccam, anetum, suffundis mel, liquamen, passum, acetum modice, ius de suo sibi, temperabis. Praecoquia enucleata mittis, facies ut ferveant, donec percoquantur. Tractam confringes, ex ea obligas, piper aspargis et inferes.

Gib in einen Topf Öl, garum, Wein, schneide getrocknete Zwiebeln aus Ascalona und würfele eine gekochte Schweineschulter. Wenn das alles gar ist, stoße Pfeffer, Kumin, getrocknete Minze, Dill und gib Honig, garum und passum, ein wenig Essig, vom eigenen Saft dazu und schmecke ab. Gib entsteinte Aprikosen dazu und laß sie aufkochen, bis sie gar sind. Zerbröckele Teig und binde damit. Streue Pfeffer darauf und serviere.

Sie nehmen Pancetta (geräucherter Bauchspeck) oder Speck mit Schwarte und schneiden ihn in kleine Würfel. Dann hacken Sie Zwiebeln oder Schalotten (die »süße Zwiebel von Ascalona«) und schmoren sie in etwas Öl, garum und Wein. Sobald sie Farbe angenommen haben, geben Sie die Pancetta dazu. Inzwischen mischen Sie die Sauce aus den genannten Zutaten (Pfeffer, Kumin, Minze, Dill, Honig, garum, passum, Essig und etwas Bratsaft vom Schweinespeck).

Jetzt geben Sie die entkernten und zerkleinerten Aprikosen dazu, hacken die Pancetta (bzw. den Speck), würzen das Frikassee mit der Sauce und lassen alles durchkochen, bis die Aprikosen weich sind. Statt Teig, der das Frikassee andicken soll, können wir Grieß oder Couscous zugeben.

Mengenangaben für 4 Personen: 300 g Pancetta oder Speck, 1/2 kg Aprikosen, 1/2 kg Zwiebeln (oder Schalotten). Zum Braten von Zwiebeln und Speck: je 1 Löffel Öl und garum, 1/2 Becher Wein. Für die Sauce zum Würzen, die später dazukommt: insgesamt 1 Löffel Pfeffer und gehackte Kräuter, 1 Teelöffel Honig, 1 Becher Likörwein, je 1 Löffel garum und Bratensaft. Die Kochzeit beträgt insgesamt 50-60 Minuten.

VORSPEISE VON GEMÜSE
(Apicius 176)

Gustum de holeribus: Condies bulbos liquamine, oleo et vino. Cum cocti fuerint, iecinera porcelli et gallinarum ungellas et ascellas divisas, haec omnia cum bulbis ferveant. Cum ferbuerint, teres piper, ligusticum, suffundis liquamen, vinum et passum ut dulce sit, ius de suo sibi suffundis, revocas in bulbos. Cum ferbuerint, ad momentum amulo obligas.

Vorspeise von Gemüse: Würze Zwiebeln mit garum, Öl und Wein. Wenn sie gar sind, Leber vom Ferkel und zerhackte Hühnerschenkel und -flügel; das alles soll mit den Zwiebeln aufkochen. Wenn es aufgekocht ist, stoße Pfeffer, Liebstöckel, gieße garum, Wein und passum, damit es süß wird, zu, gieße vom eigenen Saft dazu und gieße es wieder auf die Zwiebeln. Wenn sie gar sind, binde es sofort mit Stärkemehl.

Das Rezept gilt für Blumenzwiebeln: Die Römer kochten nämlich manchmal auch die Knollen von Gladiolen und Affodill. Da die Zwiebel der Blumen, die wir heute züchten, nicht eßbar sind, weil sehr bitter, bleibt uns nur die Möglichkeit, statt Blumenzwiebeln ganz prosaische, normale Zwiebeln zu nehmen.

Sie schneiden die Schweineleber in kleine Stücke; dann nehmen Sie Flügel und Schenkel vom Huhn und zerhacken es (am besten lassen Sie alles vom Metzger zerkleinern). Sie schmecken die in Scheiben geschnittene Zwiebel mit Öl, garum und Wein ab, geben das Fleisch zu und braten es.

Nach einer halben Stunde geben Sie die Sauce dazu und lassen alles eine weitere halbe Stunde lang schmoren. Vor dem Servieren mit Mehl oder Maizena binden.

Hier handelt es sich trotz des Namens um eine eher schwere Vorspeise aus Gemüse und Fleisch.

Mengenangaben für 4 Personen: 2 Hühnerschenkel, 2 Hühnerflügel, 200 g Leber, 1 kg Zwiebeln; für die Sauce: 1 Becher Wein (oder Likörwein), je 1 Löffel garum, Kräuter und Pfeffer.

»CASSOELA« NACH ART DES APICIUS
(Apicius 196)

Concila Apiciana: Accipies cumanam mundam ubi coques pisum. Cui mittis lucanicas concisas, esiciola porcina, pulpas petasonis. Teres piper, ligusticum, origanum, anetum, cepam siccam, coriandrum viridem, suffundis liquamen, vino et liquamine temperabis. Mittis in cumanam, cui adicies oleum, pungis ubique ut combibat oleum. Igni lento coques ita ut ferveat et inferes.	*Concicla nach Apicius: Nimm einen sauberen Topf aus Cuma, worin du Erbsen kochst, zu denen du lukanische Würstchen, Schweinerippe und Schulterfleisch gibst. Stoße Pfeffer, Liebstöckel, Oregano, Dill, getrocknete Zwiebel, frischen Koriander, gieße garum dazu und schmecke mit Wein und garum ab. Gib es in den Topf aus Cuma, gib Öl dazu und steche überall ein, damit es das Öl aufsaugt. Koche es auf kleiner Flamme so, daß es aufkocht, und trage es auf.*

Daß hier unterschiedliche Stücke vom Schwein mit Gemüse gekocht werden, erinnert an die berühmte »Cassoela« oder den »Bottaggio« aus Mailand, auch wenn hier anstelle des traditionellen Wirsings Erbsen verwendet werden. Unbestreitbar ähnlich ist auch die Art der Zubereitung. Die Fleischstücke, die eine längere Garzeit erfordern, müssen zuerst gekocht werden; auf diese Weise werden sie auch entfettet. Die Würste und die Rippenstücke dagegen können in der Kasserolle schmoren.

Sie lassen die Erbsen kurz in kochendem Wasser garen und stellen sie dann zur Seite; dann kochen Sie die Schweineschulter und schneiden sie in Stücke. Die Würste in Stücke schneiden. Die Rippen hat der Metzger bereits voneinander getrennt. Geben Sie alle Fleischsorten gemeinsam in einen Topf, der möglichst aus Ton sein sollte (so wie der von Apicius geforderte »Topf aus Cuma«), und dann geben Sie die beschriebene Sauce dazu; wenn das Fleisch fast durch ist, geben Sie die (schon fast garen) Erbsen dazu. Sie schmecken ab, salzen eventuell nach und servieren das Gericht mit reichlich Pfeffer.

Mengenangaben für 4 Personen: 400 g Schweinerippe, 200 g Wurst (die »luganega« aus Lukanien bzw. der Basilikata), 200 g Speckschwarte oder Schulter, eventuell einen Schweinsfuß, 2 kg Erbsen (nicht ausgepahlt).

UNGEWÖHNLICHE VORSPEISEN

Um das ganze Spektrum möglicher Vorspeisen aufzuzeigen, erwähne ich noch einige ausgefallene Rezepte, die den Hang altrömischer Gastronomie zur Extravaganz bezeugen: Es handelt sich um eine »Rosenpastete«, ein Rezept für Grasmücken und eins für »gefüllte Schlafmäuse«.

PATINA AUS ROSEN
(Apicius 136)

Patina de rosis: Accipies rosas et exfoliabis, album tolles, mittes in mortarium, suffundes liquamen, fricabis. Postea mittes liquaminis ciatum unum semis et sucum per colum colabis. Accipies cerebella IV, enervabis et teres piperis scripulos VIII, suffundes ex suco, fricabis. Postea ova VIII frangis, vini ciatum I, olei modicum. Postea patinam perunges et eam impones cineri calido, et sic inpensam supra scriptam mittes. Cum cocta fuerit in termospodio, piperis pulverem super asparges et inferes.

Ein Schauauflauf: Nimm Rosen und mache die Blätter ab. Entferne das Weiße, gib sie in einen Mörser, gieße garum dazu und zermahle sie. Danach gib 1 1/2 Zyathus garum dazu und passiere den Brei durch einen Durchschlag. Nimm 4 Hirnchen, enthäute sie und zerstoße 8 Skrupel Pfeffer. Gib von dem Brei dazu und mache es sämig. Danach schlage 8 Eier auf, gib 1 1/2 Zyathus Wein, 1 Zyathus Likörwein und etwas Öl dazu. Danach fette ein Backblech ein, setze es in heiße Asche und gib dann die oben beschriebene Masse darauf. Wenn es im termospodio gar gebacken ist, streue Pfefferstaub darüber und trage auf.

Zerreiben Sie in einem Mörser Rosenblätter unter Zugabe von etwas garum; dann streichen Sie alles durch ein Sieb.

Kochen Sie die Lammhirne, und zerstampfen Sie sie dann im Mörser; geben Sie den Rosensaft dazu und rühren gut durch. Über dieses Gemisch geben Sie Eier, Wein und Öl. Im Rohr in einer feuerfesten Form backen.

Mengenangaben für 4 Personen: die Blüten von 30 Rosen, 3 Lammhirne, 6 Eier, 1 Becher Weißwein, garum, Öl und Pfeffer.

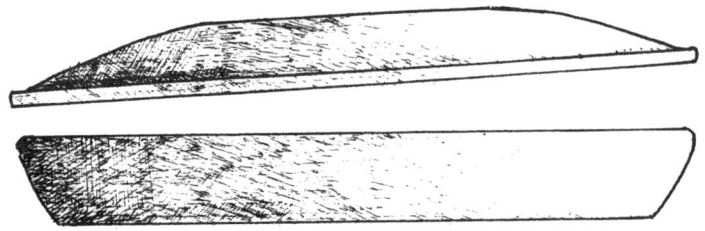

Der termospodio war eine Art glockenförmiger Deckel, der auf das Gefäß gesetzt wurde, in dem die Speise gebacken werden sollte; auf den termospodio wurde heiße Holzkohle gehäufelt.

MENSA PRIMA

Eine typisches Gericht, das die Römer zu Hause in der Familie aßen und das auch heute ein würziges Essen für den Alltag sein kann, sind die »Hackfleischbällchen mit Pinienkernen«, die hier mit einem wunderbar duftenden und sehr leicht zuzubereitenden Selleriepüree angerichtet sind.

HACKFLEISCHBÄLLCHEN

Nehmen Sie Hackfleisch (vom Schwein, wenn Sie dem Originalgeschmack möglichst nahe kommen wollen) und vermischen es mit Brot, das in Wein eingeweicht und im Mörser zerstampft wurde. Geben Sie Pfeffer dazu, den Sie mit etwas garum, Myrtenbeeren und gehackten Pinienkernen zerstampft haben. Wickeln Sie die Bällchen in Schweinsnetz, und lassen Sie sie langsam in Weinsirup kochen.

SELLERIEPÜREE

Kochen Sie den Sellerie mit einer Prise Natron, schütten Sie ihn ab und passieren ihn. Sie zerhacken einen Löffel frische Kräuter und Zwiebeln und mischen zerstoßenen Pfeffer darunter. Geben Sie alles in eine Kasserolle und schütten garum, Wein und Öl dazu. Kochen lassen. Wenn die Zwiebeln durch sind, geben Sie den passierten Sellerie zu, lassen ihn durchziehen und servieren.

PATINA NACH APICIUS
(Apicius 141)

Patinam Apicianam sic facies: Frustra suminis cocti, pulpas piscium, pulpas pulli, ficetulas vel pectore turdorum cocta et quaecumque optima fuerint. Haec omnia concides diligenter praeter ficetulas. Ova vero cruda cum oleo dissolvis. Teres piper, ligusticum, suffundes liquamen, vinum, passum, et in caccabum mittis ut calefiat, et amulo obligas. Antea tamen pulpas concisas universas illuc mittes, et sic bulliat. At, ubi coctum fuerit, levabis cum iure suo et in patella alternis de trulla refundes cum piperis grana integra et nucleis pineis ita ut per singula coria substernas diploidem, dein laganum similiter. Quotquot lagana posueris, tot trullas impensae desuper adicies. Unum vero laganum fistula percuties et super impones. Piper asparges. Ante tamen illas pulpas ovis confractis obligabis et sic in caccabum mittes cum impensam. Patellam aeneam qualem debes habere infra ostenditur.

Einen Auflauf nach Apicius mache so: ein Stück von gekochtem Euter, Fischfilets, Hühnerfleisch, Grasmücken oder gekochtes Brustfleisch von Drosseln und was auch immer an Gutem im Hause ist. Das alles schneide sorgfältig klein außer den Grasmücken. Verrühre aber rohe Eier mit Öl. Mahle Pfeffer und Liebstöckel, gieße garum, Wein und passum dazu und gib es in einen Topf, damit es heiß wird, und binde mit Stärkemehl. Vorher aber gib alle Fleischstücke dort hinein und dann soll es aufkochen. Aber wenn es aufgekocht hat, nimm es mit seiner Sauce heraus und fülle es mit einem Schöpflöffel zusammen mit ganzen Pfefferkörnern und Pinienkernen abwechselnd auf ein Backblech, so daß du unter die einzelnen Lagen einen Teigboden legst, ähnlich mache es mit Ölfladen. So viele Ölfladen du gelegt hast, ebenso viele Schöpflöffel fülle darauf und lege immer wieder einen darauf. Einen Ölfladen aber durchlöchere mit einem Röhrchen und lege ihn oben darauf. Streue Pfeffer darauf, vorher aber binde jene Fleischstücke mit aufgeschlagenen Eiern, und gib es so zusammen mit der Füllung in einen Topf. Was für ein ehernes Backblech du haben mußt, ist unten gezeigt.

Die letzte Bemerkung in dem Rezept verrät uns etwas Wichtiges: Apicius' Lehrbuch war mit Illustrationen versehen wie unsere Kochbücher.

Obgleich das Rezept auf den ersten Blick aufgrund der fehlenden Systematik verwirrt, ist diese »Pastete« durchaus nachzukochen, wenn man etwas Zeit und Geduld hat. Das Ergebnis lohnt den zeitlichen Aufwand bei der Zubereitung allemal; wir lassen freilich einige Zutaten wie Saueutern und Grasmücken weg. Aber es heißt ja im Rezept, daß jederart Fleisch oder Fisch, was immer im Hause sei, verwendet werden könne. Drei Schritte bei der Zubereitung gibt es: Fleisch- und Fischgehacktes herstellen, mit einer Sauce, die auch Eier enthält, abschmecken, einen Teig oder Crêpes herstellen.

Für die Fleischfarce: Sie drehen jedes Fleischstück zweimal durch den Wolf. Wenn Sie die Euter durch Innereien ersetzen, kochen Sie diese zuvor ein paar Minuten lang. Geeignet sind Hirn und Kalbsbries. Beim Fisch nehmen Sie, was Sie gern essen (z.B. frischen Thunfisch, frischen Lachs, Kabeljau). Geben Sie außerdem Hühnerbrust dazu.

Zubereitung der Sauce: Sie verquirlen die

Eier mit Öl, geben Pfeffer, Liebstöckel und garum dazu und verdünnen mit Wein und Likörwein. Garen Sie die mit dieser Sauce vermengte Farce aus Fleisch und Fisch in einer Kasserolle. Sie darf nicht zu trocken werden; das Gemisch soll eher weich bleiben, es soll im Ofen fertig backen. Eventuell etwas Wein zugeben.

Zubereitung eines Teigs aus Mehl, Wasser und Öl; oder Sie backen Crêpes. Wenn Sie genug Geduld haben, um den Teig mit der Hand auszurollen, passen Sie die Teigplatten der Backform an. Die Schichten sollten jeweils aus einer einzigen Teigplatte bestehen.

Beginnen Sie nun, eine Backform oder eine (gut ausgefettete) feuerfeste Form zu füllen. Beginnen sie mit dem Teig, verstreichen Sie dann die Farce auf dem Teigboden, darauf geben Sie 3 oder 4 Pfefferkörner und eine Handvoll Pinienkerne. Wiederholen. Hören Sie mit einer Teigplatte auf, die Sie mit einer Gabel einstechen. Im Backofen eine halbe Stunde backen. Achten Sie darauf, daß die Pastete während der ersten 20 Minuten mit Alufolie bedeckt bleibt, damit der Teig nicht verbrennt.

Mengenangaben für 4 Personen: 800 g Fisch und Fleisch (z.B. 200 g Huhn, 100 g Hühnerleber, 200 g Hirn und Kalbsbries, 300 g Fisch); 4 Eier, je 1 Becher kräftigen Rotwein und Likörwein, Pfeffer, 100 g Pinienkerne, garum. Für den Blätterteig: 400 g Mehl, Wasser und Öl, Salz.

Diese Pastete erinnert an eine Spezialität aus den Marken mit dem Namen »Vincisgrassi«. Hier das Rezept zum Vergleich:

REGIONALES REZEPT AUS DEN MARKEN

Vincisgrassi. Sie kochen Hirn und Kalbsbries kurz (ca. 5 Minuten). Bereiten Sie aus Hühnerklein, Hirn, Kalbsbries, Schinken oder Speck ein Ragout. Zwiebeln und Karotten schneiden und in Butter und Öl anbräunen. Dann braten Sie das Fleischgehackte an und gießen ab und zu Wein an. Strecken Sie etwas Tomatenkonzentrat mit Wasser – die Tomate ist natürlich eine »moderne« Ergänzung der Originalzutaten dieses Rezepts –, und geben Sie es zu der Fleischfarce. Salzen und pfeffern Sie entsprechend. Während die Farce schmort, bereiten Sie den Teig zu: einen rustikalen Teig aus Mehl, Grieß, Eiern und »Vin Santo« (Likörwein) aus den Marken oder Marsala. Rollen Sie feine Teigplatten in der Form Ihrer Backform aus. Bereiten Sie eine Bechamelsauce zu. Beginnen Sie, die mit Butter gefettete Backform zu füllen, zuerst mit dem Teig, den Sie mit reichlich Farce bedecken, dann geben Sie die Bechamel Sauce und geriebenen Parmesan darüber, dann kommt wieder Teig und so weiter, bis die Füllung aufgebraucht ist.

Lassen Sie die Backform mit einem Tuch bedeckt einen halben Tag lang ruhen, damit der Teig den Geschmack der Farce annehmen kann. Das Gericht dann 30 Minuten lang bei 200 Grad im Ofen backen. Servieren.

In Macerata, der Heimat dieses köstlichen Rezepts, wird der seltsame Name »Vincisgrassi« mit dieser Anekdote erklärt: Das Gericht soll dem österreichischen General Windischgrätz so gut geschmeckt haben, daß es fortan seinen Namen bekam – den die italienische Zunge zu »Vincisgrassi« entstellte.

GEFÜLLTE SCHLAFMÄUSE
(Apicius 397)

Glires: Isicio procino, item pulpis ex omni membro lirium trito, cumpipere, nucleis, lasere, liquamine farcies glires et sitos in tegula positos mittes in furnum aut farsos in clibano coques.

Schlafmäuse: Fülle die Schlafmäuse mit Schweinehackfleisch, ebenso mit Fleisch der Schlafmäuse selber, zusammen mit gemahlenem Pfeffer, Pinienkernen, laser und garum, und gib sie zugenäht und auf einem Tontiegel gelegt in den Ofen oder koche sie gefüllt in der Backpfanne.

Die Römer hielten diese Tiere – glires – für eine Delikatesse, doch handelte es sich dabei nicht um die phantasievolle Erfindung eines erfolgreichen Kochs, der sie einmal auftischte, um Bewunderung zu erregen. Die Schlafmäuse wurden gezüchtet wie Hühner oder Kaninchen. Es gab große Zuchtfarmen, die glirarii, dort wurden die Tiere mit Eicheln, Walnüssen und Kastanien gemästet. Da die Schlafmäuse im Winter Fett ansetzen, wenn sie in ihren Baumhöhlen schlafen, benutzten die Züchter Gefäße, die sich zur Nachahmung der natürlichen Umwelt eigneten. Es handelte sich um Vasen mit Rippen im Inneren und Löchern in der Wand, die der Lüftung dienten. Die Schlafmäuse konnten sich auf diesen Vorsprüngen hinkauern. Sie erhielten ihre Nahrung durch die Öffnung oben und setzten in der Dunkelheit Fett an wie gewünscht.

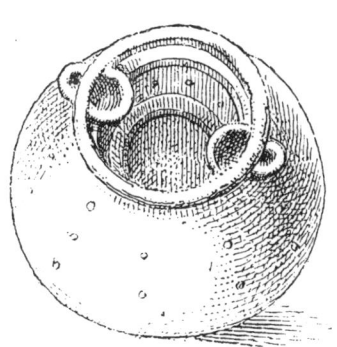

Der Historiker Ammianus Marcellinus schreibt, daß das Gewicht dieser Nagetiere regelmäßig kontrolliert wurde, die fettesten Tiere waren nämlich sehr gefragt.

Das Gesetz gegen Luxus und Verschwendung, das M. Emilius Scaurus 115 v.Chr. erließ, versuchte – freilich ohne Erfolg –, den Verzehr dieser Tiere zu unterbinden.

An Apicius' Abhandlung und am Gastmahl des Trimalchio – wo sie mit Honig umd Mohnsamen bedeckt aufgetragen werden – können wir sehen, daß der Verzehr von Schlafmäusen noch im 1. Jahrhundert n.Chr. in Mode war. So ist es eher verwunderlich, daß bei Apicius nur ein einziges Rezept für ihre Zubereitung zu finden ist. Meist wurden die Schlafmäuse auf einen tönernen Dachziegel gesetzt und im Ofen gebacken.

6. Kapitel
DIE SUPPEN

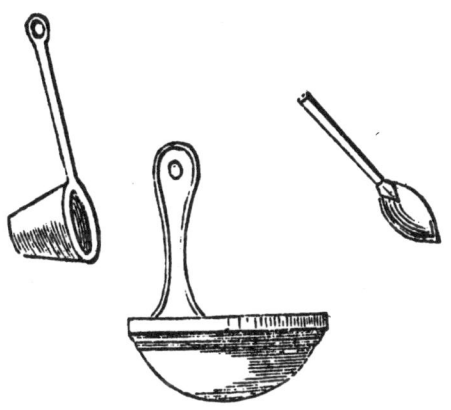

Speltmus

*Speltmus schicken wir dir, Met kann dir der
Reiche geben,
will es der Reiche nicht tun, kauf ihn dir selber
dann schon!*

(Martial XIII, 6)

Bohnen

*Wenn die weißliche Bohne dir schäumt im röt-
lichen Topfe,
auf der Reichen Mahl leistet du gern dann Ver-
zicht.*

(Martial XIII, 7)

Da sich Apicius, unsere ergiebigste Quelle, an ein überfeinertes, reiches Publikum wendet, haben wir nur sehr wenige Rezepte, die Suppen beschreiben. Wir wissen jedoch, daß diese die Ernährungsgrundlage für die weniger wohlhabende Bevölkerung bildeten. Gewiß gab es auch bei den Begüterten, wenn diese keine Gäste hatten, Suppe als Abendessen.

Allein der Überfluß an Getreide, Hülsenfrüchten und Gemüse beflügelte diejenigen, die kochten, dazu, Suppen daraus zu machen.

Und noch ein weiteres Element bestätigt dieses Bild: die große Vielfalt von Suppen, die in der typisch bäuerlichen Küche jeder Region Italiens bis heute Bestand hat. Archaische Suppen aus Gerste, Kichererbsen, Linsen und Bohnen, Minestronen mit vielen Gemüsen dampfen im Winter auf unzähligen Tischen, von den Alpen bis zu den Inseln im Mittelmeer. Einige davon tragen heute noch Namen, in denen die Antike durchklingt, die Dinkelsuppe aus Umbrien und dem Latium zum Beispiel.

Scheuen Sie sich deshalb nicht, Suppen zu kochen, auch wenn diese nicht dokumentiert sind. Wichtig ist nur, daß Sie keine Zutaten verwenden, die die Römer nicht kannten.

Hier finden Sie nun einige aus der Antike auf uns gekommene Rezepte und zum Vergleich regionale Rezepte aus Italien, der Türkei und den arabischen Ländern.

WEIZENKÖRNERBREI
(Cato LXXXVI)

Graneam triticeam sic facito: Selibram tritici puri in mortarium purum indat, lavet bene, corticemque deterat bene, eluatque bene. Postea in aulam indat et aquam puram addat cocatque. Ubi coctum erit, lacte addat paulatim usque adeo, donec cremor crassus erit factus.	*Den Weizenkörnerbrei aus Weizen mache so: Man schütte 1/2 Pfund reinen Weizen in einen reinen Mörser und wasche ihn gut und stoße gut die Schalen ab und wasche sie gut aus. Nachher tue man die Graupe in einen Topf und reines Wasser und koche sie. Sobald sie gekocht ist, gieße man nach und nach Milch zu, bis ein dicker Schleim entstanden ist.*

Heutzutage ist der erste Teil der Zubereitung überflüssig: Bei den Verkäufern von Mehl und getrockneten Hülsenfrüchten kauft man bereits die Graupe, geschältes und zerkleinertes Korn. Es wird auch in Läden für arabische Speisen und in Supermärkten verkauft, zumeist als »Bulgur«; es handelt sich um zerkleinertes Korn, das etwas größer ist als Couscous.

Kochanleitung und Mengenangaben: Sie nehmen für eine Suppe für 4 Personen 300 g Bulgur und kochen es in 1 l Wasser. Wenn es fertig ist (nach 20-25 Minuten), geben Sie nach und nach 1 l Milch hinzu kochen alles noch eine halbe Stunde. Nach Belieben salzen.

MODERNES REZEPT AUS DEM LIBANON

Weizensuppe. 1 kg Suppenfleisch, 300 g Bulgur, 3 l Wasser, ausreichend Salz.

Sie kochen das Suppenfleisch wie gewohnt, geben den Bulgur dazu und kochen drei Stunden durch. Seihen Sie die Brühe zweimal ab, und bringen Sie die fertige Suppe auf den Tisch.

Dinkel (oder Spelz) wird in Italien immer noch angebaut, hauptsächlich in den gebirgigen Gebieten Latiums, Umbriens und der Abruzzen. In diesen Regionen ißt man denn auch Dinkelsuppe, was eine seit römischen Zeiten ununterbrochene Tradition bezeugt. Bei den Römern symbolisierte der Dinkel das Leben, und zwar in solchem Maße, daß ein sehr alter Hochzeitsritus eine Torte aus Dinkel als Gabe des Brautpaares für den kapitolinischen Jupiter vorschrieb; der Ritus insgesamt trug den Namen confarreatio.

REGIONALE REZEPTE AUS ITALIEN

Umbrische Dinkelsuppe. Kochen Sie einen Schinkenknochen, an dem noch etwas Fleisch ist, in ungesalzenem Wasser 1 Stunde lang aus. Gießen Sie die Brühe durch ein Sieb in einen anderen Topf. Geben Sie 200 g Dinkel in die Schinkenbrühe; gut durchrühren. 20-25 Minuten kochen lassen. Fleischreste vom Knochen lösen und in die Suppe geben. Manche Leute geben auch Gemüse (Karotten, Zwiebeln, Sellerie) in das Kochwasser. In jedem Fall seihen Sie die Brühe durch, bevor Sie sie in dem anderen Topf weiterverwenden.

Dinkelsuppe aus dem Latium. In diesem Rezept wird schweinerner Bauchspeck mit Schwarte verwendet. Die Schwarte (nicht mehr als 80-100 g) wird etwa 20 Minuten allein gekocht, dann klein geschnitten und in 1 1/2 l frischem Wasser weiter gekocht. Das Backenstück wird klein geschnitten und mit einer Knoblauchzehe und ein paar Kräutern angebraten. In die Kasserolle, in der das Backenstück schmurgelt, werden eine gehackte Zwiebel und eine kleine Dose Tomaten gegeben (natürlich kamen Tomaten erst später zu den klassischen Zutaten). Wenn alles gar ist, die Schwarte mitsamt der Brühe zugeben; für 4 Personen brauchen Sie etwa 1 1/2 l.

Nun geben Sie den Dinkel (300 g) hinein. Gut 20 Minuten kochen lassen. Geriebenen Pecorino gesondert dazu servieren.

SUPPE NACH ART DES JULIUS

(Apicius 179)

Pultes Iulianae sic coquuntur: Alicam purgatam infundis, coques, facies ut ferveat. Cum ferbuerit, oleum mittis; cum spissaverit, lias diligenter. Adicies cerebella duo cocta et selibram pulpae quasi ad esicia liatae, cum cerebellis teres et in caccabum mittis. Teres piper, ligusticum, feniculi semen, suffundis liquamen et vinum modice, mittis in caccabum supra cerebella et pulpam. Ubi satis ferbuerit, cum iure misces. Ex hoc paulatim alicam condies, et ad trullam permisces et lias ut quasi sucus videatur.

Julianischen Brei koche so: Weiche gereinigten und zerkleinerten Dinkel ein, koche ihn und lasse ihn aufkochen. Wenn die Dinkelgrütze aufgekocht ist, gib Öl zu, und wenn sie steif geworden ist, rühre sie sorgfältig glatt. Nimm zwei gekochte Hirnchen und ein halbes Pfund fast zu Hackfleisch zerrupftes Fleisch; zerstampfe es mit dem Hirnchen und gib es in den Topf. Stoße Pfeffer, Liebstöckel, Fenchelsamen, gieße garum und etwas Wein dazu und gib es in den Topf über die Hirnchen und das Fleisch. Wenn es genügend gekocht hat, mische es mit der Sauce. Damit würze nach und nach die Grütze, mische mit einem Schöpflöffel durch und rühre es glatt, so daß es wie ein dicker Brei aussieht.

Mit großer Wahrscheinlichkeit wird hier Hartweizengrieß verwendet; der Schriftsteller fordert nämlich dazu auf, eventuelle Klümpchen in der Suppe zu entfernen. Es handelt sich um ein etwas aufwendiges Verfahren, das die Mühe allerdings lohnt. Sie kochen das Hirn und geben das durchgedrehte Fleisch dazu; sowohl das Hirn wie das Fleisch müssen vom Lamm sein. Wie heute noch bei den arabischen und türkischen Völkern, galt Lammhirn in Rom als eine Delikatesse.

Geben Sie Fleisch und Hirn also durchgedreht in einen Topf, bestreuen Sie es mit einer Mischung aus Pfeffer und gehackten Kräutern, garum und Wein. Auf kleinem Feuer 10 Minuten kochen lassen; umrühren.

Sie haben inzwischen gesondert Grießbrei aus Hartweizengrieß, Wasser und Öl bereitet. Geben Sie das Fleisch nach und nach, Schöpflöffel für Schöpflöffel, zu dem Grießbrei, mischen gut durch und lassen noch 10 Minuten kochen.

Mengenangaben für 4 Personen: 2 Lammhirne, 200 g durchgedrehtes Lammfleisch (oder Rindfleisch), 1 Löffel Pfeffer, Liebstöckel und Fenchelsamen, 1 Löffel garum, 1 Becher trockenen Weißwein.

Für den Grießbrei: 250 g Hartweizengrieß, 2 Löffel Öl, Wasser.

Dieses Rezept gehört zu den Breisuppen oder pultes. Welche historische Persönlichkeit ihm den Namen gegeben hat, wissen wir nicht: Zwei Kaiser und ein Thronräuber trugen diese Namen, Didius Julius und Julius der Abtrünnige. Beide waren im Altertum für ihre große Sparsamkeit bekannt. Die Storia Augusta berichtet über Didius Julius: »Julius war so nüchtern ..., daß er sich damit begnügte, Gemüse und Hülsenfrüchte ohne Fleisch zu essen.«

Wir werden niemals erfahren, wem dieses Gericht zuzuschreiben ist; es ist gewiß keine »kärgliche« Spezialität, im Gegenteil, die Suppe ist sehr reichhaltig. Bei uns heute würde sie als Hauptgericht durchgehen.

BREISUPPE MIT BROT UND MILCH
(Apicius 181)

Pultes tractogalatae: Lactis sextarium et aquae modicum mittes in caccabo novo et lento igni ferveat. Tres orbiculos tractae siccas et confringis et partibus in lac summittis. Ne uratur, aquam miscendo agitabis. Cum cocta fuerit, ut est super ignem, mittis melle. Ex musteis cum lacte similiter facies, salem et oleum minus mittis.

Milchteigbrei: Gib in einen neuen Topf einen Sextar Milch und etwas Wasser und laß es auf kleiner Flamme kochen. Trockne drei Teigklößchen und zerbröckele sie und gib sie in Teilen in die Milch. Damit es nicht anbrennt, rühre unter Zugabe von Wasser um. Wenn es gar ist, gib es, wie es ist, über das Feuer. Mache es ähnlich aus Mostbrötchen mit Honig und Milch, gib aber weniger Salz und Öl dazu.

Ein sehr einfaches Rezept, das in etwa an die Milchsuppe für alte Leute und Kinder erinnert, wie sie früher zubereitet wurde; deshalb halte ich Erklärungen und Mengenangaben für nicht notwendig.

Um die Variante mit den Mostbrötchen zubereiten zu können, müssen Sie wissen, wie die Süßspeisen hergestellt werden, deren Rezepte im 10. Kapitel folgen. Aus dem letzten Satz des Rezepts könnte man schließen, daß der ersten Version dieser Suppe etwas Salz und Öl zugefügt werden sollte, der zweiten nicht.

GERSTENSUPPE
(Apicius 173)

Tisanam sic facies: Tisanam lavando fricas, quam ante diem infundes. Impones super ignem calidum. Cum bullierit, mittes olei satis et aneti modicum fasciculum, cepam siccam, satureiam et caloefium, ut ibi coquantur propter sucum. Mittes coriandrum viridem et salem simul tritum et facies ut ferveat. Cum bene ferbuerit, tolles fasciculum et transferes in alterum caccabum tisanam sic ne fundum tangat propter combusturam. Lias et colas in caccabulo supra acronem caloefium. Teres piper, ligusticum, pulei aridi modicum, cuminum et sil frictum, suffundis (mel), acetum, defritum; liquamen, refundis in caccabum, sed caloefium acronem ut bene tegatur. Facies ut ferveat super ignem lentum.

Den Gerstenbrei mache so: Wasche und zerstampfe die Gerste, die du einen Tag vorher einweichst. Setze sie auf eine heiße Flamme. Wenn es aufgekocht ist, gib genug Öl und ein nicht zu großes Büschelchen Dill, getrocknete Zwiebel, Bohnenkraut und ein Schweinsfüßchen dazu, damit es dort wegen des Saftes kocht. Gib frischen und zusammen mit Salz gestoßenen Koriander dazu und laß es aufkochen. Wenn es gut aufgekocht ist, nimm das Dillbüschel heraus und gib den Gerstenbrei so in einen anderen Topf, daß er, um nicht anzubrennen, den Boden nicht berührt. Rühre es glatt und passiere es in einen kleinen Topf über die Speckschicht der Schweinehüfte. Stoße Pfeffer, Liebstöckel, etwas getrocknete Poleiminze, Kumin und gemahlenes Silphion, so daß es gut bedeckt ist. Gieße dazu Honig, Essig, Mostsirup und garum, gieße es in den Topf zurück, aber den Schweinsfuß laß auf kleiner Flamme kochen.

Praktisch besteht das auf den ersten Blick komplizierte Rezept aus zwei Schritten: Zuerst läßt man die Gerste mit den Kräutern und dem Schweinsfuß zusammen kochen, dann wird der Schweinsfuß in einen anderen Topf gegeben. Darüber kommt der Brei, der durch ein Sieb gestrichen wird. Auf diese Weise ist das, was auf den Schweinsfuß fällt, ein Brei ohne Klümpchen und Kräuter. Jetzt wird eine Sauce aus Pfeffer und weiteren Kräutern dazugegeben, die mit Honig, Essig, Mostsirup und garum verlängert und gut verrührt worden ist.

Man kann für dieses Rezept ganze oder gemahlene Gerste nehmen. Angesichts der langen Kochzeit entsteht in jedem Fall ein Brei. Die Kochzeit beträgt ingesamt 3 Stunden.

Mengenangaben für 4 Personen: 250 g Gerste, 1 Schweinsfuß, 1 Zwiebel, 1 Bündel grünen Dill (oder ein Teelöffel getrockneten Dill), Bohnenkraut und 1 Becher Öl. Für die Sauce, die dem passierten Brei zugegeben wird: 1 Prise Pfeffer, ein Löffel gemischter Kräuter, je 1 Löffel Honig, garum, Essig und gekochten Most.

GERSTENPOLENTA
(Plinius, *Storia Naturale*, XVIII, 14)

Sie schütten 20 Pfund Gerste und 3 Pfund Leinsamen und 1/2 Pfund Koriander, darüber hinaus ein Acetabulum voller Salz zusammen. 1 l Wasser aufkochen, die Zutaten hineinrieseln und etwa 1 Stunde kochen lassen. Wenn die Gerste zuviel Wasser aufnimmt, mehr davon nach gießen, aber es

muß kochen. Eine würzigere Polenta erhält man, wenn die Gerste statt in Wasser in Fleisch- oder Gemüsebrühe gekocht wird.

Mengenangaben für 4 Personen: 340 g gemahlene Gerste, 50 g Leinsamen, 9 g Koriander, Salz nach Belieben.

Der Brauch, Leinsamen zu den Speisen zu geben, ist für einige Regionen Italiens belegt, zum Beispiel für die Lombardei. Dort wird er zur Herstellung von Hirsebrot (panmeino) verwendet, einer Spezialität, die am Tag des Hl. Georg verzehrt wird.

GEMÜSESUPPE
(Apicius 174)

Tisanam farricam: Infundis cicer, lenticulam, pisam. Defricas tisanam et cum leguminibus elixas. Ubi bene bullierit, olei satis mittis et super viridia concidis porrum, coriandrum, anetum, feniculum, betam, malvam, coliculum mollem; haec viridia minuta concisa, in caccabum mittis. Coliculos elixas et teres feniculi semen satis, origanum, silfi, ligusticum. Postquam triveris, liquamine temperabis et super legumina refundis et agites. Coliculorum minutas super concidis.

Gerstenbrei: Weiche getrocknete Kichererbsen, Linsen und Erbsen ein. Stampfe Gerste und koche sie mit den Hülsenfrüchten. Wenn es gut aufgewallt ist, gib genügend Öl dazu und schneide über das grüne Gemüse Porree, Koriander, Dill, Fenchel, Mangold, Malve, weichgekochten Kohl. Gib in einen Topf gekochte Kohlsprößlinge und stampfe genügend Fenchelsamen, Oregano, Silphion und Liebstöckel. Wenn du es gestampft hast, schmecke mit garum ab und gieße es über die Hülsenfrüchte und rühre um. Hacke darüber kleingeschnittenen Kohlsprößlinge.

Es handelt sich um einen richtigen Minestrone, der durch das viele Gemüse, die Hülsenfrüchte und die Zugabe von Gerste Konsistenz bekommt. Weichen Sie die getrockneten Hülsenfrüchte 24 Stunden lang ein; dann abschütten. Mit der Gerste in Salzwasser kochen. Nach drei Stunden Kochzeit geben Sie das – wie für einen Minestrone klein geschnittene – Gemüse und die Kräuter hinzu. Reichlich Öl zufügen. Kochen Sie im Extratopf einen kleinen Wirsing oder Brokkoli; in der letzten halben Stunde Kochzeit zur Suppe geben. Bereiten Sie außerdem eine Kräuterpaste zu, die sie mit garum geschmeidig machen und am Ende der Kochzeit in den Minestrone geben.

Mengenangaben für 4 Personen: 200 g Linsen, 200 g Kichererbsen, 200 g Erbsen, 200 g Gerste, 200 g Mangold, 2 Porreestangen, ein Löffel mit getrockneten Kräutern.

Für die Sauce am Schluß: 1 Löffel Kräuter, 2 Knoblauchzehen und 1 Löffel garum.

ROTE RÜBENSUPPE
(Apicius 70)

Betacios Varronis: Betacios, sed nigros, quorum detersas radices et mulso decoctas cum sale modico et oleo vel sale, aqua et oleo in se coctas iusculum facere et potari, melius etiam si in eo pullus sit decoctus.	Rote Rüben nach Art des Varrus: Rüben, aber schwarze, deren Wurzeln und süße Teile abgeschnitten und gekocht mit ein wenig Salz, und Öl, oder Salz, Wasser und Öl zusammen gekocht machen eine Suppe und werden getrunken, besser noch, wenn darin ein Huhn gekocht worden ist.

Diese Brühe gehört zu einer Gruppe von verdauungsfördernden Rezepten: Der Vorschlag lautet, ein Huhn abzukochen und die Hühnerbrühe mitzuverwenden.

In dieser Brühe oder in Wasser mit Öl und Salz lassen Sie die roten Rüben kochen (denn wahrscheinlich sind rote Rüben gemeint). Eine mögliche Variante besteht darin, die Rüben mit mulsum (Weißwein und Honig), Öl und Salz abzuschmecken.

Mengenangaben für 4 Personen: 1/2 Huhn oder besser ein 1/2 Suppenhuhn, 1 grob zerteilter Schwarzkohl, 2-3 Löffel Öl, Salz. Eventuell 2 Becher mulsum.

Dieses Rezept ist besonders interessant, denn obgleich es einem anderen Autor – Varrus – zugeschrieben ist, wurde es doch in Apicius' Text aufgenommen. Irgend jemand, der das Kochbuch benutzte, kritzelte an den Textrand ein Rezept, das ihm gefiel, und so wird es bei späteren Abschriften schließlich in den eigentlichen Text geraten sein. Für uns ist es eine reizvolle Vorstellung, daß es offenbar schon damals die Angewohnheit heutiger Hausfrauen gab, eigene Rezepte oder solche, die man aus einer Zeitschrift oder vom Fernsehen hat, am Buchrand oder auf den letzten Seiten des Kochbuchs einzutragen.

7. Kapitel
WILDBRET UND FLEISCH
mensa prima

Schwein

Kein Tier liefert dem Gaumen mehr Nahrung:
sein Fleisch liefert mehr als 50 Geschmacks-
noten, das anderer Tiere nur eine.
                    (Plinius, Naturalis Historia, 8, 209)

Masthühner

Fett wird gewiß durch süßes Mehl
die gefällig Henne,
fett auch durch Dinkel.
Wieviel denkt sich der Gaumen nicht aus!
                    (Martial XIII, 62)

Pfauen

Spreizt er nur sein Gefieder,
das glänzt mit den Augen, so staunst du,
Lieferst du, Herzloser,
doch ihn an den grausamen Koch?
                    (Martial XIII, 70)

Flamingos

Rotes Gefieder verleiht mir den Namen, jedoch
meine Zunge schmeckt den Schlemmern.
Wie wär's, wenn sie zu reden vermöcht!
                    (Martial XIII, 71)

Das Küchenlehrbuch von Apicius enthält eine Vielzahl von Fleisch- und Wildgerichten. Das verwundert nicht, schrieb der berühmte Schlemmer doch für ein reiches, verwöhntes Publikum, im 1. Jahrhundert n.Chr., einer in der Geschichte Roms beispiellosen Zeit des Überflusses und des Reichtums, also einer Epoche, zu der alle aus Griechenland stammenden, luxuriösen Gewohnheiten schon fester Bestandteil römischer Sitten geworden waren. Deshalb ist klar, daß die Fleischsorten, welche auf den Tafeln von Apicius' Zeitgenossen erschienen und dort geschätzt wurden, in seinem Werk erwähnt werden, also auch Bären, Flamingos und andere ausgefallene oder exotische Tiere: alles, wonach der Snobismus reicher Gastgeber verlangte, die einzig danach gierten, ihre Gäste zu verblüffen.

Verbürgt ist, daß mit Beginn der beiden letzten vorchristlichen Jahrhunderte auf den Tafeln der wohlhabenden Bürger Roms immer häufiger Fleisch stand, und zwar in so reichem Maße, daß der Senat mehrere Male versuchte, Abhilfe zu schaffen, und Gesetze erließ, die Menge und Art des Fleisches beschränkten, welches bei Gastmählern aufgetischt wurde. Doch wenn eine gesetzestreue Hausherrin diese Auflagen befolgte, beklagten sich die Gäste bitter. Cicero zum Beispiel erwähnt in einem Brief an seine Familie enttäuscht eine fast ausschließlich vegetarische Einladung (Briefe an die Familienangehörigen, 7, 26, 2).

Die großen Generäle der römischen Republik, Scipio, Metellus und Cäsar, trugen stets Sorge, sich mit Fleisch zu verproviantieren, um es auf den Feldzügen ihren Truppen geben zu können. Die kostenlose Verteilung von Fleisch an das Volk fand in allen Epochen vor und nach Christus statt und bei den verschiedensten Gelegenheiten; die am weitesten zurückliegende Fleischverteilung, von der wir wissen, geschah 328 v.Chr. Cäsar und andere einflußreiche Politiker der Republik bis hin zu den Kaisern des 4. Jahrhunderts n.Chr. griffen auf derlei Geschenke zurück, entweder um Wählerstimmen zu erlangen, einen Triumph zu feiern oder aus irgendeinem anderen Grund.

Kurzum, wer konnte, aß Fleisch, und diese Privilegierten waren in der Regel Stadtbewohner. Die wenigen »Vegetarier«, Anhänger philosophischer und religiöser Sekten (Neoplatoniker und Manichäer), wurden mit einem gewissen Argwohn betrachtet.

Da es damals keine Kühlschränke gab, warf die Aufbewahrung von Fleisch naturgemäß ernste Probleme auf: Man griff auf Einpökeln, Räuchern und sogar auf die Konservierung in Honig zurück, und wie heute wurden natürlich auch viele Arten von Schinken und Wurst zubereitet.

Das Fleisch wurde auf dem Forum boerium und dem Forum suarium (dem Rinder- und Schweinemarkt) verkauft sowie in Läden, die auch Schafffleisch und Hühner feilboten. Das Tier, dessen Fleisch am meisten geschätzt wurde, war das Schwein. Die großen Herden in Gallia Cisalpina versorgten die Hauptstadt, Schinken wurden auch aus Gallia Transalpina und aus dem heutigen Belgien importiert.

Rinder wurden in sehr viel geringerem Maße verzehrt: Ein Beleg dafür ist, daß wir bei Apicius nur 4 Rezepte für die Zubereitung von Rindfleisch finden – drei Rezepte für Kalbfleisch und eins für Rindfleisch. Ochsen wurden hauptsächlich als Arbeitstiere betrachtet und in der Regel nur dann geschlachtet, wenn sie alt oder krank waren; deshalb war ihr Fleisch meist nicht zart, und es ist nur folgerichtig, wenn dem zähen Ochsen ein Milchschweinchen, Zicklein oder Lamm vorgezogen wurde.

Sämtliches Kleinvieh wurde in großem Stil gezüchtet, ebenso Vögel, die in Gefangenschaft gehalten werden konnten: Hühner, Gänse, Enten, Tauben, Ringeltauben, Drosseln und Pfauen.

Die Methoden des Züchtens, des Mästens, der Auswahl von Arten mit saftigerem Fleisch oder – bei Hühnern – von Arten, die mehr Eier legten, werden uns von Columella im VIII. Buch seiner Abhandlung detailliert geschildert. Für die Wasservögel wurden sachkundig geplante »nessotrofe« (vom Griechischen núxis = ich schwimme, und tréfo = ich züchte) angelegt, vollständige, künstliche Seen mit Röhricht und Unterschlupf für die Brut. Umgeben von Mauern, die sehr hoch waren, um zu vermeiden, daß diese Vögel wegflogen, und glatt, um Katzen, Steinmarder und ähnliche Tiere von den Vögeln fernzuhalten, belieferten diese Farmen die Tafeln der Römer mit hochwertigem Fleisch.

Zu den Vögeln gesellten sich Schafe, Zicklein und Lämmer, zuweilen auch Widder und Ziegen; und Wild, das in einem Italien, das noch nicht entwaldet war, viel zahlreicher gewesen sein muß.

Kaiser Heliogabal, berühmt, dekadent und mit Apicius' extravagantesten Einfällen wetteifernd, fütterte seine Hunde mit Gänseleber und seine Pferde mit der hochgeschätzen Traube aus Apamea, wenn wir dem phantasievollen Historiker Lampridius Glauben schenken dürfen. Heliogabal schaffte es auch, seinen Gästen gut zehn Tage lang hintereinander Euter und Vulva von Wildsäuen anzubieten und opferte dafür eine Menge Tiere (Storia Augusta, Elagabalo).

Diese verschiedenen Fleischsorten wurden im Ofen gebacken, am Spieß gebraten oder zu Klößen, Frikassees oder Ragouts verarbeitet; Lamm und Zicklein, Leber und Schweineeuter, Würste und Fleischspießchen freilich wurden auf dem Rost gebraten. Kutteln und Innereien wurden nach delikaten Rezepten zubereitet oder gaben die Füllung für Fleisch und Fisch ab. Aus Schweineblut wurden Blutwürste hergestellt; Fuß, Brust und Rippenstück vom Schwein wurden für Suppen verwendet.

Bevor wir zu den eigentlichen Rezepten kommen, noch ein letztes, klärendes Wort: Fleisch, das eingepökelt wurde, damit es für längere Zeit hielt, und deshalb nicht so gut abgehangen war wie unseres, konnte in römischer Zeit nicht zubereitet werden wie heute. Oft mußte es erst mit Milch abgewaschen und dann ein bis zwei Mal gekocht werden, bis die eigentliche Zubereitung beginnen konnte.

Wir mit unserem vorschriftsmäßig abgehangenen und gelagerten Fleisch können diesen ersten, vorbereitenden Schritt selbstverständlich vergessen. Wir kochen die Rezepte allesamt mit den Methoden und Kochzeiten, die wir gewohnt sind, und befolgen eben nur Apicius' Anweisungen zu den Schritten danach.

MENSA PRIMA

Das Schwein lieferte das von den Römern in der Küche
meistverwendete Fleisch; wie noch heute in der deutschen Küche und auch in Mittelitalien üblich, wurde es
sowohl mit Äpfeln als auch mit Kräutern zubereitet.
Oder es wurde mit Honig eingeschmiert, mit getrockneten Feigen bedeckt und in einem Brotteig im Ofen
gebacken. So wird das Gericht zubereitet, das auf dem
Foto zu sehen ist:

SCHINKEN IM BROTTEIG

Kaufen Sie ein Stück entbeinten Schinken und kochen
es in Wasser, dem getrocknete Feigen und Lorbeerblätter zugesetzt sind. Nach beendeter Kochzeit entfernen
Sie die Schwarte, schneiden das Fleisch mit einem spitzen Messer netzförmig ein und streichen Honig darauf.
Sie setzen den Schinken auf einen Teig aus Mehl, Öl und
Salz, der bereits mit getrockneten Feigen belegt ist, und
schlagen dann die Teighülle übereinander. Schieben
Sie den Schinken ins Rohr, und sobald die Außenschicht
des Brotteigs gebräunt ist, nehmen Sie ihn aus dem
Ofen und tragen ihn auf.

Wenn Sie wollen, können Sie aus dem Brotteig ein
Schwein (wie auf dem Foto) modellieren: Damit folgen
Sie dem Geschmack der Römer, die ihre Speisen gern in
phantastischen Formen und Gestalten präsentierten.

Die Rezeptliste des großen Gourmets ist sehr umfangreich. Charakteristisch für sie ist die Vielfalt der verwendeten Saucen und Kräuter, viel breitgestreuter als in der heutigen italienischen Küche, sowie die harmonische Kombination von Fleisch und süßsauren Beilagen, die verwöhnte Gaumen angenehm überraschen dürfte. Schließlich eröffnen uns auch die delikaten Rezepte zum Füllen von Hühnern, Gänsen und anderem Geflügel, von Hasen, Wildschweinen und Milchferkeln einen anderen – und für uns ungewohnten – Aspekt der antiken römischen Küche.

Für Fleischgerichte können Sie außer den hier folgenden Rezepten auch die Anleitungen zu den Saucen im 4. Kapitel verwenden: Dort finden Sie die Saucen zu gekochtem und gebratenem Fleisch, zu Fleisch vom Grill und Schnitzel aus der Pfanne und Saucen als Begleitung zu Wild.

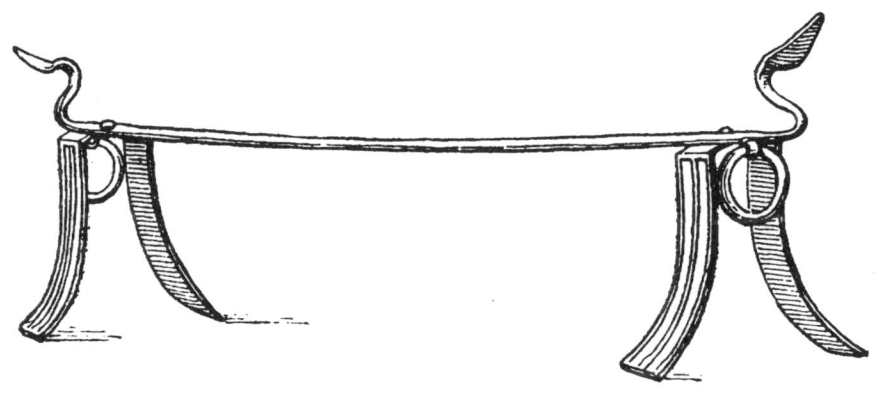

BRATEN
(Apicius 268)

Assaturam: Assam a furno simplicem salis plurimo conspersam cum melle inferes.	*Grillgewürz: Einfachen Grillbraten aus dem Ofen serviere mit sehr viel Salz bestreut zusammen mit Honig.*

Für diese Art Braten kann vielerlei Fleisch verwendet werden; er schmeckt hervorragend. Versuchen Sie es mit Fleisch vom Rind, Kalb, Schwein und mit Lammkeulen. Es ist in jedem Fall sehr gut. Bereiten Sie das von Ihnen gewählte Stück zu, indem Sie es in Salz wenden und dann in den Ofen geben. Wenn es gar ist (Bratzeit und -temperatur hängen von Fleischart und Gewicht ab), nehmen Sie den Braten aus dem Rohr und überziehen ihn mit 2 Löffeln Honig von flüssiger Qualität. Noch etwa 5 Minuten im Ofen lassen, der abgestellt, aber noch warm ist. Dann aufschneiden und servieren.

KRÄUTERBRATEN
(Apicius 269)

Aliter assatura: Petroselini scripulos VI, laser scripulos VI, gingiberis scripulos VI, lauri bacas V, condimenti, laseris radicem scripulos VI, costi modice, piretri scripulos III, apii seminis scripulos VI, piperis scripulos XII, liquaminis et olei quod sufficit.

Grillgewürz auf andere Art: je Skrupel Petersilie, 6 Skrupel laser, 6 Skrupel Ingwer, 5 Lobeerbeeren, Gewürzkräuter, 6 Skrupel laser-Wurzel, 6 Skrupel Oregano, 6 Skrupel Nußgras, etwas Scherberkraut, 3 Skrupel Bertramswurz, 6 Skrupel Selleriesamen, 12 Skrupel Pfeffer und genügend garum und Öl.

Auch wenn es für uns heute praktisch unmöglich ist, alle in diesem Rezept verlangten Zutaten zu bekommen, weil Scherberkaut oder Nußgras nicht zu finden sind und Bertramswurz in der Küche wahrscheinlich nicht mehr verwendet wird, kann dieser Braten mit einigen Abänderungen dennoch zubereitet werden. Wichtig sind natürlich garum und die Verwendung vieler Kräuter und Gewürze. Die genannten Mengenverhältnisse (ein Skrupel entspricht etwa 1,13 g) reichen für einen Braten von 1 kg.

Bereiten Sie eine Marinade aus 2 Löffeln Öl und 1 Löffel garum, Pfeffer und Ingwerpulver, mit dem Fleischklopfer zerdrückten Lorbeeren, Petersilie, Oregano, Poleiminze und frischem, zerkleinertem Kerbel, etwas Selleriesamen und 3 Knoblauchzehen. Gut mischen und den Braten mit einem Pinsel damit bestreichen. Lassen Sie das Fleisch zwei Stunden lang das Aroma aufnehmen, geben Sie es dann zum Braten ins Rohr. Auch für dieses Rezept können Sie vielerei Fleisch nehmen.

HACKFLEISCHBÄLLCHEN
(Apicius 48)

Esicia omentata: Pulpam concisam teres cum medulla siliginei in vino infusi. Piper, liqamen, si velis, et bacam mirteam extenteratam simul conteres. Pusilla esicia formabis, intus nucleis et pipere positis. Involuta omento subassabis cum careno.

Fleischbällchen im Schweinsnetz: Zerstoße Hackfleisch mit in Wein eingeweichtem Weißbrot ohne Kruste. Zerstoße damit sogleich Pfeffer, garum, und wenn du möchtest, auch entkernte Myrtenbeeren. Forme kleine Bällchen, in die du Pinienkerne und Pfefferkörner hineinsteckst. Hülle es in ein Schweinsnetz und grille es leicht in Weinsirup.

Dies ist eins der Rezepte aus Apicius' Sammlung, das recht einfach nachzukochen und sehr lecker ist. Sie nehmen Hackfleisch (vom Schwein, wenn Sie dem Originalgeschmack möglichst nah kommen wollen, aber auch vom Rind, wenn Sie das lieber mögen), verkneten es mit den in Wein eingeweichten Brotkrümeln und stampfen das Gemisch im Mörser. Mit etwas garum zerstoßenen Pfeffer und Myrtenbeeren dazugeben.

Sie hacken die Pinienkerne, geben sie zum Fleisch und sehen zu, daß sie als Füllung im Bällchen bleiben. Sie umhüllen die Bällchen mit Schweinsnetz und köcheln sie sacht in Wein.
Mengenanagaben für 4 Personen: 400 g Hackfleisch, 50 g Brotkrümel, 50 g Pinienkerne, einige Pfefferkörner, 1 Löffel *garum*, 1 Becher Wein zum Kochen.

Derjenige Teil von Apicius' Abhandlung, der sich mit den Hackfleischgerichten befaßt, enthält eine kuriose »Hit-Parade«: »Bällchen vom Pfau halten den ersten Platz, wenn sie so gebraten werden, daß sie die Zähigkeit verlieren. Ebenso halten den zweiten Platz die von Fasanen, ebenso halten den dritten Platz die von Kaninchen, ebenso halten den vierten Platz die von Hühnern und den fünften die vom zarten Spanferkel« (Apicius 54).

FLEISCHBÄLLCHEN MIT DICKBOHNEN
(Apicius 191)

Pisa sive faba: Ubi despumaverit, teres mel, liquamen, carenum, cuminum, rutam, apii semen, oleum et vinum. Tutunclabis. Cum pipere trito et cum esiciis inferes.	*Erbsen oder Dickbohnen: Wenn der Schaum zurückgegangen ist, stoße Honig, garum, carenum, Kumin, Raute, Selleriesamen, Öl und Wein. Stampfe (das Gemüse). Trage es mit gemahlenem Pfeffer oder mit Hackfleischbällchen auf.*

Das Rezept gibt nicht an, wie die Bällchen zubereitet, sondern nur, wie sie mit Dickbohnen (oder Erbsen) zusammen gekocht werden sollen. Bereiten wir die Fleischbällchen also zu, wie es uns gefällt. Schälen und kochen wir Dickbohnen (oder Erbsen); wenn sie aufgeschäumt haben, schütten wir das Wasser ab und geben sie in ein anderes Gefäß, zusammen mit der Gewürzsauce aus Wein, Öl, Kräutern und Selleriesamen, etwas Honig und garum. Sacht köcheln lassen; ganz am Schluß das Gemüse mit der Gabel grob zerdrücken. In dieser Sauce lassen Sie die Fleischbällchen etwa 15-20 Minuten ziehen.

Mengenangaben für 4 Personen: 400 g Hackfleisch für die Bällchen; für die Sauce: 1 kg frische Dickbohnen (oder Erbsen), 1 Becher Rotwein, je 1 Löffel Öl und garum, 1 Teelöffel Honig.

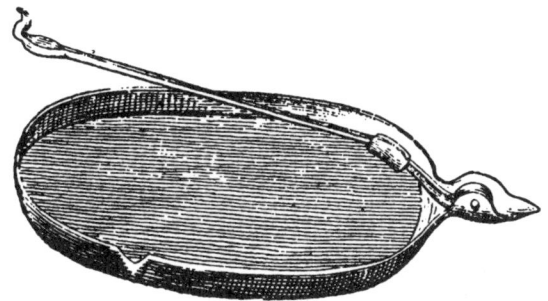

Eine delikate Sauce aus Dickbohnen zu Fleisch gibt es auch in der ligurischen Küche. Hier das Rezept:

REGIONALES REZEPT AUS LIGURIEN

Marò (Dickbohnensauce aus San Remo). Sie nehmen frische, zarte Dickbohnen, zerstampfen sie im Mörser zusammen mit etwas Knoblauch und ein paar Minzeblättern und geben dann geriebenen Pecorino und Olivenöl dazu. Zerreiben, bis eine Paste entstanden ist, und als Beilage zu gekochtem oder gebratenem Fleisch auftragen.

RINDS- ODER KALBSRAGOUT

(Apicius 354)

Vitulinam sive bubulam cum porris vel cidoneis vel cepis vel colocaseis: liquamen, piper, laser et olei modicum.	*Rind- oder Kalbfleisch mit Porree, Quitten, Zwiebeln oder Blattwurz: garum, Pfeffer, laser und etwas Öl.*

In Apicius' Sammlung ist dies das einzige Rezept für Rindfleisch. Wie häufig in De re coquinarum ist die zum Nachkochen des Rezepts wichtigste Angabe im Titel enthalten, während im Text nur Hinweise zum Würzen stehen.

Wir können daraus folgern, daß es sich um ein Rinder- oder Kalbsragout handelt, dem nach Belieben Porree, Zwiebeln, Quitten oder »Blattwurz« beigegeben werden. Dieses Gemüse, das im heutigen Italien nicht mehr verzehrt wird, ist eine Art Knolle, einer süßen Kartoffel vergleichbar, die wiederum so etwas ist wie taro oder die im Orient bekannte chinesische Kartoffel. Wir ersetzen den Blattwurz durch die aus Amerika stammende Topinambur, eine andere süße Knolle, die manchmal im Obstgeschäft oder Supermarkt ausliegt.

Wir bereiten ein Ragout zu und braten das Fleisch in etwas Öl an; dann fügen wir das kleingeschnittene Gemüse bei, das wir vorgesehen haben, einen Löffel garum und statt des unauffindbaren laser den Saft zweier Knoblauchzehen.

Wenn wir das Rezept mit Quitten nachkochen wollen, müssen wir diese zuerst etwa 20 Minuten lang gesondert in Wasser kochen; danach gibt man sie kleingeschnitten und geschält zum Fleisch.

Menge und Kochzeit sind wie bei einem normalen Ragout.

KALBSSCHNITZEL

(Apicius 353)

Vitellina fricta: Piper, ligusticum, apii semen, suminum, origanum, cepam siccam, uvam passam, mel, acetum, vinum, liquamen, oleum, defritum.	*Gebratenes Kalbfleisch: Pfeffer, Liebstöckel, Selleriesamen, Kumin, Oregano, getrocknete Zwiebel, Rosinen, Honig, Essig, Wein, garum, Öl und defrutum.*

Die Kalbsschnitzel schmoren in der Sauce, die aus den oben genannten Zutaten bereitet wurde. Weichen Sie die Rosinen in etwas Wein ein. Mischen Sie einen gehäuften Löffel getrocknete Zwiebel mit einem Löffel Rosinen, gehackten Kräutern (1 Löffel diverser Kräuter), 1 Prise Pfeffer und 1 Klacks Honig; verdünnen Sie die Zutaten mit je 1 Löffel Mostsirup, Öl und Wein. Salzen Sie mit einem Teelöffel garum.

Geben Sie diese Sauce in die Pfanne, und sobald sie heiß ist, schmoren Sie die Schnitzel darin.

Menge und Kochzeit sind wie bei Kalbsschnitzel in Marsala.

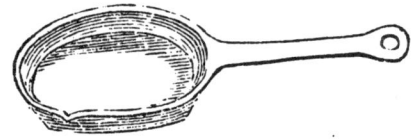

SCHWEINEFRIKASSEE MIT ÄPFELN

(Apicius 168)

Minutal Matianum: Adicies in cacca-bum oleum, liquamen, cocturam, con-cides porrum, coriandrum, esicia minuta. Spatulam porcinam coctam tessellatim concides cum sua sibi ter-gilla. Facies ut simul coquantur. Media coctura mala Matiana purgata intrinsecus, concisa tessellatim mit-tes. Dum coquitur, teres piper, cumi-num, coriandrum viridem vel semen, mentam, laseris radicem, suffundes acetum, mel, liquamen, defritum modice et ius suo de sibi, aceto modi-co temperabis. Facies ut ferveat. Cum ferbuerit, tractam confringes et ex ea obligas, piper asparges et inferes.

Frikassee nach Art des Matius: Gib in einen Topf Öl, garum, Brühe, schneide Porree, Ko-riander und Fleischbällchen klein. Schneide gekochte Schweineschulter mit ihrer Schwar-te in Würfel. Laß es zusammen kochen; Wenn es halb gar ist, gib matianische Äpfel ohne Kerngehäuse in Würfel geschnitten dazu. Während es kocht, stoße Pfeffer, fri-schen Koriander oder Koriandersamen, Min-ze, laser-Wurzel, gieße dazu Essig, Honig, garum, etwas defrutum und vom eigenen Saft und schmecke mit ein wenig Essig ab. Laß es aufkochen. Wenn es aufgekocht ist, zerbröckele Teig und binde damit. Streue Pfeffer darauf und trag es auf.

Das Rezept für dieses Ragout ist sehr gut und verdient es, ausprobiert zu werden. Es ähnelt deutschen Rezepten zu Schweine-fleisch mit Äpfeln.

Sie können rohes Schweinefleisch oder auch gekochten Vorderschinken von der Schulter nehmen. In diesem Fall reduziert sich die Kochzeit um einiges. Wenn Sie dem Originalrezept folgen, nehmen Sie Schweine-fleisch und lassen es kochen. Dann schnei-den Sie es in Würfel wie bei einem normalen Ragout. Unterdessen bereiten Sie Hack-fleischbällchen zu. Schmoren Sie die Fleischwürfel und die Bällchen in einer Kas-serolle, in der Sie Öl, garum, Porree und gehackten Koriander erhitzt haben. Nach der Hälfte der Kochzeit fügen Sie die klein-geschnittenen Äpfel zu. Kurz vor Ende der Kochzeit geben Sie die aus den oben genann-ten Zutaten bereitete Sauce dazu und dicken mit Mehl an.

Mengenangabe für 4-6 Personen: 1/2 kg Schweinefleisch (oder Schweineschulter), 400 g Hackfleisch, 1/2 kg zum Kochen ge-eignete Äpfel (Delicious zum Beispiel), darü-ber hinaus Kräuter und Gewürze, je 1 Löffel Öl und garum und 1/10 l Brühe.

Das Rezept wird Cajus Matius zugeschrieben, dem Freund von Julius Cäsar: Columella (XII. Buch, XLVI. Buch) sagt über ihn, daß er sehr eifrig Rezepte von Gerichten sammelte, die sich für Essen mit Bürgern und Bankette eigneten, und daß er sie in drei Büchern publizierte: Coci (Die Köche), Cetarii (Die Fischköche) und Sagamarii (Die Hersteller von Konserven). Matius gab auch einer Apfelsorte den Namen, die laut Columella sehr gut war. In seinem Buch über Obst-bäume (V. Buch) empfiehlt er, sie anzupflanzen.

SCHWEINSRAGOUT MIT ZEDERNFRÜCHTEN
(Apicius 169)

Minutal dulce ex citriis: Adicies in caccabo oleum, liquamen, cocturam, porrum capitatum, concides coriandrum minutatim, spatulam porcinam coctam, esiciola minuta. Dum coquitur, teres piper, cuminum, corandrum vel semen, rutam viridem, laseris radicem, suffundis acetum, defritum, ius de suo sibi, aceto temperabis. Facies ut ferveat. Cum ferbuerit, citrium purgatum intro foras, tessellatim concisum et elixatum in caccabo mittes. Tractam confringes et ex ea obligas, piper asparges et inferes.

Ein süßes Frikassee mit Zedernfrüchten: Gib in einen Topf Öl, garum, Brühe, Porree mit Wurzel, schneide Koriander und gekochte Schweineschulter klein und mache Fleischbällchen. Während es kocht, stoße Pfeffer, Kumin, frischen Koriander oder Koriandersamen, frische Raute, laser-Wurzel, gib Essig, defrutum und vom eigenen Saft dazu und schmecke mit Essig ab. Laß es kochen. Wenn es gekocht hat, gib eine entkernte Zedernfrucht in den Topf. Zerbröckele Teig und binde damit. Streue Pfeffer darauf und trag auf.

Das Ragout ist sehr gut, unter der Bedingung, daß Sie eine Änderung vornehmen: Da es trotz seines Names gar nicht süß, sondern im Gegenteil eher sauer ist, ist es für unseren Geschmack wohl besser, wenn Sie den Essig ganz vergessen und die mögliche Säure der Zedernfrucht – Zitronatzitrone – mit etwas Zucker oder Honig ausgleichen. Sie geben garum, Porree und frischen, gehackten Koriander in eine Kasserolle mit Öl und lassen alles anbräunen. Wenn es Farbe angenommen hat, geben Sie die (zuvor gekochte und in Würfel geschnittene) Schweineschulter und die Hackfleischbällchen dazu. Bereiten Sie eine Gewürzmischung aus Pfeffer, Kräutern und sapa und geben Sie sie in die Kasserolle. Sie lassen die Zedernfrüchte etwa 10 Minuten lang gesondert kochen, nachdem Sie sie zuvor geschält und geviertelt haben. Zum Fleisch geben und fertig garen. Mit etwas Stärke oder mit einem zerbröckelten Stück Brot binden (das die tracta des antiken Rezepts ersetzt, d. h. ein im Ofen gebackener Teig aus Mehl und Wasser). Mit Pfeffer bestreuen und servieren.

Überprüfen Sie, ob der Geschmack nicht zu säuerlich ist. Eventuell nachbessern.

Mengenangaben für 4-6 Personen: 1/2g Schulter, 400 g Hackfleisch, 2 Porree, 1 Bündel frischen Koriander, 2 Löffel sapa, 2 Zedernfrüchte (Zitronatzitronen).

SCHINKEN IM BROTTEIG
(Apicius 290)

Pernam, ubi eam cum caricis plurismis elixaveris et tribus lauri foliis, detracta cute tessellatim incidis et melle complebis. Deinde farinam oleo subactam contexes et ei corium reddis et, cum farina cocta fuerit, eximas furno ut est, et inferes.

Schneide in den Schinken, nachdem du ihn mit sehr vielen karischen Feigen und 3 Lorbeerblättern gekocht hast, nach Abziehen der Haut kreuzförmige Schnitte und fülle sie mit Honig. Dann stampfe mit Öl verrührtes Mehl und gib ihm die Schwarte wieder, so daß du ihn, wenn das Mehl gebacken ist, aus dem Ofen nimmst, wie er ist, und aufträgst.

Ein ganzer Schinken für eine Familie ist wohl zu mächtig, also lassen Sie sich vom Metzger ein Stück ausgelösten Schinken geben (so wie man ihn zur Zubereitung von »Prager Schinken« braucht). In Wasser mit getrockneten Feigen und Lorbeerblättern kochen lassen. Wenn er fertig ist, trennen Sie die Schwarte ab, ritzen mit spitzem Messer eine Art Netz in das Fleisch und schmieren Honig in die Einschnitte. Unterdessen haben Sie bereits aus Mehl, Öl und Wasser einen Teig zubereitet.

Sie wickeln den Schinken darin ein, der Teig sei seine neue »Schwarte«, wie Apicius sagt, und schieben ihn ins Rohr. Wenn die äußere Brotschicht fertig ist, nehmen Sie den Schinken aus dem Ofen und tragen ihn auf.

Wenn man Arbeit sparen will, verwendet man bereits gekochten Schinken — »Nußschinken« —, der vakuumverpackt angeboten und gleich in der Hülle gegart worden ist. Nehmen Sie den fertigen Schinken aus dem Saft, denn er ist ja schon gekocht, er muß nicht mehr in Wasser garen. Legen Sie ihn auf ein Hackbrett, machen Sie die Einschnitte wie oben beschrieben, stecken Sie Stückchen von getrockneten, in etwas Likörwein eingeweichten Feigen hinein, reiben auch Honig hinein, eventuell auch ein paar Stückchen von in Most getränkte Brötchen (siehe im Dessert-Kapitel mustaceus). Dann den Teig zusammenklappen und den Schinken ins Rohr schieben. Die Version mit Feigen und Mostbrötchen schlägt Apicius in Rezept 291 vor.

Kochzeit: Bei der ersten Variante des Rezepts etwa 2 Stunden Kochzeit für den Schinken und noch eine halbe Stunde fürs Backen; bei der zweiten Variante nur eine halbe Stunde fürs Backen.

GEFÜLLTES SPANFERKEL
(Apicius 367)

Porcellum farsilem duobus generibus: Curas, a gutture extenteras, a cervice ornas. Antequam praedures, subaperies auriculam sub cutem, mittes impensam Terentinam in vescicam bubulam et fistolam aviarii rostro vescicae alligabis, per quam exprimes in aurem quantum ceperit. Postea carta praecludes et infiblabis et praeparabis aliam impensam. Sic facies: teres piper, ligusticum, origanum, laseris radicem modicum, suffundes liquamen, adicies cerebella cocta, ova cruda, alicam coctam, ius de suo sibi, si fuerit, aucellas, nucleos, piper integrum, liquamine temperas. Imples porcellum, carta obturas et fiblas, mittes in furnum. Cum coctus fuerit, perunges et inferes.

Gefülltes Spanferkel auf zwei Arten: Bereite es zu, nimm es von der Gurgel her aus und dressiere es vom Nacken her. Bevor du es anbrätst, öffne das eine Öhrchen bis unter die Haut, gib eine Füllung nach Art des Terentius in eine Rinderblase und binde ein Röhrchen mit Schnabel, wie man es zum Hühnerstopfen benutzt, an die Blase, durch das du in das Ohr so viel hineinpreßt, wie es aufnimmt. Danach verschließe es von außen mit Papier, klammere es zu und bereite eine weitere Füllung vor. Mache sie so: Stoße Pfeffer, Liebstöckel, Oregano, etwas laser-Wurzel und gieße garum dazu, gib gekochte Hirnchen, rohe Eier, gekochte Grütze und vom eigenen Saft, und, wenn es gar ist, Wachteln, Pinienkerne und ganze Pfefferkörner dazu. Schmecke mit garum ab. Fülle das Ferkel, verschließe die Öffnung mit Papier und schließe sie. Gib es in den Ofen. Wenn es gar ist, garniere es, öle es ein und trage auf.

Ein ganzes Ferkel zu Hause zu braten ist für den größten Teil der Leser heutzutage unmöglich. Aber es mag Gelegenheiten geben wie zum Beispiel ein Buffet im Freien für viele Gäste oder ein Hochzeitsmahl, bei denen Sie jemanden bitten könnten, die Fleischgerichte für Sie zu übernehmen und dieses Rezept hier für Sie nachzukochen. Aber falls Sie einen Spieß haben, der sich dafür eignet, solche Fleischmengen zu braten, und wenn Sie damit umgehen können, versuchen Sie es ruhig allein.

Die erste Füllung in dem Rezept ist in Wirklichkeit eine Marinade aus Pfeffer, Lorbeeren, Raute, laser, garum und Öl.

Die Römer, die ja nicht die raffinierten Hilfsmittel von heute besaßen, praktizierten das im Rezept beschriebene, komplizierte Verfahren und fabrizierten sich eine »Tasche«, mit deren Hilfe sie die Marinade

unter die Haut des Tieres injizierten, das fürs Kochen vorzubereiten war. Wir dagegen brauchen die gewünschte Menge Marinade nur in einen Einschnitt unter dem Ohr des Ferkels träufeln zu lassen.

Die eigentliche Farce besteht aus gekochtem Hirn, das mit rohen Eiern, Pinienkernen, Vogelfleisch, Kleie, diversen Kräutern, Pfeffer, Knoblauchzehen und garum vermengt wird. Die benötigte Menge ist von der Größe des Ferkels abhängig.

Für ein Buffet für 12 Personen brauchen Sie ein Ferkel von 6-7 kg; das Gericht ist mächtig. Wenn Sie wissen, daß Ihre Gäste Schweinefleisch mögen, können Sie auch noch einen Schinken im Brotteig zubereiten.

Wenn Sie nicht zwei Gerichte aus demselben Fleisch auftragen wollen, nehmen Sie Lamm oder Zicklein dazu und bereiten es nach dem Rezept weiter unten zu.

Wie heute noch in Mittelitalien, wo man Spanferkel am Spieß ißt, brieten die alten Römer, wenn sie viele Gäste hatten, häufig ganze Schweine oder Spanferkel, womöglich auch noch gefüllt. So war seit dem 2. Jahrhundert v.Chr. ein Rezept zum Braten von Schweinen bekannt, das »porcus troianus« hieß, und zwar deshalb, »weil es mit anderen Tieren gefüllt war, die in der gleichen Art, in welcher das trojanische Pferd mit Kriegern gefüllt worden war, darin eingeschlossen wurden« (Macrobius 3, 13). Dieses effektvolle Gericht für Galadiners ist eines der Gänge aus dem »Gastmahl des Trimalchio« (siehe Seite 36).

Von diesem kuriosem Rezept, genauer gesagt, von dem Adjektiv »troiano«, rührt übrigens »troia«, die italienische Bezeichnung für das weibliche Schwein, her.

GEBRATENES LAMM (ODER ZICKLEIN)
(Apicius 363)

Haedus sive agnus crudus: Oleo, pipere fricabis et asparges foris salem purum multo cum coriandri semine. In furnum mittis, assatum inferes.	*Rohes Zicklein oder Lamm (gewürzt): Reibe es mit Öl und Pfeffer ein und streue außen reines Salz und viel Koriandersamen daran, gib es in den Ofen und serviere es gegrillt.*

Der Rezept ist sehr einfach und sehr delikat. Es eignet sich nicht nur zum Braten von ganzen Lämmern und Zicklein, sondern auch für einen Braten aus einzelnen Teilen, der von einer einzigen Familie leichter bewältigt wird.

Wenn Sie ein ganzes Tier zubereiten wollen, säubern Sie es gut. Nehmen Sie die Innereien heraus. Dann ritzen Sie die Haut an einigen Stellen an und reiben etwas Koriander, Salz und Pfeffer hinein. Zerdrücken Sie reichlich grobes Salz und versuchen Sie, es fest ins Fleisch zu drücken. Braten Sie das Tier im Ofen oder am Spieß. Wenn Sie für ein Familienessen von 4 Personen eine Keule zubereiten, verfahren Sie genauso wie zuvor. Braten Sie das Stück in einer Bratenpfanne. Eine Stunde Bratzeit im heißen Ofen (200 Grad) reicht für eine Keule von 1 kg, die richtige Menge für 4 Personen. Wenn Sie das Fleisch gern saftiger haben möchten, braten Sie in der ersten Viertelstunde mit höherer Temperatur (250 Grad) an und schalten dann herunter. Erinnern Sie sich daran, das Fleisch zu würzen und unbedingt sehr viel Koriander zu verwenden. Wenn Sie keinen frischen finden, nehmen Sie getrockneten, der mit Öl vermischt auf dem Fleisch haften bleibt.

ZICKLEIN ODER LAMM AUF PARTHISCHE ART
(Apicius 365)

Haedum sive agnum particum: Mittes in furnum. Teres Piper, rutam, cepam, satureiam, damascena enucleata, laseris modicum, vinum, liquamen et oleum. Fervens colluitur in disco, ex aceto sumitur.	*Zicklein oder Lamm nach parthischer Art: Gib es in den Ofen. Stoße Pfeffer, Raute, Zwiebel, Bohnenkraut, entkernte Damaszenerpflaumen, etwas laser, Wein, garum und Öl. Auf einer runden Platte wird es ordentlich mit heißem Wein übergossen, und mit Essig wird es gegessen.*

Braten Sie eine Lammkeule (oder ein anderes Stück vom Lamm) im Rohr, ohne es zu würzen. Während das Fleisch brät, bereiten Sie die Sauce zu, indem Sie in Scheiben geschnittene Zwiebeln in etwas Öl und garum bräunen; mit Pfeffer und gehackten Kräutern abschmecken und etwa 15 Minuten lang schmurgeln lassen.

Geben Sie die entkernten Pflaumen (die Sie in etwas lauwarmem Wasser haben quellen lassen) und ein paar Tropfen ausgepreßten Knoblauch dazu. Schmoren lassen, bis das Obst fast zergangen ist.

Nehmen Sie die Bratenpfanne mit dem Fleisch aus dem Rohr. Sie schütten etwas Essig darüber, das nimmt Fett weg, und lassen das Fleisch trocknen. Mit der Pflaumensauce überziehen. Sie schieben das Fleisch wieder ins Rohr, lassen es dort gut 10 Minuten ziehen und servieren es dann.

Wenn Sie es bei Tisch möglichst einfach haben wollen, nehmen Sie das Fleisch aus dem Rohr und schneiden es auf, bevor Sie es mit der Pflaumensauce überziehen.

Mengenangaben für 4-6 Personen: 1 Keule vom Lamm oder Zicklein (1 - 1^1/$_2$kg), 300 g getrocknete Pflaumen, 3-4 große Zwiebeln, Kräuter, Pfeffer, ein Teelöffel garum, Öl, Knoblauch.

Dieses köstliche, süßsaure Gericht verdankt seinen Namen dem laser parthicum, mit dem es gewürzt wird, jedenfalls nach folgender Interpretation (genauer über dieses Gewürz informiert wird auf Seite 48):

Die englischen Übersetzer von Apicius' Text lesen statt parthicum pasticum, und sie interpretieren dies als »Milchlamm oder Milchzicklein«, was dem »abbacchio« (Lammbraten) der heutigen Römer entspräche − ein Tier also, das noch nichts anderes als die Muttermilch gekostet hat. Wie man es auch deuten mag, das Rezept ist es wert, nachgekocht zu werden.

GEGRILLTE LEBER
(Apicius 261)

Ficatum praecidis ad cannam, infundis in liquamine, teres piper, ligusticum, bacas lauri duas, involves in omento et in craticula assas et inferes.	*Schneide die Feigenleber mit einem Rohrmesserchen, weiche Pfeffer, Liebstöckel und zwei Lorbeeren in garum ein, wickle sie in Schweinsnetz, grille sie auf einem Rost und serviere.*

Die Leber wird hier ficatum und nicht iecur genannt wie in den anderen Rezepten, in Anspielung auf die durch das Mästen mit Feigen künstlich vergrößerte Leber (siehe Seite 96). Wir können für dieses Rezept sowohl Schweins- wie Kalbsleber verwenden. Wir nehmen die Leber, klopfen sie mit der Klinge eines Messers (das ersetzt das Rohrmesser!) und marinieren sie in garum.

Nach zwei, drei Stunden nehmen wir die Leber aus dem garum, würzen sie mit zerstampftem Liebstöckel, Lorbeer und Pfeffer; dann wickeln wir das Fleisch in Schweinsnetz und grillen es etwa 10 Minuten. Die Stücke ab und zu wenden.

Mengenangaben für 4 Personen: 400 g in dickere Stücke geschnittene Lebern, Pfeffer, Kräuter, ein paar Lorbeeren, garum.

LEBERKLÖSSCHEN
(Apicius 45)

Omentata ita fiunt: Assas iecur porcinum et eum enervas. Ante tamen teres piper, rutam, liquamen, et sic superinmittis iecur et teres et misces, sicut pulpa omentata, et singula involvuntur folia lauri et ad fumum suspenduntur quamdiu voles. Cum manducare volueris, tolles de fumo et denuo assas.	*Klößchen in Schweinsnetz mache so: Brate Schweinsleber und entferne die Sehnen. Vorher aber mahle Pfeffer, Raute und garum und gib dann die Leber dazu, zerstampfe und mische es wie Fleisch im Schweinenetz, und es werden einzelne Lorbeerblätter hineingewickelt und dann in den Rauch gehängt, solange du willst. Wenn du sie verspeisen willst, nimm sie aus dem Rauch und brate sie abermals.*

Sie grillen Schweinsleber, zerreiben im Mörser Pfeffer, Raute und garum, geben die Leber dazu und zerstampfen alles zusammen. Sie kneten gut durch und formen die Klößchen. Dann wickeln Sie jedes Klößchen in ein Lorbeerblatt, anschließend umwickeln Sie es mit Schweinsnetz, braten es auf dem Grill oder in einer Backform im Rohr.

Berechnen Sie für die Leberscheiben 10 Minuten Bratzeit und dann noch einmal 10-15 Minuten für die Klößchen. Es ist ratsam, das Schweinsnetz vor der Verwendung mit kochendem Wasser zu überbrühen.

Mengenangaben für 4 Personen: $1/_2$ kg Schweinsleber, Schweinsnetz, ein paar Lorbeerblätter, Pfeffer, Raute und garum.

Dieselbe Zubereitungsart mit Lorbeer und Schweinsnetz taucht auch in dem folgenden Rezept aus Triest auf:

REGIONALES REZEPT AUS TRIEST

Schweinsleber nach Triestiner Art. Lassen Sie sich Schweinsleber nicht zu dick zurecht schneiden. Belegen Sie jede Scheibe mit einem Lorbeerblatt. Pfeffern und salzen. Sie klappen jede Leberscheibe zur Hälfte um, wickeln diese Rouladen in Schweinsnetz, setzen sie in eine Backform, geben ein Glas Weißwein darüber und lassen es im heißen Ofen 20-30 Minuten schmoren.

HUHN MIT KÜRBIS
(Apicius 80)

Cucurbitas cum gallina: Duracina, tubera, piper, careum, cuminum, silfi, condimenta viridia, mentam, apium, coriandrum, poleium, careotam, mel, vinum, liquamen, oleum et acetum.	*Kürbis mit Huhn: Nektarinen, Trüffel, Pfeffer, Kümmel, Kumin, Silphion, frische Gewürzkräuter, Minze, Petersilie, Koriander, Poleiminze, Datteln, Honig, Wein, garum, Öl und Essig.*

Wie so oft in De re coquinarum, ignoriert das Rezept die Grundzutaten des Gerichts; sie können aber vom Titel abgeleitet werden. Für den damaligen Leser war vermutlich selbstverständlich, was er zu tun hatte, für uns ist das nicht der Fall. Eine mögliche Lesart des Rezepts ist folgende:

Sie nehmen ein junges Tier, ein Hähnchen, zerteilen es und braten es mit etwas Öl und Wein in einer Kasserolle an. Nach etwa 20 Minuten geben Sie den geschälten und in Würfel geschnittenen Kürbis zu; bei kleinem Feuer zu Ende schmoren, bis sich der Kürbis vollständig aufgelöst hat. Mit garum und Pfeffer würzen.

Daneben bereiten Sie eine Sauce aus geschälten und zerteilten Nektarinen oder Pfirsichen, entkernten und zerkleinerten Datteln, 1 oder 2 kleingeschnittenen schwarzen Trüffeln, gehackten frischen Kräutern, 1 Becher Weißwein, 1 Löffel Öl, je 1 Teelöffel garum und Honig, ein paar Tropfen Essig. Servieren Sie diese Sauce als Beilage zum Huhn.

Mengenangaben für 4 Personen: 1 Huhn, 600-700 g Kürbis. Für die Sauce: 4 Pfirsiche, 7-8 Datteln, 1-2 Trüffeln.

GEFÜLLTES HUHN
(Apicius 250)

Pullus farsilis: Pullum sicuti liquami-
natum a cervice expedies. Teres piper,
ligusticum, gingiber, pulpam caesam,
alicam elixam, teres cerebellum ex
iure coctum, ova confringis et commis-
cis ut unum corpus efficias; liquamine
temperas et oleum modice mittis,
piper integrum, nucleos abundantes.
Fac impensam et imples pullum (vel
porcellum) ita ut laxamentum habeat.
Similiter in capo facies, ossibus eiectis
coques.

*Huhn mit flüssiger Füllung: Nimm das
Huhn wie das mit garum-Sauce vom Hals
her aus. Stoße Pfeffer, Liebstöckel, Ingwer,
Hackfleisch, gekochte Grütze, stampfe ein in
Brühe gekochtes Hirn und schlage Eier auf
und mische sie dazu, um eine glatte Masse
zu erhalten. Schmecke mit garum ab und gib
ein wenig Öl dazu sowie ganze Pfefferkörner
und reichlich Pinienkerne. Mache einen
Teig und fülle das Huhn (oder Spanferkel),
so daß noch etwas Platz bleibt. Ähnlich
mache es mit einer Schweinsblase oder bei
einem Kapaun. Koche es ohne Knochen.*

Nehmen Sie das Huhn aus, oder besser: lassen Sie es vom Metzger ausnehmen. Bereiten Sie dann die Farce zu, mit der Sie das Huhn füllen. Sie weichen eine Tasse Couscous eine halbe Stunde lang ein, schütten dann ab und lassen ihn kochen. Auch das Hirn in Brühe kochen. Dann zerstampfen Sie Couscous und Hirn im Mörser und schmecken mit Pfefer, Ingwer und Liebstökkel ab.

In ein Gefäß geben; zerstampfen Sie Hackfleisch und Pinienkerne im Mörser; geben Sie es zu der Mischung aus Couscous und Hirn.

Sie verquirlen jetzt die Eier und ziehen sie unter die Farce; mit etwas garum und Öl abschmecken. Nun füllen Sie das Huhn damit, ohne daß die Farce herausquillt; zunähen und in kochendem Wasser (oder in Brühe) garen. Um ein ideales Ergebnis zu erzielen, geben Sie das Huhn in eine Schweinsblase, die sie zubinden oder zuknüpfen. Dieses Verfahren empfiehlt der große französische Koch Bocuse für sein mit Gemüse gefülltes

Huhn; es eignet sich am besten für das Garen von Hühnern, Kapaunen oder sonstigem gefüllten Federvieh in Wasser, denn der ganze Geschmack bleibt erhalten. Die Kochzeit sollte für ein mittelgroßes Huhn (von etwa 1 kg Gewicht) 90 Minuten betragen; das Wasser sollte niemals sprudelnd kochen.

Mengenangaben für 4 Personen: 1 mittelgroßes Huhn, geputzt und ausgenommen, 200 g Hackfleisch, 200 g Hirn (vom Kalb oder Lamm), 2 Eier, Kräuter und Gewürze, 50-60 g Pinienkerne.

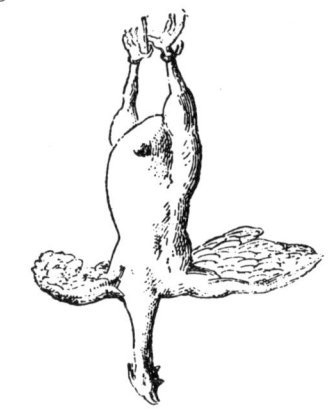

Sie können dieses Rezept auch mit einem Kapaun zubereiten. Lassen Sie ihn vom Metzger entbeinen und erhöhen Sie die Menge der Zutaten für die Füllung im Verhältnis zum Gewicht des Kapauns.

GEBRATENES HUHN NACH ART DES FRONTO
(Apicius 248)

Pullum Frontonianum: Pullum praedura, condies liquamine, oleo mixto, cui mittis fasciculum aneti, porri, satureiae et coriandri viridis et coques. Ubi coctus fuerit, levabis eum, in lance defrito perungues, piper aspargis et inferes.	*Huhn nach Art des Fronto: Brate das Huhn und würze es mit einer Mischung aus Öl und garum, zu dem du ein Sträußchen Dill, Porree, Bohnenkraut und grünen Koriander gibst und koche es. Sobald es gar ist, nimm es vom Feuer, feuchte eine Platte mit defrutum an, streue Pfeffer darauf und trag auf.*

Lassen Sie das – ganze oder zerteilte – Huhn anbräunen, ohne Gewürze zuzugeben. Wenn es golden gebräunt ist, geben Sie Öl dazu, in dem etwas garum aufgelöst ist, und ein Sträußchen aus frischem Dill, Porree, Bohnenkraut und Koriander. Wenn Sie Zitronelle oder Melisse finden können, ersetzen Sie den Koriander damit, er ist in Italien kaum frisch zu haben. Auf kleiner Flamme braten lassen.

Die Garzeit beträgt 45-50 Minuten, wenn Sie das Huhn zerteilt haben. Wenn es ganz ist, braucht es 15-20 Minuten länger. Sie setzen das Huhn auf eine Platte, geben 2 Löffel defrutum darüber und bestreuen es mit Pfeffer.

Mengenangaben für 4 Personen: 1 Huhn von etwa 1 kg, 1 Sträußchen aus frischem Dill, 4 zarten Porreestangen, Bohnenkraut und frischem Koriander (oder Zitronelle), 2 Löffel Öl, 1 Teelöffel garum. Pfeffer und 2 Löffel Mostsirup zum Begießen des Huhns, wenn es durch ist.

Das Rezept trägt den Namen Fronto; es bezieht sich offensichtlich auf einen römischen Schriftsteller dieses Namens, den Verfasser einer verlorengegangenen Abhandlung über die Landwirtschaft.

HUHN NACH DER ART DES HELIOGABAL
(Apicius 247)

Pullus Varianus: Pullum coques iure hoc: liquamine, oleo, vino, (cui mittis) fasciculum porri, coriandri, satureiae. Cum coctus fuerit, teres puper, nucleos ciatos duos et ius de suo sibi suffundis (et fasciculos proicies), lac temperas. Et reexinanies mortarium supra pullum, ut ferveat. Obligas eundem albamentis ovorum tritis, ponis in lance et iure supra cripto perfundis. Hoc ius candidum appellatur.	*Huhn nach Art des Varius: Koche das Huhn in folgender Sauce: mit garum, Öl, Wein, einem Sträußchen Porree, Koriander und Bohnenkraut. Wenn es gar ist, stoße Pfeffer, zwei Zyathus Pinienkerne und gib vom eigenen Saft dazu; (nimm das Kräutersträußchen heraus), stimme es mit Milch ab, schütte den Inhalt des Mörsers zum Kochen über das Huhn. Binde mit zerstampften, gekochten Eiweißen; lege es auf eine Platte und übergieße es mit der oben beschriebenen Sauce. Diese wird »weiße Sauce« genannt.*

Binden Sie frische Kräuter zu einem Sträußchen, und zwar so fest, daß es sich beim Kochen nicht auflöst. Geben Sie es in eine Kasserolle mit Öl, Wein und garum. In die so vorbereitete Sauce legen Sie das Huhn und braten es, am besten zerteilt. Nach zwei Dritteln der Kochzeit bereiten Sie die weiße Sauce zu: Zerstampfen Sie Pfeffer und Pinienkörner im Mörser und geben dabei etwas Bratensaft vom Huhn dazu. Milch darunter ziehen. Entfernen Sie das Kräutersträußchen aus dem Kochtopf, und übergießen Sie das Huhn mit der weißen Sauce; noch zehn Minuten Kochzeit zugeben, damit die Sauce einkocht, dann das gehackte und gekochte Eiweiß zugeben. Da die Sauce dicklich werden sollte, eventuell mit etwas Maizena binden.

Mengenangaben für 4 Personen: 1 Huhn von etwa 1 kg, 1 Sträußchen Kräuter und Porree, 2 Becher Weißwein, 1 Löffel Öl, 1 Teelöffel garum. Für die Sauce: reichlich weißen Pfeffer, 100 g Pinienkerne, das Eißweiß von 3 gekochten Eiern, 1 Becher Milch.

Dieses sehr delikate und leichte Rezept wird Kaiser Heliogabal zugeschrieben, dem berühmten Gourmet. Uns ist sein Beiname Heliogabal vertraut, der ihm aus der Hingabe an eine Sonnengottheit erwuchs, für die er auch das oberste Priesteramt innehatte. Sein eigentlicher Name lautete Varius Avitus Bassian.

GEBRATENES PERLHUHN IN SÜSSSAURER SAUCE
(Apicius 240)

Pullum numidicum: Pullum curas, elixas, laser ac piper (aspergis) et assas. Teres piper, cuminum, corandri semen, laseris radicem, rutam, careotam, nucleos, suffundis acetum, mel liquamen et oleum, temperabis. Cum ferbuerit, amulo obligas, pullum perfundis, piper aspergis et inferes.	*Numidisches Huhn: Bereite das Huhn vor, koche es, wasche es, würze es mit laser und Pfeffer und grille es. Stoße Pfeffer, Kumin, Koriandersamen, laser-Wurzel, Raute, Datteln, Pinienkerne, gib Essig, Honig, garum und Öl dazu und schmecke ab. Wenn es aufgekocht ist, binde mit Stärkemehl, begieße das Perlhuhn damit, streue Pfeffer darüber und serviere.*

Wir überspringen natürlich den ersten Teil des Rezepts, das Kochen also (siehe Hinweis auf Seite 53). Wir nehmen das Perlhuhn aus, säubern und braten es. Während es brät, bereiten wir die Sauce zu, indem wir Pinienkerne und entkernte Datteln zusammen mit Pfeffer und Kräutern zerstoßen, Essig, Honig, garum und Öl dazu geben und das Gemisch dann in einem Töpfchen aufkochen lassen. Wenn die Sauce kocht, geben wir etwas Stärke dazu, um sie anzudicken. Wir servieren die Sauce nach Belieben in einer Sauciere. Das Perlhuhn zerteilen und mit der Sauce übergießen.

Mengenangaben für 4 Personen: 1 Perlhuhn; für die Sauce: 50-60 g Pinienkerne, 10 Datteln, Pfeffer, Kräuter (1 Löffel), 1 Löffel Öl, je 1 Teelöffel Essig, garum und Honig. Wenn nötig, 1 Teelöffel Stärke.

Das aus Afrika stammende Perlhuhn (numidisches oder afrikanisches Huhn) taucht erst sehr spät auf den Tafeln der Römer auf, die es, genau wie wir, für eine erlesene Speise hielten. Vielleicht wurde dieses Tier erst nach der Eroberung Karthagos in Rom eingeführt. Ein geistreiches Epigramm von Martial beschreibt, wie Hannibal während seiner Feldzüge in Italien gegen die Römer, der römischen Gänse überdrüssig, »niemals die 'Hühner von zu Hause' essen konnte« (ipse suas numquam barbarus edit aves, Martial XIII, 73).

GEKOCHTE GANS NACH ART DES APICIUS
(Apicius 235)

> Anserem elixum calidum ex iure frigido Apiciano: Teres piper, ligusticum, coriandri semen, mentam, rutam, refundis liquamen et oleum modice, temperas. Anserem elixum ferventem sabano mundo exsiccabis, ius perfundis et inferes.

> *Heiße gekochte Gans mit kalter Sauce nach Art des Apicius: Stoße Pfeffer, Liebstöckel, Koriandersamen, Raute, Minze, gieße garum und ein wenig Öl dazu und schmecke ab. Trockne die heiße Gans mit einem sauberen Leinentuch ab, gieße die Sauce darüber und trage auf.*

Sie kochen die Gans und schöpfen mehrmals das überschüssige Fett ab.

Währenddessen bereiten Sie die kalte Sauce aus Pfeffer, Kräutern, garum und etwas Öl. Wenn die Gans gar ist, entfernen Sie das Fett mit Küchenpapier oder einem Handtuch, zerteilen die Gans und überziehen sie mit Sauce. Die Dauer der Kochzeit hängt vom Gewicht der Gans ab. Da Gänse im allgemeinen nie weniger als 2 kg wiegen, ist das Rezept für wenigstens sechs Personen verwendbar.

ENTE MIT PFLAUMEN
(Apicius 213)

> In grue vel anate vel in pullo: Piper, cepam siccam, ligusticum, cuminum, apii semen, pruna Damascena enucleata, mulsum, acetum, liquamen, defritum, oleum et coques.

> *Für Kranich, Ente und Huhn: Pfeffer, getrocknete Zwiebel, Liebstöckel, Kreuzkümmel, Selleriesamen, entkernte Damaszenerpflaumen, mulsum, Essig, garum, Öl und koche.*

Dieses Rezept gilt für die Zubereitung von Ente, Huhn oder Kranich. Wenn wir den Kranich ausschließen, bleiben Ihnen Ente und Huhn zum Ausprobieren. Das Rezept ist für beide bestens geeignet.

Sie nehmen eine schöne, fleischige Ente und zerteilen sie, braten das Fleisch in etwas Öl und garum an, geben Zwiebel und Kräuter und 1 Becher mulsum dazu und lassen alles kochen.

Zur Hälfte der Kochzeit geben Sie die entkernten Pflaumen dazu. Soll die Sauce fett sein, geben Sie einen Löffel Essig dazu. Dasselbe Rezept kann auch mit einer ganzen Ente nachgekocht werden.

Mengenangaben für 4 Personen: 1 große Ente, 300 g Pflaumen, 1 Becher mulsum, 2 Löffel getrocknete Zwiebel, Kräuter, Pfeffer, 1 Teelöffel garum, Öl, Essig.

Ein hervorragendes Rezept für Huhn mit Pflaumen gibt es auch in der marokkanischen Küche, wir bringen es zum Vergleich.

Modernes Rezept aus Marokko

Marokkanisches Huhn mit Pflaumen. Zerteilen Sie ein großes, gut ausgenommenes und gewaschenes Huhn. Braten Sie es in einer Kasserolle mit etwas Öl an. Mit Pfeffer und zerbröseltem Peperoncino – der rote Peperoncino aus Amerika hat in der marokkanischen Machart den Pfeffer aus dem antiken Rezept ersetzt – würzen und einen Schöpflöffel kochendes Wasser dazugießen. Zwei große Zwiebeln in Scheiben schneiden und dazugeben. 20 Minuten auf kleiner Flamme kochen lassen. Entkernen Sie 400 g Pflaumen und geben Sie sie zum Huhn. Weitere 40 Minuten auf schwachem Feuer kochen. Das Huhn wird mit Couscous als Beilage serviert.

Ente mit Rüben
(Apicius 214)

Gruem vel anatem ex rapis: Lavas, ornas et in olla elixabis cum aqua, sale et aneto dimidia coctura. Rapas coque ut exbromari possint. Levabis de olla, et iterum lavabis et in caccabum mittis anatem cum oleo et liquamine et fasciculo porri et coriandri. Rapam lotam et minutatim concisam desuper mittis, facies ut coquatur. Modica coctura mittis defritum ut coloret. Ius tale parabis: piper, cuminum, coriandrum, laseris radicem, suffundis acetum et ius de suo sibi, reexinanies super anatem ut ferveat. Cum ferbuerit, amulo obligabis et super rapas adicies. Piper aspargis et adponis.	*Kranich oder Ente mit Rüben: Wasche, dressiere und koche sie in einem Kessel mit Wasser, Salz und Dill halb gar. Koche die Rüben, damit sie ihre Strenge verlieren können. Nimm (die Ente) aus dem Kessel, wasche sie nochmals und gib sie in einem Topf mit Öl, garum, einem Sträußchen Porree und frischem Koriander. Gib die gewaschenen und kleingeschnittenen Rüben darauf und laß es kochen. Wenn es einigermaßen gar ist, füge defrutum zu, damit es Farbe bekommt. Bereite diese Sauce zu: Pfeffer, Kumin, Koriander, laser-Wurzel, gieße Essig und Kochsaft dazu und gieße es zum Aufkochen über die Ente. Wenn es aufgekocht ist, binde mit Stärkemehl und gib es über die Rüben. Streue Pfeffer darauf und trage auf.*

Das Rezept hat Ähnlichkeiten mit der berühmten »canard aux navets« aus der französischen Küche und ist vermutlich deren Vorläufer. Im Unterschied zu dem modernen französischen Gericht allerdings werden die Rüben gesondert gekocht, damit sie der Ente keinen allzu bitteren Geschmack verleihen.

Wie immer brauchen wir dem ersten Teil des Rezepts nicht zu folgen. Sie geben die Ente in eine Kasserolle und braten sie mit etwas Öl, garum und einem fest gebundenen Sträußchen Porree und Koriander an. Geben Sie eine in Scheiben geschnittene Rübe dazu und gleich darauf 2 Löffel Mostsirup; auf kleiner Flamme kochen lassen. Die Rüben kochen Sie gesondert; mit Sorgfalt haben Sie die frischsten und festesten ausgesucht, die nicht bitter sind. Kräuter mit Essig verrühren und über die Ente geben. Gut vermischen, eventuell mit Kartoffelstärke binden. Die gar gekochten Rüben in Scheiben schneiden, zur Ente geben und servieren.

Mengenangaben für 4 Personen: 1 große Ente, 600-700 g Rüben, 1 Porreestange, 1 Strauß frischen Koriander (oder Zitronelle), 2 Löffel Mostsirup; für die Sauce: 1 Löffel Kräuter, Pfeffer und 1 Löffel Essig.

MENSA PRIMA

Alles gefiederte Kleinvieh wurde von den Römern bei Tisch sehr geschätzt. Die Ente mit Pflaumen vom Foto (Ente mit Datteln ist eine Variante) war eins der typischen Fleischrezepte, deren zugleich pikanter und süßsaurer Geschmack in der römischen Küche so beliebt war. Vielleicht bewirkte eine kleine Dosis fein zerstoßener oder pulverisierter Ingwer sein delikates, beißendes Aroma. Dieses raffinierte Gericht kann mit Ente oder Huhn zubereitet werden, in dieser Version hat es sich in der marokkanischen Küche bis heute erhalten.

ENTE MIT PFLAUMEN

Nehmen Sie eine schöne, fleischige Ente, und braten Sie sie in etwas Öl und garum an. Zwiebeln und gehackte Kräuter (Liebstöckel und Kumin, dazu Selleriesamen), Pfeffer, einen Becher mulsum zugeben und kochen. Wenn die Ente halb durch ist, geben Sie entkernte Pflaumen dazu. Wenn die Sauce etwas zu fett gerät, geben Sie einen Löffel Essig zu.

GEBRATENE TAUBEN
(Apicius 221)

In palumbis et columbis assis: Piper, ligusticum, coriandrum, careum, cepam siccam, mentam, ovi vitellum, cariotam, mel, acetum, liquamen, oleum et vinum.

Für Ringeltauben und Tauber: Für gegrillte: Pfeffer, Liebstöckel, Koriander, Kümmel, getrocknete Zwiebel, Minze, Eidotter, Datteln, Honig, Essig, garum, Öl und Wein.

Sie lassen sich Tauben bratfertig herrichten und geben sie eine halbe Stunde lang zum Braten in eine Backpfanne ins Rohr. Währenddessen rühren Sie aus den angegebenen Zutaten die Sauce kalt an und servieren sie zu den Tauben. Die Kräuter müssen sehr fein gehackt und die zerkleinerten Datteln im Mörser zerstampft werden.

Mengenangaben für 4 Personen: 2-3 Tauben (je nach Größe); für die Sauce: 2 Löffel getrocknete Zwiebeln, 2 Löffel gemischte und gehackte Kräuter, 1 Eigelb, 5 oder 6 Datteln, 1 Becher Weißwein, je 1 Teelöffel Honig, Essig und garum.

GEFÜLLTE DROSSELN ODER TAUBEN
(Apicius 231)

In ventrem eius fractas olivas novas mittis et consutam sic elixabis. Deinde coctas olivas eximes.

Fülle den Bauch des Vogels mit zerkleinerten frischen Oliven, nähe ihn zu und koche (den Vogel). Wenn er gar ist, entferne die Oliven.

Das Rezept stammt aus einem Kapitel, das sich generell mit Vögeln befaßt. Sie können es also je nach Belieben mit Wachteln, Drosseln, Ringeltauben, Tauben oder anderem Geflügel Ihres Geschmacks nachkochen. Ich habe es mit Drosseln und Tauben ausprobiert, und es schmeckte sehr gut. Sie füllen die Vögel mit dem Fruchtfleisch zerdrückter Oliven und nähen sie wieder zu, damit die Füllung nicht herausfällt. Kochen.

Die im Rezept empfohlene Zubereitungsart ist Kochen; es sollte eine halbe Stunde lang dauern. Meiner Meinung nach ist das Rezept viel besser, wenn das Geflügel gebraten wird.

Wenn Sie auch dieser Ansicht sind, setzen Sie die gefüllten Drosseln in eine Bratenform und schieben sie in den heißen Ofen. Eine halbe Stunde braten, auf der Flamme dagegen nur 20 Minuten.

Bereiten Sie die Olivenfarce zu, indem Sie die Früchte über Nacht einweichen, damit sie den bitteren Geschmack verlieren. Dann im Mörser zerdrücken oder in den Mixer geben. Sie können auch auch Olivenpaste für die Füllung verwenden, oder epityrum, dessen Rezept Sie auf Seite 72 finden.

Wenn der Geschmack nicht zu kräftig sein soll, können Sie die zerquetschten Oliven auch mit in Milch eingeweichtem und ausgedrücktem Brot mischen. Diese können Sie im Vogel belassen, wenn Sie aber der ersten Variante folgen, entfernen Sie die leicht bittere Olivenfüllung, bevor Sie das Gericht servieren.

Mengenangaben für 4 Personen: 1 Drossel (oder 1 Taube) pro Kopf. Für die Füllung 1 Löffel zerquetschte Oliven und 1 Löffel Brotkrümel (oder nur die Oliven).

Wie bei Columella nachzulesen ist, wurden die Drosseln bei den Römern gezüchtet, und ihr Fleisch muß köstlich gewesen sein, in Anbetracht der Sorgfalt, mit der diese Vögel ernährt wurden: Wir brauchen uns nur vorzustellen, daß sie mit einer Mischung aus Myrtenkörnern, duftenden Beeren, Weizenmehl und getrockneten Feigen gefüttert wurden, das die »Mastikatorsklaven« vorsorglich weichkauten. Diese süße, duftende Paste war so gut, daß Columella hinzufügt: »Schlecht geeignet ist dieses System, wenn die Zahl der Drosseln beträchtlich ist, denn die zum Vorkauen der Feigen gemieteten Sklaven verzehren einen Teil des für die Drosseln bestimmten Futters, denn der Geschmack ist so gut« (Columella VIII, X). Die Sache könnte komisch klingen, wäre sie nicht tragisch: Sie offenbart die Lage des instrumentum vocale (= sprechenden Werkzeugs). So lautete die gesetzliche Bezeichnung eines Sklaven im antiken Rom.

GEFÜLLTER HASE
(Apicius 386)

Leporem farsum: Nucleos integros, amigdala, nuces sive glandes concisas, piperis grana solida, pulpam de ipso lepore: et ovis fractis obligatur, de omento porcino (involutum assatur) in furno. Sic iterum impensam facies: rutam, piper satis, cepam, satureiam, dactilos, liquamen, caroenum vel conditum. Diu combulliat donec spisset, et sic perfunditur. Sed lepus in piperato liquamine et lasere maneat.	*Gefüllter Hase: Ganze Pinienkerne, Mandeln, gehackte Walnüsse oder Eicheln, Pfefferkörner, Fleisch vom Hasen selbst. Und es wird mit aufgeschlagenen Eiern gebunden, und bedecke ihn im Ofen mit Schweinsnetz. So bereite wiederum die Sauce: Raute, ausreichend Pfeffer, Zwiebel, Bohnenkraut, Datteln, garum caroenum oder Gewürzwein. Sie soll lange einkochen, bis sie dick wird, und sodann wird sie darüber gegossen. Aber der Hase soll in gepfeffertem garum und laser mürbe werden.*

Hier enthält der letzte Teil des Rezepts den zuerst zu befolgenden Ratschlag! Lassen Sie den Hasen in garum und laser mit Pfefferkörnern wenigsten 24 Stunden lang mürbe werden: Sie ersetzen den laser natürlich durch einige Knoblauchzehen und duftende Kräuter. Dann abgießen. Bereiten Sie aus ganzen Pinienkernen, Mandeln und zerstoßenen Walnüssen, Pfefferkörnern, der Hasenleber und den zerquirlten Eiern eine Farce. Wenn der Hase eher groß ist, müssen Sie ein paar Hühnerlebern dazunehmen, um die Farce anzureichern. Füllen Sie das Tier und schieben Sie es zum Braten ins Rohr.

Währenddessen bereiten Sie die Sauce vor, die über den fertigen Hasen gegeben wird: Sie nehmen 1 Becher starken Rotwein, Pfeffer, Raute, gehackte Zwiebel, Bohnen-kraut, 5 oder 6 entkernte und zerkleinerte Datteln, 1 Teelöffel garum und lassen alles langsam kochen, damit es eindickt. Wenn Sie den süßsauren Geschmack mögen, nehmen Sie Weinsirup anstatt Rotwein. Wenn die Sauce zu flüssig ist, mit etwas Stärke binden; gesondert zum Hasen reichen oder darüber gießen.

Mengenangaben für 4 Personen: 1 Hase, insgesamt 200 g Pinienkerne, Mandeln und Walnüsse, Pfefferkörner, Hasenleber, eventuell 2 oder 3 Hühnerlebern, 2 Eier. Für die Sauce: 1 Becher Wein (Rotwein, Weinsirup oder Gewürzwein), 1 Teelöffel garum, 1 Prise Pfeffer, 1 Löffel gemischte, gehackte Kräuter, 5-6 Datteln, 1 geschnittene Zwiebel.

Kochzeit: 2 Stunden auf kleiner Flamme.

HASE AM SPIESS
(Apicius 387)

Ius album in assum leporem: Piper, ligusticum, cuminum, apii semen, ovi duri medium. Trituram colligis et facies globum ex ea. In caccabo coques liquamen, vinum, oleum, acetum modice, cepullam concisam, postea globulum condimentorum mittes et agitabis origano vel satureia. Si opus fuerit, amulas.

Weiße Sauce für gebratenen Hasen: Pfeffer, Liebstöckel, Kumin, Selleriesamen, hartgekochtes Eigelb. Balle die Gewürzmischung zusammen und mache daraus einen Kloß. Koche in einem Topf garum, Wein, Öl, etwas Essig, geschnittene Zwiebel; gib danach das Gewürzklößchen dazu und rühre mit Oregano oder Bohnenkraut um. Wenn es nötig ist, dicke es ein.

Sie lassen sich vom Metzger einen Hasen herrichten, ohne Kopf und Pfoten, und braten ihn am Spieß. Im Ofen müssen Sie mit einer Bratzeit von eineinhalb, am Spieß mit zwei Stunden Stunden rechnen.

Die Sauce wird extra serviert: Sie zerreiben Pfeffer, Kräuter und ein hartgekochtes Eigelb und formen daraus eine Kugel. Geben Sie in eine Kasserolle 1 Becher Rotwein, je 1 Teelöffel garum und Essig, je 1 Löffel Öl und gehackte Zwiebeln. Kochen lassen. Wenn die Zwiebeln gar sind, geben Sie die Kräuterkugel in die Sauce und rühren gut durch. Falls die Sauce zu flüssig ist, mit etwas Kartoffelstärke oder Mehl andicken.

REH MIT KRÄUTERSAUCE
(Apicius 348)

Ius in caprea assa: Piper, condimentum, rutam, cepam, mel, liquamen, passum, oleum modice, amulum cum iam bulliet.

Sauce für gebratenes Reh: Pfeffer, aromatische Kräuter, Raute, Zwiebel, Honig, garum, Likörwein, etwas Öl und Stärkemehl, wenn es schon kocht.

Das Rezept gibt nicht an, wie das Fleisch zubereitet wird, sondern nur, welche Sauce es begleitet. Immerhin wird gesagt, es solle gebraten werden. Nehmen Sie also eine Keule oder ein Schulterstück vom Reh und braten es im Ofen. Die Sauce bereiten Sie gesondert zu und zerstampfen dafür Pfeffer, Kräuter nach Belieben (Poleiminze, Oregano und Liebstöckel zum Beispiel), gehackte Zwiebel, 1 Tellöfel garum und einen Klacks Honig; Sie strecken diese Zutaten mit Likörwein und 1 Löffel Öl und lassen sie in einem Töpfchen kochen; wenn die Sauce fertig ist, mit ein wenig Stärkemehl binden.

Mengenangaben für eine Rehkeule:
1 Becher Likörwein, 1 gehackte Zwiebel, 1 Teelöffel garum, 1 Teelöffel Honig , Pfeffer, 1 Löffel gehackte Kräuter, 1 Löffel Öl.

GEBRATENES WILDSCHWEIN IN HEISSER SAUCE
(Apicius 333)

In aprum assum iura ferventia facies sic: Piper, cuminum frictum, apii semen, mentam, timum, satureiam, cneci flos, cunleos tostos vel amigdala tosta, mel, vinum, liquamen acetabulum, oleum modice.

Heiße Sauce für das gebratene Wildschwein bereite so: Pfeffer, angebräunten Kumin, Selleriesamen, Minze, Thymian, Bohnenkraut, wilden Safran, geröstete Pinienkerne oder geröstete Mandeln, Honig, Wein, ein Acetabulum garum und ein wenig Öl.

Auch dieses Rezept verrät nicht, wie das Wildschwein gebraten werden sollte; es besagt nur, daß es gebraten wird. Ein guter Tip wäre vielleicht, die Marinade mit denselben Kräutern zuzubereiten, aus denen die heiße Sauce gemacht wird: 2 Becher schweren Rotwein, 1/2 Becher Essig, 1 Löffel garum. Marinieren Sie das Wildschweinfleisch darin 24 Stunden. Dann schütten Sie ab und braten es etwa 2 Stunden lang in einem schweren Topf bei mittlerer Hitze im Ofen.

Unterdessen bereiten Sie die Sauce zu: Rösten Sie zuerst den Kumin (Kreuzkümmel) ein paar Minuten lang in einer fettlosen Pfanne, dann die Pinienkerne und Mandeln. Zerkleinern Sie nun Kräuter, Pinienkerne und Mandeln, geben Wein, garum und sehr wenig Öl dazu. Den Safran nicht vergessen. Kochen lassen. Reichen Sie die Sauce gesondert in einer Saucière.

Mengenangaben für 4 Personen: 800 g bis 1 kg in große Würfel geschnittenes Wildschwein (Filet oder Keule).

Für die Marinade: 2 Becher Wein, 1/2 Becher Essig, 1 Löffel garum, 1 Löffel aromatische Kräuter.

Für die Sauce: 35-40 g Pinienkerne, 50 g Mandeln, 1 Löffel aromatische Kräuter, Pfeffer, je 1 Teelöffel Honig und garum, 1/2 Becher Rotwein, 1 Tütchen Safran.

GEFÜLLTE WILDSCHWEINKEULE NACH ART DES TERENTIUS
(Apicius 339)

Perna apruna ita impletur Terentina: Per articulum pernae palum mittes ita ut cutem a carne separes, ut possit condimentum accipere per cornulum ut universa impleatur. Teres piper, bacam lauri, rutam; si volueris, laser adicies, liquamen optimum, carenum et olei viridis guttas. Cum impleta fuerit, constringitur illa pars qua impleta est ex lino et mittitur in zemam. Elixatur in aquam marinam cum lauri turionibus et aneto.

Wildschweinkeule nach Art des Terenzius fülle so: Treibe durch das Hüftgelenk einen Pflock, um die Haut vom Fleisch zu trennen, so daß es durch einen kleinen Trichter Gewürz aufnehmen kann. Stoße Pfeffer, Lorbeeren, Raute; wenn du willst, gib laser und garum von erster Qualität dazu, caroenum und Tropfen von grünem Öl. Wenn er gefüllt ist, wird jene Stelle, wo er gefüllt worden ist, mit einem Faden fest zugebunden, und er wird in einen Kessel gegeben. Er wird in Meerwasser mit Lorbeersprossen und Dill gekocht.

Die Zubereitung dieses Fleisches ist ziemlich schwierig; wenn es möglich ist, lassen Sie sich vom Metzger die Haut von der ganzen Keule ablösen, damit Sie nicht Gefahr laufen, die Haut zu zerreissen. Bereiten Sie dann eine Hackmischung aus Pfeffer, Lorbeeren, Raute, Knoblauch, garum, Weinsirup und etwas Öl zu. Gießen Sie diese Mischung zwischen Haut und Fleisch, streichen dann die Haut wieder auf das Fleisch und binden sie mit einem Faden fest, damit die Mischung nicht herauslaufen kann.

Kochen Sie die Keule in sehr salzigem Wasser (es ersetzt das Meerwasser, das die Römer in Fässern aufbewahrten und für viele Gerichte verwendeten). Sie haben auch einige zarte Lorbeerzweige (tursio bedeutet wörtlich »Keim«) und Dill ins Wasser gegeben.

Mengenangaben für 6-8 Personen: eine Wildschweinkeule, 12 Löffel garum, 1/2 Becher gekochten Wein, 1/2 Becher Öl, 7-8 Knoblauchzehen, Pfefferkörner, Lorbeeren, zwei Handvoll Raute.

HIRSCH MIT PFLAUMEN
(Apicius 346)

In cervum assum iura ferventia: Piper, ligusticum, petroselinum, damascena macerata, vinum, mel, acetum, liquamen, oleum modice. Agitabis porro et satureia.	*Heiße Sauce für gebratenen Hirsch: Pfeffer, Liebstöckel, Petersilie, eingeweichte Damaszenerpflaumen, Wein, Honig, Essig, garum, etwas Öl. Rühre mit Porree und Bohnenkraut um.*

Die Sauce eignet sich sehr gut als Beigabe zu gebratener Hirschkeule und zum Rücken. Ich habe mich für die Version mit dem Rücken entschieden, den Sie folgendermaßen zubereiten können: Sie stellen aus 1/2 l Rotwein, Lorbeeren, Pfefferkörnern, Liebstöckel, Bohnenkraut und einem gutem Löffel garum eine Marinade her, lassen sie etwa zehn Minuten lang heiß werden und geben sie dann über den Hirsch (in einer Kasserolle). Mit einem Deckel verschließen und zwei Tage lang marinieren lassen; das Fleisch ab und zu wenden, damit es sich gleichmäßig vollsaugt. Wenn es soweit ist, daß Sie den Rücken braten wollen, nehmen Sie ihn aus der Marinade, geben ihn in eine Kasserolle und schieben ihn für eine halbe Stunde ins Rohr (bei 175-180 Grad). Ab und zu mit Marinade begießen.

Gesondert rühren Sie die Sauce aus aromatischen Kräutern, entkernten (und in etwas Wein eingeweichten) Pflaumen und den anderen Zutaten. In diesem Rezept (wie auch in dem Rezept auf Seite 51) schlägt Apicius vor, die Sauce mit einem Zweiglein aromatischer Kräuter statt mit einem Löffel umzurühren: »Rühre mit Porree und Bohnenkraut um«. Einfacher ist es, wenn Sie ein Sträußchen aus Porree und ein paar Zweigen Bohnenkraut in die kochende Sauce tun und später wieder herausnehmen.

Mengenangaben für 8-10 Personen: 1 Hirschrücken von etwa 2 kg. Für die Marinade: 1/2 Liter Rotwein, 1 Löffel garum, Pfefferkörner, 5-6 Lorbeeren, Bohnenkraut und Liebstöckel. Für die Sauce: 300 g Pflaumen, 1 Prise Pfeffer, 1 Löffel Petersilie und Liebstöckel, gehackt, 1 Becher Wein, je 1 Löffel Honig, garum, Öl und Essig, 1 Porree und etwas frisches Bohnenkraut.

Dieses Rezept eignet sich auch hervorragend für ein Ragout: In diesem Fall nehmen Sie für 4 Personen etwa 800 g Hirschfleisch ohne Knochen, marinieren es 12 Stunden lang und kochen es dann zusammen mit der Sauce. Geben Sie die Pflaumen erst nach der Hälfte der Kochzeit zu. Die Kochzeit hängt davon ab, wie das Fleisch geschnitten ist.

Lassen Sie sich deshalb vom Metzger genau sagen, wie lange Sie das Fleisch kochen müssen.

GEBRATENER FLAMINGO ODER PAPAGEI
(Apicius 232)

Fenicopterum eliberas, lavas, ornas, includis in caccabum, adicies aquam, salem, anetum et aceti modicum. Dimidia coctura alligas fasciculum porri et coriandri ut coquatur. Prope cocturam defritum mittis, coloras. Adicies in mortarium piper, cuminum, coriandrum, laseris radicem, mentam, rutam, fricabis, suffundis acetum, adicies careotam, ius de suo sibi perfundis. Reexinanies in eundem caccabum, amulo obligas. Ius perfundis et inferes. Idem facies et in psittaco.

Enthäute den Flamingo, wasche und dressiere ihn, verschließe ihn in einem Topf, gib Wasser, Salz, Dill und etwas Essig zu. Wenn er halb gar ist, binde Porre und Koriander zu einem Sträußchen zusammen, damit es mitkocht. Wenn es fast gar ist, gib defrutum dazu und färbe es. Gib in einen Mörser Pfeffer, Kumin, Koriander, laser-Wurzel, Minze und Raute und zermahle es, gieße Essig dazu, gib Datteln hinein und gieße vom eigenen Saft darüber. Schütte es in denselben Topf, binde mit Stärkemehl, gieße die Sauce darüber und trage auf. Dasselbe mache auch für Papagei.

Ich gebe zu diesem Rezept keine weiteren Erläuterungen, denn Sie werden es wohl kaum nachkochen, es sei denn, Sie entführen einen Flamingo aus dem städtischen Zoo oder stehlen ihrem Nachbarn den Papagei. Aber ich führe es an, um die snobistische Prasserei zu dokumentieren, die sich die herrschenden Schichten zur Kaiserzeit leisteten. Aber es kommt noch schlimmer! Stellen Sie sich vor, daß man diese herrlichen Tiere opferte, nur weil man ihre Zungen oder Hirne verspeiste, nach dem Vorbild von Kaiser Heliogabal, der – wenigstens seinem Biographen Lampredius zufolge – ein Ausbund aller nur denkbaren Verderbtheiten war (Storia Augusta, Vita di Elagabalo, XX).

118

8. Kapitel
FISCH
mensa prima

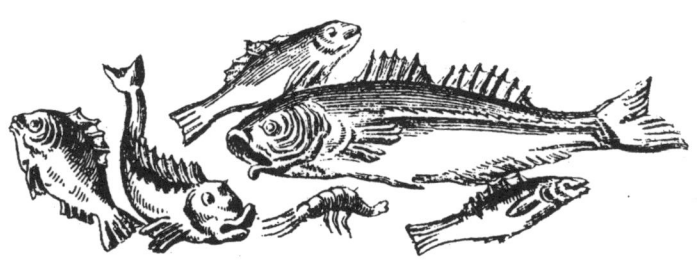

Gründlinge
Mag das Gelag auch prächtig sein
in Veneziens Lande,
bildet der Gründling doch meistens
des Mahles Beginn.

(Martial XIII, 88)

Goldforelle
Goldforellen verdienen nicht immer
das Lob und die Schätzung,
nur die mit Muscheln allein
sich im Lucrinersee genährt.

(Martial XIII, 90)

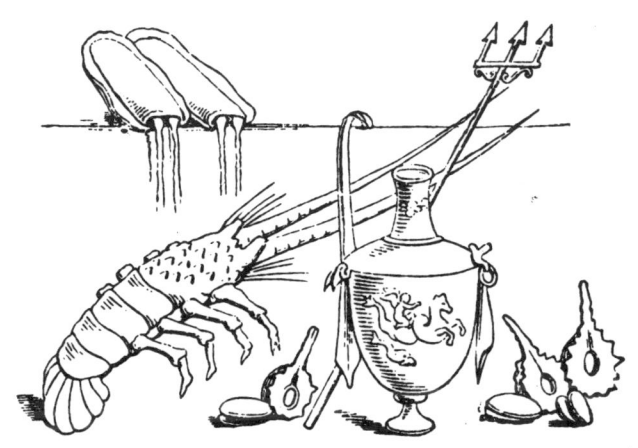

Denn damals schon erfreuten sich die Kostbarkeiten der Küche großer Beliebtheit, als »man die Fischteiche ans Meer verlegte, und ihre größten Liebhaber, wie Sergius Orata und Licinius Muraena, waren ebenso stolz auf ihre Namen von den eingefangenen Fischen wie einst ein Numantinus und Isauricus auf die Namen der von ihnen besiegten Völker«. Dieser kurze Abschnitt von Columella, der im XVI. Kapitel des VIII. Buchs seiner Abhandlung über Landwirtschaft enthalten ist, illustriert bestens, welche Leidenschaft die Römer seit jeher für Fischspeisen hegten. Sie zogen den Seefisch dem Süßwasserfisch vor, aßen aber beide; unzufrieden mit der Lieferung, die jeden Tag auf dem forum piscarium (Fischmarkt) eintraf, legten sie riesige Fischteiche an, um jederzeit sämtliche Fischarten frisch zur Verfügung zu haben. Ganze Seen waren für die Züchtung bestimmt, die auf industriellem Niveau betrieben wurde, wenn, wie Plinius schreibt, ein Züchter namens Irrius Julius Cäsar für einen seiner Triumphe mit mehr als 6000 Muränen beliefern konnte.

Wurde eine Fischart in unseren Meeren rar, dauerte es nicht lange, bis aus fernen Gewässern neue hierher verpflanzt wurden! So erhielt der Präfekt der Flotte zu Kaiser Claudius' Zeiten den Auftrag, scari (einen hochgeschätzten Fisch) aus dem östlichen Mittelmeer heranzuholen, um das westliche Mittelmeer damit zu bevölkern. Fünf Jahre lang war der Fang dieser Fische verboten; danach waren auch die Fischmärkte Italiens voll davon.

Fisch war, obgleich stets im Überfluß vorhanden, immer sehr teuer. Wir wissen, daß unter allen Lebensmitteln die höchsten Preise für Fische, insbesondere für große Fische gezahlt wurden. Das Edikt des Diokletian schreibt für eine Libra Fisch (ca. 325 g) den doppelten Preis einer Libra Schweinefleisch und das dreifache für eine Libra Rinder- oder Schafsfleisch vor. Deshalb besaßen die Reichen, die sich diese Preise erlauben konnten, in ihren villae (Landgütern) auch eigene Fischbecken (piscinae). Columella beschreibt genau, wie ein solches Becken anzulegen sei, wie die Fische zu ernähren und welche Arten zur Züchtung geeignet seien. Fisch wurde nicht nur frisch zubereitet, sondern auch haltbar gemacht und von den salsamentarii in Salz eingelegt und geräuchert.

Der Geschmack von Fisch wurde so sehr geschätzt, daß, wie wir gesehen haben, Fischsauce zu fast jedem altrömischen Rezept gehört.

In der Regel wurde Fisch gegrillt oder gekocht; für beide Zubereitungsarten gab es jeweils raffinierte Saucen. Auch gebratener Fisch war beliebt, und im Gegensatz zu heute wurden auch ihm Saucen beigegeben. Und schließlich gab es auch ausgeklügelte Rezepte, die vorschlugen, Thunfische, Sepien und Kalamari zu füllen, und die zeigten, wie aus Hummerfleisch und Tintenfischen Klößchen zuzubereiten seien.

In Apicius' Abhandlung umfassen die Fischrezepte zwei Kapitel, das IX. mit der Überschrift thalassa (auf griechisch »Meer«), und das X., das alieus (auf griechisch »der Fischer«) heißt. Einige ganz besonders feine Rezepte sind in den Kapiteln über Fleischklößchen und Frikassees zu finden. Ich habe jeweils diejenigen ausgesucht, welche mir am schmackhaftesten erschienen. Dazu können Sie noch weitere Rezepte für Fische Ihrer Wahl nachkochen und zu jenen Saucen servieren, die ich im Saucen-Kapitel beschrieben habe (siehe 4. Kapitel, Seite 43-61).

Die erlesenen Gaben Neptuns wurden bei den Römern auf wunderschönen Fischtellern aus apulischer oder kampanischer Keramik serviert, den Erzeugnissen tüchtiger griechischer Handwerker. Viele dieser Teller sind uns unversehrt erhalten geblieben.

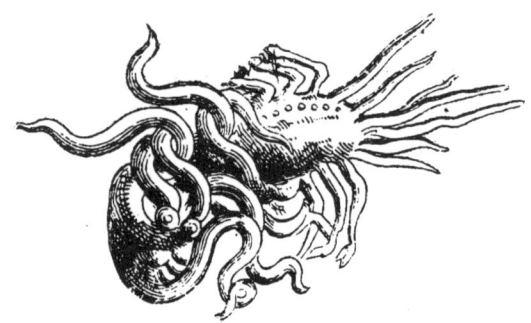

FISCH IM EIGENEN SAFT GEGART
(Apicius 437)

| **Ius in pisce elixo:** Piscem curabis diligenter, mittes in mortarium salem, coriandri semen, conteres bene, volves eum, adicies in patinam, cooperies, gipsabis, coques in furno. Cum coctus fuerit, tolles, aceto acerrimo asperges et inferes. | *Sauce für gekochten Fisch: Bereite den Fisch sorgfältig zu, gib in einen Mörser Salz und Koriandersamen, stampfe es gut, wälze ihn darin, gib den Fisch in eine Auflaufform, verschließe und vergipse sie und backe ihn im Ofen. Wenn er gar ist, nimm ihn heraus, besprenge ihn mit sehr scharfen Essig und trage auf.* |

Der lateinische Titel des Rezepts ist irreführend: Den Fisch begleitet nämlich keine Sauce, sondern er bildet sie beim Garen selbst. Eine behutsame Art der Zubereitung, die für Fische wie Seebarsch, Seehecht und Zahnbrasse geeignet ist.

Sie zerstoßen Salz und Koriandersamen, wenden den (gesäuberten und kochfertigen) Fisch darin und drücken die Gewürze gut ein.

Sie legen den Fisch vorsichtig in eine feuerfeste Form, verschließen sie mit einem gut schließenden Deckel und versiegeln die Ränder mit einer sehr dicken Paste aus Wasser und Mehl, die sofort hart wird. In den Ofen schieben. Damit der Fisch in der Flüssigkeit nicht kocht, stellen Sie die Kochtemperatur sehr viel höher als gewöhnlich: für einen Fisch von etwa 800 g im Ofen 30 Minuten Kochzeit bei 200 Grad.

GEBRATENE SEEBARBEN
(Apicius 444)

Ius in mullos assos: Piper, ligusticum, rutam, mel nucleos, acetum, vinum, liquamen, oleum modice. Calefacies et perfundes.	*Sauce für gebratene Seebarben: Pfeffer, Liebstöckel, Raute, Honig, Pinienkerne, Essig, Wein, garum, etwas Öl. Mache es heiß und gieße es darüber.*

Das Rezept gibt an, wie eine Sauce für gebratene Seebarben zuzubereiten sei. Seebarben waren bei den Römern außerordentlich beliebt, und wenn auf dem Fischmarkt ein besonders großes Exemplar zum Verkauf feilgeboten wurde, kamen die Käufer und überboten sich mit exorbitanten Preisen. Wir haben im Kapitel über die historischen Quellen daran erinnert, wie Apicius einmal selbst an einer Versteigerung teilnahm, um eine »riesige« Seebarbe zu erlangen; Seneca, der diese Episode schildert, erwähnt auch das für eine Seebarbe außergewöhnliche Gewicht: viereinhalb Libra, das entspricht etwa eineinhalb Kilo. Apicius wetteiferte um diese Seebarbe mit einem gewissen Antonius, dem es gelang, sie für 5000 Sesterzen zu ersteigern. Apicius trieb sein kulinarisches Raffinement soweit, daß er seine Seebarben in garum ertränkte, das sollte das Fleisch geschmacklich verfeinern. Die Methode erinnert ein wenig an jene, die Venezianer für Krebse gebrauchen. In ihren letzten Lebensstunden werden die berühmten »moleche ripiene« (gefüllte Krebse) nämlich mit verquirltem Ei und Salz ernährt. Diese »Henkersmahlzeit« verleiht ihnen offenbar einen besonderen Geschmack.

Wir nehmen Seebarben von bescheideneren Dimensionen als die berühmten aus der Antike; unsere Exemplare haben 100-150 g. Wir braten sie nach Belieben im Ofen oder in der Pfanne.

Apicius' Sauce servieren wir gesondert und zerstoßen dafür 2 Handvoll Pinienkerne, etwas Pfeffer, Liebstöckel und Raute (Kräuter und Pfeffer zusammen 1 Löffel). Dann geben wir 1/2 Becher Öl, je 1 Löffel garum und Essig und ein paar Tropfen Wein und Honig in eine Saucière, dazu Kräuter und Pinienkerne und verrühren alles gut.

THUNFISCHSCHNITTE
(Apicius 425)

Ius in cordula assa: Piper, ligusticum, apii semen, mentam, rutam, careotam, mel acetum, vinum et oleum. Convenit et in sarda.	*Sauce für gebratenen jungen Thunfisch: Pfeffer, Liebstöckel, Selleriesamen, Minze, Raute, Datteln, Honig, Essig, Wein und Öl. Sie paßt auch zu eingesalzenem Thunfisch.*

Wieder einmal beschreibt das Rezept nur die Zubereitung der Sauce. Der tranchierte Fisch kann in dieser Sauce gedünstet oder auf dem Grill gebraten werden.

Bereiten Sie die Sauce, indem sie entkernte Datteln zerstampfen oder zerhacken und dann gehackte Kräuter, Pfeffer, 1 Becher Wein, Öl, Essig und einen Klacks Honig dazugeben. In einer Pfanne aufkochen lassen und nach 10 Minuten Kochzeit die in Mehl gewendeten Thunfischscheiben dazugeben. Auf kleiner Flamme langsam kochen, den

Fisch wenden. Für Scheiben von 3 cm Höhe berechnen Sie etwa 15 Minuten Kochzeit.

Mengenangaben für 4 Personen: ein schönes Stück pro Person (oder zwei, wenn es das Hauptgericht sein soll).

Für die Sauce: 20 Datteln, 1 Becher Wein, 2 Löffel Öl, sehr wenig Essig oder Honig. Reichlich Kräuter und Pfeffer.

GEFÜLLTE SARDE (THUNFISCH)
(Apicius 421)

Sardam farsilem sic facere oportet: Sardam exossatur, et teritur puleium, cuminum, piperis grana, mentam, nuces, mel. Impletur et consuitur, involvitur in carta et sic supra vaporem ignis in operculo componitur. Conditur ex oleo, careno, allec.	*Gefüllte eingesalzene Sarde bereite so: Die Sarde wird entgrätet, und es werden Poleiminze mit Kumin, Pfefferkörner, Minze, Walnüsse und Honig zerstoßen. Sie wird gefüllt und zugenäht, dann in Papier eingewickelt und so in einen Topfdeckel in den Dampf über das Feuer gehängt. Sie wird mit Öl, carenum und allec gewürzt.*

Dieses Verfahren entspricht unserem »al cartoccio«, dem Dünsten im Pergamentpapier. Es ist sicher die beste Methode, einen Fisch zu füllen, und sie sollte unbedingt ausprobiert werden. Die Sarde der Römer gehört, wie manche meinen, zur Familie der Thunniden. Viele dieser Fische waren bei den Römern wegen ihres Fleisches geschätzt, so der Bonito, der Thunfisch und andere. In jedem Fall passen die Farce und die Art der Zubereitung zu unendlich vielen Fischarten. Sie wählen also den Fisch, den Sie mögen, und füllen ihn mit der beschriebenen Farce; dann schlagen Sie ihn in Alufolie ein und schieben ihn ins Rohr. Die Kochzeit hängt natürlich von Größe oder Anzahl der Fische ab. In jedem Fall reichlich Walnüsse verwenden.

Wenn Sie wollen, können Sie etwas Olivenöl, Weinsirup oder Fischsauce gesondert dazu reichen.

Interessanterweise können wir an diesem Rezept feststellen, daß die Römer nicht nur teures Papyrus oder Pergament, sondern Papier ganz unterschiedlicher Art kannten: Die unterste Stufe bildete die sogenannte »charta emporetica« (von emporium-Laden), die praktisch nichts anderes war als die Vorläuferin unseres Packpapiers. Dieses Papier wurde aus minderwertigem Papyrus hergestellt und, wie in diesem Rezept, nur in der Küche verwendet oder um die auf den Ladentischen feilgebotenen Waren einzuwickeln.

GEBRATENE ZAHNBRASSE
(Apicius 460)

> **Ius in dentice asso: Piper, ligusticum, coriandrum, mentam, rutam aridam, malum cidoneum coctum, mel, vinum, liquamen, oleum. Clefacies et amulo obligas.**

> *Sauce für gebratene Zahnbrasse: Pfeffer, Liebstöckel, Koriander, Minze, getrocknete Raute, eine gekochte Quitte, Honig, Wein, garum und Öl. Mach es heiß und binde mit Stärkemehl.*

Sie können dieses Rezept nachkochen, indem Sie die ganze Zahnbrasse im Ofen backen und die Sauce gesondert dazu reichen oder indem Sie Scheiben der Zahnbrasse in der Sauce garen. Die zweite Variante ist die schmackhaftere.

Sie nehmen Scheiben der Zahnbrasse, bestreichen sie mit Öl und marinieren sie 2 Stunden lang mit gehackten, aromatischen Kräutern. Dann aus den Kräutern nehmen, in Mehl wenden, in eine mit Öl eingefettete Pfanne geben und jede Scheibe 5 Minuten lang braten.

In der Zwischenzeit haben Sie zwei Quitten gekocht und püriert; diesem Püree fügen sie gehackte, aromatische Kräuter zu, würzen mit garum, 1/2 Becher Wein und etwas Öl; in einem Topf erhitzen, dann die Sauce über die Fischscheiben geben und die Kochzeit beenden.

Mengenangaben für 4 Personen: 4 Scheiben Zahnbrasse zu je 150 g; 2 oder 3 große Quitten, 1/2 Becher Wein, garum, Öl, aromatische Kräuter und Pfeffer.

GEBRATENE MURÄNE
(Apicius 450)

> **Ius in morena assa: Piper, ligusticum, pruna Damascena, vinum, mulsum, acetum, liquamen, defrutum, oleum, et coques.**

> *Sauce für gebratene Muräne: Pfeffer, Liebstöckel, Damaszener-Pflaumen, Wein, mulsum, Essig, garum, defrutum und Öl und koche sie.*

Da Muränen eher fett sind, raten wir, sie am Spieß zu braten, damit das Fett abtropfen kann. Lassen Sie sich beim Fischhändler die Muränen kochfertig zubereiten, möglichst schon in dicke Stücke geschnitten. Aufspießen und braten.

Unterdessen bereiten Sie die Sauce zu. Entkernen Sie getrocknete Pflaumen (zuvor 2 Stunden lang in lauwarmem Wasser einweichen); zusammen mit 1 Becher Wein, 2 Löffel, Öl, 1 Löffel Essig, etwas Honig, Pfeffer, Kräuter und garum aufkochen. Die Sauce ist fertig, wenn sich die Pflaumen vollständig aufgelöst haben. Für 4 Personen sind etwa 20 Pflaumen ausreichend.

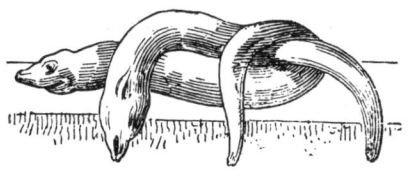

GEKOCHTE MURÄNE
(Apicius 453)

Ius in morena elixa: Piper, ligusticum, careum, apii semen, coriandrum, mentam aridam, nucleos pineos, rutam, mel acetum, vinum, liquamen, oleum modice. Calefacies et amulo obligas.	*Sauce für gekochte Muräne: Pfeffer, Liebstöckel, Kümmel, Selleriesamen, Koriander, getrocknete Minze, Pinienkerne, Raute, Honig, Essig, Wein, garum und ein wenig Öl. Mach es heiß und binde mit Stärkemehl.*

Sie kochen die Muräne und servieren sie mit dieser warmen Sauce. Nehmen Sie sehr wenig Öl, denn die Muräne ist bereits fett genug.

GEGRILLTE LANGUSTE
(Apicius 399)

Locustas assas sic facies: Aperiuntur locustae, ut adsolet, cum testa sua et infunditur eis piperatum, coriandratum, et sic in graticula assantur. Cum siccaverint, adicies eis in craticula quotiens siccaverint quousque assantur bene, inferes.	*Gegrillte Languste mache so: Die Langusten werden wie gewöhnlich zusammen mit ihrer Schale aufgeschnitten, und in diese wird Pfeffersauce und Koriandersauce hineingegossen, und so werden sie auf dem Rost gegrillt. Wenn sie trocken geworden sind, gib zu ihnen auf den Rost so oft etwas Sauce dazu, bis sie gut geworden sind, und serviere.*

Sie zerteilen die Languste in zwei Hälften, entfernen ihr bitteres, erdiges Gedärm, begießen sie mit der Pfeffer-Koriander-Sauce und grillen sie. Sie begießen sie ab und zu mit etwas Sauce, damit das Fleisch nicht austrocknet. Die Grillzeit variiert je nach Größe der Tieres zwischen 20 bis 30 Minuten. Bereiten Sie die Pfeffer-Koriander-Sauce zu, indem Sie im Mörser Pfeffer, frischen oder getrockneten Koriander mit garum und Essig zerstoßen.

Diese Saucen, die bei Apicius stets piperatum, cuminatum, coriandratum heißen, bestehen stets aus gehackten Kräutern, die im Mörser mit garum und Essig, oft auch mit etwas Honig zerstoßen werden.

»EMBRACTUM« AUS BAIA
(Apicius 433)

Ostreas minutas, sfondylos, urticas in caccabum mittes, nucleos tostos concisos, rutam, apium, piper, coriandrum, cuminum, passum, liquamen, cariotam, oleum.	*Embractum auf baianische Art: Kleingehackte Austern, Lazarusklappen und Quallen gib in einen Topf, dazu gehackte, geröstete Pinienkerne, Raute, Sellerie, Pfeffer, Koriander, Kumin, passum, garum, Datteln und Öl.*

Sie lassen die Schalentiere in etwas gesalzenem Wasser aufgehen, schneiden die Weichteile heraus und werfen die Schalen weg. Unterdessen bereiten Sie eine Sauce aus gerösteten und gehackten Pinienkernen, Sellerie und Raute (gehackt), anderen Kräutern (ebenfalls gehackt), 1 Löffel garum, 1 Becher trockenen Weißwein und etwa 10 entkernten und zerkleinerten Datteln. Lassen Sie diese Sauce gut 10 Minuten kochen, damit sich alles gut verbindet, dann geben Sie die Meeresfrüchte zu und lassen noch eine halbe Stunde kochen.

Mengenangaben für 4 Personen: Rechnen Sie pro Kopf 5 Austern, 5 Meerestrüffeln und 10 Muscheln.

Für die Sauce: 30-40 g Pinienkerne, 2 Stangen Sellerie, 1 Handvoll Raute, 1 Becher Weißwein, 10 Datteln, 1 Löffel garum.

Dieses appetitanregende Rezept trägt den Namen »Baia«, zu römischen Zeiten ein Modeort (bei Neapel). Kaiser Nero hatte dort eine Villa, in der er eines Abends ein berühmtes Fest gab. Danach sollte seine Mutter Agrippina beseitigt werden. Von Seneca wissen wir, daß die Barke, die sie in ihre Villa am Lucriner See zurücktrug, zum Kentern gebracht wurde; doch Agrippina rettete sich schwimmend. Vielleicht hat Nero bei dem Fest, dessen Luxus und Beschwingtheit die Mutter darüber hinwegtäuschen sollte, was sich da zusammenbraute, diese schmackhafte Speise auftragen lassen. Aber auch ohne dergleichen im Schilde zu führen, können wir sie nachkochen, indem wir die Lazarusklappen und Quallen, die lange in Essig mariniert werden müßten, damit sie den Nesselgeschmack verlieren, durch Meeresfrüchte unserer Wahl ersetzen: durch Austern zum Beispiel, oder Venusmuscheln («Vongole«) und Meerestrüffel.

MUSCHEL-SAUTÉ
(Apicius 420)

In metulis: Liquamen, porrum concisum, cuminum, passum, satureiam, vinum. Mixtum facies aquatius et ibi mitulos coques.	*Für Miesmuscheln: Garum, gehackten Porree, Kumin, Likörwein, Bohnenkraut, Wein. Mache eine wässrige Mischung und koche die Muscheln darin.*

Sie waschen die Muscheln gründlich, um den Sand abzuspülen, und werfen sie dann in einen Topf mit kochendem Wasser und den oben genannten Zutaten. Die Muscheln werden dann so gegessen, ohne weitere Beigaben, wie das »Sauté« aus Vongole und Muscheln im Neapolitanischen.

Mengenangaben für 4 Personen: 40-50 Muscheln. Im Wasser 1 Löffel garum auflösen, 1 Becher Wein (halb normalen, halb süßen), eine Handvoll Kräuter und eine gehackte Porreestange dazugeben.

GEFÜLLTE TINTENFISCHE (SEPIEN)
(Apicius 409)

Sic farcies sepiam coctam: Cerebella elixa enerviata teres cum pipere, cui commisces ova cruda quod satis erit, piper integrum, esicia minuta, et sic consues et in bullientem ollam mittes ita ut coire impensa possit.

Die gekochte Sepie bereite so: Stampfe enthäutete, gekochte Hirnchen mit Pfeffer, wozu du genügend rohe Eier mischst, ganze Pfefferkörner, winzige Hackfleischbällchen und nähe sie so zusammen und gib sie in einen Topf mit kochendem Wasser, so daß die Füllung steif werden kann.

Sie nehmen große Tintenfische – Sepien–, säubern sie und lassen sie kurz kochen. Sie bereiten aus gekochtem und zerstoßenem Hirn, rohen Eiern und Fleisch- oder Fischbällchen die Füllung, geben einige Pfefferkörner daran und füllen die Sepien. Zunähen, damit die Füllung nicht herausläuft. Achtung! Wenn Sie die Sepien zu lange gekocht haben, ist es schwierig, sie zuzunähen! Dann in siedendem Wasser etwa 20 Minuten garen, damit die Füllung fest wird.

Mengenangaben für 4 Personen: 4 große Sepien, 1 Kalbshirn, 3 Eier, 200 g Hackfleisch.

CALAMARIBÄLLCHEN
(Apicius 43)

Esicia de lolligine: Sublatis crinibus in fulmento tundes, sicuti adsolet. Pulpa et in mortario et in liquamine diligenter fricatur, et exinde esicia plassantur.

Tintenfischbällchen: Zerhacke ihn, nachdem du die Fangarme abgeschnitten hast, auf einem Hackklotz, wie man das gewöhnlich macht. Das Fleisch wird dann im Mörser sorgfältig mit garum zerrieben und daraus werden die Bällchen geformt.

Sie nehmen Calamari – Tintenfische –, waschen sie, entfernen die Tentakel und klopfen sie mit dem Fleischklopfer. Dann zerstampfen Sie das Ganze im Mörser oder drehen es durch den Fleischwolf, geben garum (oder oenogarum) dazu, um die Mischung geschmeidiger zu machen. Bällchen daraus formen und in Öl braten oder kochen. In diesem Fall servieren Sie die Calamaribällchen mit der Sauce zu Fisch Apicius 411.

Mengenangaben für 4 Personen: ca 800 g Calamari.

MENSA PRIMA

Im alten Rom gab es wie in den modernen Metropolen einen riesigen Fischmarkt, der sogar mit Süß- und Meerwasserbassins ausgestattet war, um Fische, Schalentiere und Mollusken lebendig zu erhalten. Auch damals waren Fische mit feinem Aroma sowie hochwertige Schalentiere von den Feinschmeckern gesucht und deshalb sehr teuer. Langusten wurden genauso wie heute zubereitet, gekocht oder in zwei Hälften geteilt und gegrillt. Die antiken Rezeptbücher zeigten, wie man delikate Saucen zu dieser Spezialität zubereitet: Die Languste vom Foto begleitet eine originale Koriandersauce.

LANGUSTE VOM GRILL

Übergießen Sie die Languste mit der Pfeffer-Koriander-Sauce. Braten lassen und ab und zu von dieser Sauce zugeben, damit das Fleisch nicht austrocknet. Je nach Größe des Tiers 20 bis 30 Minuten lang braten. Bereiten Sie die Sauce zu, indem Sie im Mörser Pfeffer, frischen oder getrockneten Koriander, garum, Essig und vielleicht etwas Honig zu einer Paste zerstampfen.

BÄLLCHEN AUS RIESENGARNELEN ODER HUMMERKRABBEN
(Apicius 44)

Esicia de iscillis vel de cammaris amplis: Cammari vel iscillae de testa sua eximuntur et in mortario teruntur cum pipere et liquamine optimo. Pulpae esicia plassantur.	*Bällchen aus Riesengarnelen oder Hummerkrabben: Sie werden von ihrer Schale befreit und im Mörser mit Pfeffer und garum zerstoßen. Aus dem Fleisch werden Bällchen geformt.*

Die Rezepte ähneln sich alle, aber natürlich verändert sich der Geschmack je nach dem Fleisch, das Sie verwenden. Dieses Rezept mit Riesengarnelen, Hummern oder Heuschreckenkrebsen («cannochie») ist besonders raffiniert.

Überbrühen Sie die Krustentiere kurz, um sie besser schälen zu können, dann zerstampfen Sie das Fleisch im Mörser und formen daraus Bällchen, die Sie in Schweinsnetz wickeln.

Mengenangaben für 4 Personen: 800 g große oder kleine, schon geschälte Krebse.

MEERESBÄLLCHEN
(Apicius 42)

Isicia fiunt marina de cammaris et astacis, de lolligine, de sepia, de lucusta. Esicium condies pipere, ligustico, cumino, laseris radice.	*Bällchen aus Seetieren mache aus Hummer, Tintenfisch, Langusten und Süßwasserkrebsen. Würze das Gehackte mit Pfeffer, Liebstöckel, Kumin, laser-Wurzel.*

Für dieses delikate Gericht verwendet man alle oben angegebenen Meerestiere. Sie überbrühen die Krustentiere mit kochendem Wasser, befreien das Fleisch von den Schalen, zerhacken oder zerstoßen es im Mörser. Mit Pfeffer, Kräutern und anstelle von laser mit etwas ausgepreßtem Knoblauch abschmecken. Sie wickeln alle Bällchen in Darm oder Schweinsnetz, kochen sie in siedendem Wasser oder braten sie in der Pfanne mit etwas Öl und gehackter Petersilie. Rechnen Sie für 4 Personen 800 g Krustentiere und Mollusken (ohne Schale).

LANGUSTENBÄLLCHEN
(Apicius 401)

Locusta: Esicia de cauda eius sic facies. Folium nocivum prius demes et elixas, deinde pulpam concides, cum liquamine, pipere et ovis esicia formabis.	*Languste: Mache so Fleischbällchen aus ihrem Schwanz: Zuerst entferne die ungenießbare Schale und koche dann das Fleisch, schneide es klein und forme mit garum, Pfeffer und Eiern Fleischbällchen.*

Wenn Sie beschlossen haben, sich finanziell zu ruinieren, um diese Bällchen zubereiten zu können, nehmen Sie zwei mittelgroße Langusten (insgesamt 1 1/2 kg), kochen sie wie gewöhnlich, ziehen das Fleisch heraus und formen Bällchen daraus.

Der Historiker Lampredius, Verfasser von »La vita di Antonino Elagabolo«, schreibt dem großen Schlemmer Heliogabal die Erfindung jederart Fischbällchen zu: »Er war der erste, der Bällchen aus Fischfleisch, Austern und anderen Mollusken, Krebsen, Krabben und Meereszwiebeln zubereiten ließ« (Storia Augusta, Vita di Elagabalo, XIX).

»TURSIO«-BÄLLCHEN
(Apicius 145)

Patellam esiciatam de tursione: Enervabis, concides minutatim. Teres piper, ligusticum, origanum, petroselinum, corandrum, cuminum, rutae bacam, mentam siccam, ipsam tursionem. Isicia deformabis. (Adicies) vinum, liquamen, oleum, coques. Coctum in patellam collocabis. Ius in ea facies: piper, ligusticum, satureiam, cepam, vinum, liquamen, oleum. In patellam pones ut coquatur. Ovis obligabis, piper asparges et inferes.

Ein trockener Auflauf: Bällchen aus »Tursio«: Entgräte ihn und schneide ihn klein. Mahle Pfeffer, Liebstöckel, Oregano, Petersilie, Koriander, Kumin, Rautenbeeren, getrocknete Minze und den »Tursio« selbst. Forme Bällchen. Gib Wein, garum und Öl dazu und koche es. Nach dem Kochen lege ihn auf ein Blech. Mache dafür folgende Sauce: Pfeffer, Liebstöckel, Bohnenkraut, Zwiebel, Wein, garum, Öl. Setze die Auflaufform zum Kochen auf. Binde mit Eiern, streue Pfeffer darauf und trag auf.

Es ist nicht recht klar, welcher Fisch der »Tursio« – Braunfisch – bei den Römern war, sehr wahrscheinlich gehörte er zur Familie der Haie. Der Verzehr solcher Tiere ist ungewöhnlich für uns, nicht aber in Spanien, wo es Spezialitäten aus tiburón (Haifisch) gibt. Sie können das Rezept aber unbesorgt mit Anglerfisch nachkochen.

Nehmen Sie ein großes Stück davon, bereiten Sie ihn vor und dämpfen ihn in einem Fischkochtopf. Auf seinen Boden legen Sie die genannten Kräuter und dann vorsichtig den Fisch. Sie kochen zuerst auf der Flamme, schieben den gut verschlossenen Topf dann aber ins Rohr. Sobald der Fisch gar ist, zerstampfen Sie das Fleisch und formen Bällchen daraus. Inzwischen haben Sie in einem großen Tiegel Pfeffer, Liebstöckel, Bohnenkraut, reichlich Zwiebeln (oder Schalotten) mit Wein, garum und Öl zum Kochen gebracht. Wenn alles gut verbunden ist, geben Sie es über die Bällchen und lassen noch 11 Minuten kochen. Kurz vor dem Servieren mit einem Ei binden, Pfeffer darüber streuen und auftragen.

Mengenangaben für 4 Personen: 1 kg Anglerfisch, reichlich aromatische Kräuter zum Dünsten; für die Gemüsesauce: 3 oder 4 große Zwiebeln, 1/2 Becher Weißwein, je 1 Löffel Öl und garum, 1 Ei.

»MINUTAL« NACH ART DES TERENZIUS
(Apicius 166)

Minutal Terentinum: Concides in caccabum albamen de porris minutatim, adicies oleum, liquamen, cocturam, esiciola valde minuta, et sic temperas ut tenerum sit. Esicium Terentinum

Frikassee nach Art des Terenzius: Schneide die weißen Enden von Lauchstangen in einen Topf, gib dazu Öl, garum, Kochbrühe (vom Fisch) und kleine Bällchen dazu und schmecke so ab, daß es mild ist. Mache das

> facies: inter esicia confectionem inve-
> nies. Ius tale facies: piper, ligusticum,
> origanum, fricabis, suffundes liqua-
> men, ius de suo sibi, vino et passo
> temperabis. Mittes in caccabum. Cum
> ferbuerit, tractam confringes, obligas.
> Piper aspergis et inferes.

> *Ragout nach Terentius: die Zubereitung fin-
> dest du im Rezept bei den Bällchen. Mache
> die Sauce so: Pfeffer, Liebstöckel, Oregano,
> zermahle es, gieße garum dazu, vom eigenen
> Saft und schmecke mit Wein und Pasum
> ab. Gib es in den Topf. Wenn es gekocht hat,
> zerbrösele Teig und binde. Streue Pfeffer
> darauf und trag auf.*

Terenzius war ein berühmter Koch und Gastronom, dessen Name auch mit einer in der Antike sehr beliebten Süßspeise verbunden ist, Terentinon. Die »Bällchen nach Art des Terenzius«, deren Rezept in dem Kapitel über die Bällchen enthalten sein soll, sind dort nicht zu finden; ein Indiz für die vielen Umarbeitungen, die dieses Küchenhandbuch im Lauf der Jahrhunderte hinnehmen mußte.

Das Gericht kann freilich nachgekocht werden, indem Sie Fischbällchen wie in dem vorigen Rezept zubereiten und sie außerdem mit in Wein gedünstetem Porree und Likörwein kochen.

Den »zerbröselten Teig«, von dem das Rezept spricht, können Sie durch Couscous oder Grieß ersetzen.

Ein interessantes Beispiel für Rezepte mit Gemüse und gehacktem Fisch kommt aus dem Libanon, wo Gerichte aus gehacktem Fisch oder Fleisch mit Gemüse und Couscous sehr beliebt sind. Solche Gerichte tragen dort den Sammelnamen kibbé.

MODERNES REZEPT AUS DEM LIBANON

Fisch-Kibbé. Sie säubern und entgräten den Fisch. Das Fleisch im Mörser zerstoßen. Couscous eine halbe Stunde lang einweichen, dann abspülen und ausdrücken, um das Wasser zu entfernen, und mit etwas Salz hacken. Zerreiben Sie im Mörser Zwiebeln zusammen mit Salz, Pfeffer, Koriander und Orangenschale. Kräuter, Couscous und Fisch gut durchmischen. Dann fetten Sie eine Backform oder eine feuerfeste Form ein, geben das Gemisch hinein und glätten es. Zeichnen Sie mit dem Messer Rauten in die Masse, damit auf der Oberfläche ein Netz sichtbar ist. Dann geben Sie reichlich Öl darüber und lassen es im Rohr bei hoher Temperatur 30-40 Minuten backen. Zu diesen Gerichten trinkt man im Libanon Arrak.

Mengenangaben für 4 Personen: 1 kg Umberfisch (oder einen anderen Fisch), 400 g Zwiebeln, 2 Tassen Couscous, Salz, Pfeffer, Orangenschale (oder Safran), 4 Sträußchen grünen Koriander und 2 Löffel Suppe mit pulverisiertem Koriander.

»MINUTAL« NACH ART DES APICIUS
(Apicius 167)

> Minutal Apicianum: Oleum, liquamen, vinum, porrum capitatum, mentam, pisciculos, esiciola minuta, testiculos caponum, glandulas porcellinas, haec omnia in se coquantur. Teres piper, ligusti-

> *Frikassee nach Art des Apicius: Öl, garum, Wein, Lauch mit Wurzel, Minze, Fischchen, Bällchen, Hoden von Ziegenböcken, Briesschen vom Ferkel. Das alles soll zusammen gekocht werden. Stoße Pfeffer, Liebstöckel, frischen*

> cum, coriandrum viridem vel semen, suffundis liquamen, adicies mellis modicum et ius de suo sibi, vino et melle temperabis. Facies ut ferveat. Cum ferbuerit, tractam confringes, obligas, coagitas, piper aspargis et inferes.
>
> *oder getrockneten Koriander, gieße garum dazu, gib etwas Honig und vom eigenen Saft dazu und schmecke mit Wein und Honig ab. Laß es aufkochen. Wenn es aufgekocht hat, zerbröckele den Teig, binde und rühre um. Streue Pfeffer darauf und serviere.*

Dieses reichhaltige Gericht mit seiner Mischung aus Fleisch und Fisch ist der entfernte Vorfahr der spanischen Paella. Die Funktion der Reiskörner, einer der Bestandteile der modernen Paella, erfüllen hier die Teigstückchen, die häufig in diesen nahrhaften Fleisch-, Fisch- oder Gemüsegerichten zu finden sind.

Bereiten Sie die Zutaten vor, die Sie verwenden wollen (Hackfleischbällchen, kleine Seebarben und Sardinen, Brieschen und Hoden oder andere Innereien ihrer Wahl). Nachdem Sie den Porree und die frische Minze zerhackt haben, geben Sie sie in eine Pfanne mit Öl, Wein und etwas garum. Wenn Sie etwas zusammengefallen sind, geben Sie Fleisch und Fisch dazu und braten es einige Minuten an. Geben Sie nun die Sauce zu, die Sie aus Pfeffer, Liebstöckel, Koriander, Wein und etwas Kochsaft zubereitet und mit garum und einem Klacks Honig abgeschmeckt haben, und schütten alles in die Pfanne. Eine Viertelstunde vor Ende der Kochzeit geben Sie gekochten Couscous dazu (oder Bauernbrot in Stücken). Die Kochzeit sollte insgesamt etwa 30 Minuten betragen.

Mengenangaben für 4 Personen: 200 g Hackfleisch, 2 Fischchen pro Kopf, 300 g Innereien und 1 Brieschen; 3-4 Porreestangen mit Zwiebel, 1 Sträußchen frische Poleiminze.

Für die Sauce: 1 Löffel gehackte aromatische Kräuter, Pfeffer, 1 Becher trockenen Weißwein, garum.

SCHOLLEN-AUFLAUF
(Apicius 155)

> Patina solearum: Soleas battues et curatas compones in patina. Adicies oleum, liquamen, vinum. Dum coquitur, teres piper, ligusticum, origanum, fricabis, suffundes ius, ova cruda, et unum corpus facies. Super soleas refundes, lento igni coques. Cum duxerit, piper asparges et inferes.
>
> *Schollenauflauf: Klopfe die Schollen und lege sie vorbereitet auf ein Backblech. Gib dazu Öl, garum und Wein. Während es kocht, stoße Pfeffer, Liebstöckel und Oregano, zermahle es und gieße Sauce dazu und rohe Eier, um eine glatte Masse zu machen. Gieße es über die Schollen und koche auf kleiner Flamme. Wenn es gezogen hat, streue Pfeffer darauf und serviere.*

Sie säubern die Schollen, ziehen die Haut ab und klopfen sie leicht mit dem Fleischklopfer; das sollte sehr behutsam geschehen. Sie legen die Schollen nebeneinander in eine Kasserolle und lassen sie mit Öl, Wein und garum kochen. Gesondert verquirlen Sie Eier mit Pfeffer, garum, Liebstöckel und Oregano. Wenn die Schollen fast gar sind, geben Sie dieses Gemisch darüber und schieben alles 15-20 Minuten lang ins heiße Rohr (200 Grad). Sie können die Fische auch auf dem Feuer fertig garen, in diesem Fall werden 10 Minuten genügen.

Mengenangaben für 4 Personen: 4 Schollen (von je 200 g), 4 Eier, je 1 Teelöffel garum und Kräuter, 1/2 Becher trockenen Weißwein, etwas Öl.

9. Kapitel
DAS GEMÜSE

Kopflauch (Porree)
Hast du vom Lauch aus Tarent
stark riechende Stengel gegessen,
küsse dann allemal nur
mit dem geschlossenen Mund!

(Martial XIII, 19)

Lattich
Lattich, der einst das Mahl der Alten
gewöhnlich beschlossen,
sag mir, weshalb er heute
bei uns das Essen beginnt.

(Martial XIII, 14)

Rüben
Rüben geben wir dir,
die gern den Winterfrost haben,
Romulus ißt sie ja stets,
ob er im Himmel gleich weilt.

(Martial XIII, 16)

Nichts als Kürbisgerichte
Der Caecilius, wie ein Kürbis-Atreus,
so zerfleischt er sie wie Thystes' Söhne
und zerschneidet sie ganz in tausend Stücke.
Sie erhältst du dann gleich beim Vorgang
selber, sie serviert man beim ersten Gang
und zweiten, sie wird dann auch der dritte
Gang dir bieten.
Daraus läßt er den Nachtisch fabrizieren.
Daraus macht ihm der Bäcker fade Kuchen.

(Martial XI, 31)

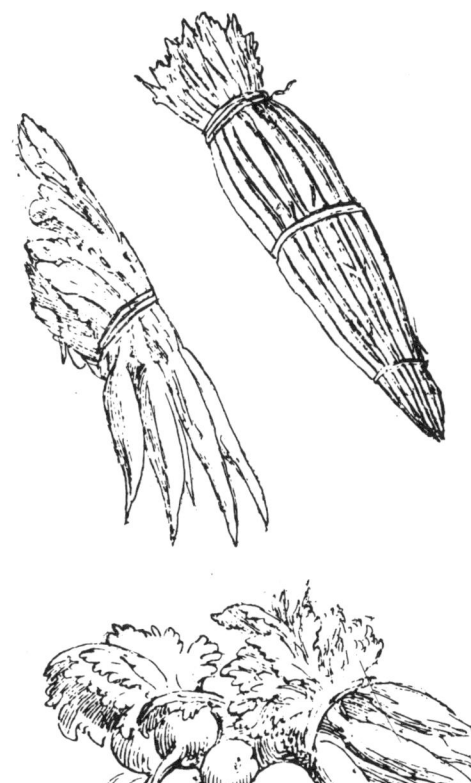

Gemüse, Salate, Hülsenfrüchte und Wurzeln waren stets auf der Tafel eines Römers zu finden. In früheren Zeiten als Abschluß eines Essens, in der Kaiserzeit hingegen bei den großen Banketten als Entrée aufgetischt, begleiteten sie bei den alltäglichen Mahlzeiten auch Fleisch, Schinken und Käse als Beilage.

In diesem Kapitel ist das Gemüse zusammengefaßt, das zu sämtlichen Fleisch- und Fischgängen paßt. Weitere Gemüserezepte, die in den Quellen speziell zur Vorspeise empfohlen werden, finden Sie im 5. Kapitel (das sich mit den Vorspeisen befaßt).

Im 7. Kapitel schließlich finden Sie die Rezepte einiger Hauptgerichte, zu deren Zubereitung Gemüse in große Mengen nötig ist, wie beispielsweise bei »Huhn mit Kürbis« oder bei »Ente mit Rüben«.

ROTE RÜBEN MIT SENF
(Apicius 98)

Betas elixas: Ex sinapi, oleo modico et aceto bene inferuntur.	*Gekochte Rote Rüben: Mit Senf, ein wenig Öl und Essig lassen sie sich gut servieren.*

Sie nehmen bereits gekochte Rote Rüben, schneiden sie in Scheiben und überziehen sie mit einer Sauce aus Senf, Öl und Essig.

Mengenangaben für 4 Personen: 1 große Rote Rübe, je 1 Löffel Senf und Essig, 2 Löffel Öl.

André, der französische Übersetzer von Apicius, deutet betas als Mangold; zu diesem Gemüse paßt die Sauce ebenfalls perfekt.

135

GEBRATENE KAROTTEN
(Apicius 122)

Carotae frictae oenogaro inferuntur.	*Gebratene Karotten serviere mit oenogarum.*

Sie schneiden junge, zarte Karotten in Stifte wie Zucchini, braten sie und überziehen sie mit oenogarum, der Sauce auf der Basis von Wein und garum. Warm servieren.

Mengenangaben für 4 Personen: 1 kg junge Karotten, 2 Becher Weißwein, 1 Löffel garum.

KAROTTEN MIT KUMIN
(Apicius 124)

Carotas elixas concisas in cuminato oleo modico coques et inferes. Cuminatum conciliorum facies.	*Koche abgebrühte und kleingeschnittene Karotten in ein wenig Kumin und Öl und trage auf. Mache eine braune Kumin-Sauce.*

Sie kochen die Karotten so, daß sie noch Biß haben, schneiden sie dann in Scheibchen, geben sie wieder in die Kasserolle und garen sie in einer Kumin-Sauce fertig. Für diese Sauce siehe Apicius' 31 auf Seite 58 des Saucen-Kapitels.

GURKEN IM SALAT
(Apicius 82 und 84)

Cucumeras rasos: Sive ex liquamine, sive ex oenogaro; sine ructu et gravitudine teneriores senties. **Aliter cucumeres: Piper, puleium, mel vel passum, liquamen et acetum. Interdum et silfi accedit.**	*Geschälte Gurken: Entweder mit garum oder mit oenogarum: du wirst sie zarter finden und kein Aufstoßen und kein Schweregefühl im Magen verspüren.* *Gurken auf andere Art: Pfeffer, Poleiminze, Honig oder Likörwein, garum und Essig. Manchmal kommt auch Silphion dazu.*

Sie waschen und schälen die Gurken, um sie verdaulicher zu machen. In Scheiben schneiden und in einer der oben genannten Arten anmachen: entweder nur mit garum oder mit oenogarum oder mit der Sauce aus den im zweiten Rezept genannten Zutaten. Da sie Poleiminze nur schwer auftreiben werden, ersetzen Sie sie durch getrocknete und fein zerriebene Minze. Wenn Sie den Geschmack von Knoblauch mögen, geben Sie den Saft einer Zehe zu der Sauce. Die Römer aßen Gurken oft auch gekocht oder gebraten: für solche Varianten eignen sich die Zutaten der beiden letzten Rezepte ebenfalls.

Die Menge der einzelnen Zutaten regeln Sie mehr oder weniger nach ihrem Geschmack, wie bei jedem Salat.

ARTISCHOCKEN
(Apicius 112)

Carduos: Liquamine, Oleo et ovis concisis.	*(Wilde) Artischocken: (Mache sie mit) garum, Öl und gehackten Eiern an.*

Sie zupfen die äußeren Blätter der Artischocke ab, kappen die Spitzen und entfernen das Heu, falls es welches gibt. Sie setzen die Artischocken dicht nebeneinander in einen tiefen Topf, kochen sie bedeckt mit Wasser, Öl und garum (1/2 Becher Öl, in dem Sie einen Löffel garum verrührt haben, wird als Beigabe genügen). Wenn sie gar sind, geben Sie in jede Artischocke einen Löffelvoll gehackte Eier. Rechnen Sie 2 Artischocken pro Kopf.

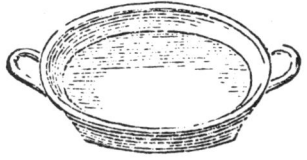

ARTISCHOCKEN AUF RÖMISCHE ART
(Apicius 113)

Rutam, mentam, coriandrum, feniculum, omnia viridia teres. Addes piper, ligusticum, mel, liquamen et oleum.	*Zerstoße Raute, Minze, Koriander und Fenchel (frisch). Gib Pfeffer, Liebstöckel, Honig, garum und Öl dazu.*

Bereiten Sie die Artischocken wie im vorhergehenden Rezept zu. In einem Topf auf kleiner Flamme mit 1 Becher Wasser und 1/2 Becher Öl kochen lassen. Vor dem Kochen stecken Sie jedoch in jede Artischocke die genannten Kräuter (wenn möglich frische, sonst getrocknete), die Sie gehackt und mit einem Löffel garum und einem Teelöffel Honig gut verrührt haben. Dieses Rezept ist der Verläufer der »Artischocken auf römische Art« von heute, die wir alle kennen.

GEKOCHTE ARTISCHOCKEN
(Apicius 114)

Piper, cuminum, liquamen et oleum.	*(Würze sie mit) Pfeffer, Kumin, garum und Öl.*

Die Artischocken in gesalzenem Wasser mit etwas Zitrone kochen, damit sie sich nicht verfärben. Sie richten sie auf einem Teller mit einer Sauce an, die Sie aus den oben genannten Zutaten bereiten haben. Dosieren Sie das garum nach Belieben, nehmen Sie aber keinesfalls weniger als einen Löffel auf 1/2 Becher Öl.

SELLERIE-PÜREE
(Apicius 104)

Apium coques ex aqua nitrata, exprimes et concides minutatim. In mortario teres piper, ligusticum, origanum, cepam, vinum, liquamen et oleum. Coques in pultario, et sic apio commisces.	*Koche Sellerie in Sodawasser, presse ihn aus und schneide ihn klein. Stoße Pfeffer, Liebstöckel, Oregano, Zwiebel, Wein, garum und Öl im Mörser. Koche in einem Suppentopf auf und gib den Sellerie dazu.*

Sie lassen den Sellerie mit eine Prise Natron kochen, schütten ihn dann ab und hacken ihn sehr fein oder pürieren ihn am besten. Gesondert kleingehackte Kräuter und Zwiebeln mit Pfeffer in eine Kasserolle gebe; Wein, garum und Öl zufügen. Kochen lassen. Wenn die Zwiebel weich sind, geben Sie den pürierten Sellerie dazu und lassen alles durchziehen. Servieren.

Mengenangaben für 4 Personen: 1 große Sellerie, 2 rote Zwiebeln, 1 Becher Weißwein, je 1 Löffel garum und Öl, 1 Prise Pfeffer und 1 Löffel gehackte frische Kräuter.

Die Zugabe von einer Prise Natron ins Kochwasser diente bei der Zubereitung von Sellerie dazu, die Farbe des Gemüses zu erhalten, denn darauf legten die Römer großen Wert.

LATTICH-PÜREE MIT ZWIEBELN
(Apicius 105)

Olus molle ex foliis lactucarum cum cepis: Coques ex aqua nitrata, expressa concides minutatim. In mortario teres piper, ligusticum, apii semen, mentam siccam, cepam, liquamen, oleum et vinum.	*Ein weiches Gemüse aus Lattichblättern mit Zwiebeln: Koche sie in Sodawasser und schneide sie nach dem Auspressen klein. Zerstoße in einem Mörser Pfeffer, Liebstöckel, Selleriesamen, getrocknete Minze, Zwiebeln, garum, Öl und Wein.*

Lattich in Wasser mit etwas Natron kochen, dann abgießen, ausdrücken und kleinhacken. Pfeffer, fein gehackte Kräuter, die ebenfalls gehackte Zwiebel und die flüssigen Zutaten wie garum, Öl und Wein werden gesondert vermischt.

Da die Zwiebeln in diesem Rezept nicht gekocht werden, wählen Sie eine süße Sorte, oder Sie ersetzen sie durch Schalotten. Sie geben das Lattich-Püree in eine Saucière, gießen die Zwiebelsauce darüber und servieren.

Mengenangaben für 4 Personen: 4 oder 5 große Lattiche, 2 rote (süße) Zwiebeln (oder 4 Schalotten), 1 Löffel gemischte Kräuter, 1/2 Becher Öl, je 1 Löffel Weißwein und garum.

DICKBOHNEN-PÜREE
(Apicius 195)

Concicla cum faba: Coques. Teres piper, ligusticum, cuminum, coriandrum viridem, suffundis liquamen, vino et liquamine temperabis, mittis in caccabum, adicies oleum. Lento igni ferveat et inferes.	*Bohnentopf: Mit Dickbohnen: Koche sie. Stoße Pfeffer, Liebstöckel, Kumin, frischen Koriander; gieße garum und Wein dazu und schmecke mit garum und Wein ab; gib es in einen Topf und gib Öl dazu. Es soll auf kleiner Flamme kochen, und trag auf.*

Das Rezept kann überall da nachgekocht werden, wo frische Dickbohnen zu haben sind, und das ist in manchen Gebieten Italiens schwierig. Dickbohnen schälen, kochen und pürieren. Die Kräutersauce gesondert zubereiten. Dann geben Sie das Püree in einen Topf, würzen mit der Sauce und kochen solange, bis die Flüssigkeit verdampft ist.

Mengenangaben für 4 Personen: 2 kg frische Dickbohnen, $1/2$ Becher Wein, je 1 Löffel garum, Öl und Kräuter und 1 Prise Pfeffer.

KÜRBIS-PÜREE
(Apicius 79)

Cucurbitas frictas tritas: Piper, ligusticum, cuminum, origanum, cepam, vinum, liquamen et oleum. Amulo obligabis in patina et inferes.	*Zerstampfter, gebratener Kürbis: Pfeffer, Liebstöckel, Kumin, Oregano, Zwiebel, Wein, garum und Öl. Binde es in der Pfanne mit Stärkemehl und trage auf.*

Auch in diesem Fall handelt es sich um ein Püree, wenngleich das Rezept nicht den üblichen Namen concicla trägt. Der Kürbis wird geschält, in Stücke geteilt und »gebraten«. In einem Rezept von Apicius bedeutet dies nicht unbedingt »in heißes Öl tauchen«, sondern nur Garen ohne Flüssigkeit. In diesem Fall backt man den Kürbis am besten im Rohr, bis er so weich ist, daß er zergeht; dann pürieren Sie ihn und machen ihn mit der Sauce an, die aus den anderen im Rezept angegebenen Zutaten bereitet wird.

Mengenangabe für 4 Personen: 1 kg Kürbis, 1 Löffel Kräuter, 1 Zwiebel, je 1 Deziliter Wein, garum und Öl, eventuell einen Löffel Kleie.

ERBSEN ODER DICKBOHNEN NACH ART DES VITELLIUS
(Apicius 190)

Pisam Vitellianam sive fabam: Pisam coques, lias. Teres piper, ligusticum, gingiber et super condimenta mittis vitella ovorum quae dura coxeris, mellis unc. III, liquamen, vinum et acetum. Haec omnia mittis in caccabum	*Erbsen oder Dickbohnen nach Art des Vitellius: Koche die Erbsen und rühre sie glatt. Stoße Pfeffer, Liebstöckel und Wacholder und gib über die Gewürze Eidotter, die du hartgekocht hast, 3 Unzen Honig, garum, Wein und Essig. Tu das alles in einen Topf*

et condimenta quae trivisti, adiecto oleo ponis ut ferveat. Condies pisam, lias si aspera fuerit, melle mittis et inferes.	*und auch das Gewürz, das du zerstoßen hast. Nach Zugabe von Öl setze es auf, damit es aufkocht. Würze die Erbsen und rühre sie glatt; wenn es zu herb ist, gib Honig dazu und trage auf.*

Sie nehmen frische Erbsen (oder frische Dickbohnen), pahlen sie aus, kochen und pürieren sie. Machen Sie sie folgendermaßen an: Pfeffer, Liebstöckel und Wacholder zerstampfen, ein hartes Eigelb, etwas garum und Wein zugeben. Diese Sauce in einer Kasserolle erhitzen, dann das Püree zugeben und Geschmack annehmen lassen. Durch die Zugabe von Essig und Honig sollte, so meinten die Römer, das Gemü-se verdaulicher werden. Wenn Sie wollen, probieren Sie es nur aus, auch mit diesen Zutaten.

Mengenangaben für 4 Personen: 2 kg frische Dickbohnen (oder 1 1/2 kg Erbsen), Pfeffer, Liebstöckel, 3 oder 4 Wacholderbeeren, Eigelb von 3 hart gekochten Eiern, 1 Löffel garum, 1 Becher Wein (eventuell 1 Teelöffel Honig und 1 Löffel Essig).

Sowohl dieses wie auch das folgende Rezept tragen den Namen von Kaiser Vitellius, der nicht nur ein bekannter Feinschmecker war, sondern sich auch darin gefiel, Rezepte zu erfinden. Vielleicht sind diese Rezepte also seine Kreationen, vielleicht sind sie ihm auch nur gewidmet.

ERBSEN UND DICKBOHNEN NACH ART DES VITELLIUS
(Apicius 194)

Pisam sive fabam Vitellianam: Pisam sive fabam coques. Cum despumaverit, mittis porrum, coriandrum et flores malvarum. Dum coquitur, teres piper, ligusticum, origanum, feniculi semen, suffundis liquamen et vinum, (mittis) in caccabum, adicies oleum. Cum ferbuerit, agitas. Oleum viridem mittis et inferes.	*Erbsen und Dickbohnen nach Art des Vitellius: Koche die Erbsen oder Saubohnen. Wenn der Schaum zurückgegangen ist, gib Porree, Koriander und Malvenblüten dazu. Während es kocht, stoße Pfeffer, Liebstöckel, Oregano und Fenchelsamen und gieße garum und Wein zu. Das Ganze in den Topf! Gib Öl dazu, wenn es aufgekocht ist, und rühre um. Gieße grünes Öl darüber und trage auf.*

Im Unterschied zu dem vorhergehenden Rezept werden die Dickbohnen (oder Erbsen) hier nicht püriert, sondern nach dem Kochen lediglich mit einer Sauce gewürzt.

Sie nehmen frische Dickbohnen, schälen sie und kochen sie in gesalzenem Wasser. Wenn es schäumt, schütten Sie ab und geben die Dickbohnen in eine frische Kasserolle. Währenddessen haben Sie Porree und Kräuter zerhackt, mit garum und Wein verrührt und mit Pfeffer abgeschmeckt. Geben Sie alles über die Dickbohnen und gießen ein wenig Öl dazu. Wieder aufkochen lassen, in eine Vorlegschüssel umfüllen, etwas Öl darüber gießen und auftragen.

Mengenangaben für 4 Personen: 2 kg frische Dickbohnen, 2 Porrestangen, 1 Löffel Kräuter, Pfeffer, Salz, 1 Becher Wein und 1 Löffel garum. Öl nach Belieben. Wenn Sie das Rezept mit Erbsen zubereiten: 1 1/2 kg Erbsen (ungepahlt).

Über den Dickbohnen lag ein merkwürdiges Tabu; der Flamen dialis (der oberste Priester) durfte in Rom keine Dickbohnen essen. Die gleiche Vorschrift galt in der griechischen Welt für die Anhänger des Philosophen Phytagoras.

GEBRATENER KÜRBIS
(Apicius 77)

Cucurbitas frictas: oenogaro simplici et pipere.	*Gebratener Kürbis: Würze mit einfachem oenogarum und Pfeffer.*

Sie schälen den Kürbis und schneiden ihn in ziemlich dünne Scheiben. In sehr heißem Öl braten, um zu verhindern, daß die Scheiben zu viel Öl aufsaugen. Auf einen Vorlegteller legen und mit eine Sauce aus oeno-garum und Pfeffer überziehen.

Das Rezept schmeckt sehr gut. Es erinnert an gebratenen Kürbis auf sizilianische Art, auch wegen der Kombination von süß und salzig.

REGIONALES REZEPT AUS SIZILIEN

Gebratener Kürbis auf sizilianische Art. Den Kürbis braten wie oben angegeben. Setzen Sie danach die Pfanne, in der Sie ihn gebraten haben, wieder aufs Feuer, lassen aber nur sehr wenig Öl darin. Geben sie 1 Löffel Essig über die Kürbisscheiben und sal-zen, geben 1 Löffel Zucker und etwas gehackte Minze dazu. Durchziehen lassen und servieren.

Mengenangaben für 4 Personen: Sowohl für dieses wie für das altrömische Rezept rechnen Sie auf 4 Personen 1 kg Kürbis.

KÜRBIS AUF ALEXANDRINISCHE ART
(Apicius 75)

Cucurbitas more Alexandrino: Elixatas cucurbitas exprimis, sale asperges, in patina compones. Teres piper, cuminum, coriandri semen, mentam viridem, laseris radicem, suffundes acetum. Adicies cariotam, nucleum, teres, melle aceto, liquamine, defrito et oleo temperabis, et cucurbitas perfundes. Cum ferbuerint, piper asparges et inferes.	*Kürbis auf alexandrinische Art: Presse die gekochten Kürbisse aus, streue Salz darüber und lege sie in eine Pfanne. Zerstoße Pfeffer, Kumin, Koriandersamen, frische Minze und Silphion und gib Essig zu. Gib Datteln und Pinienkerne dazu und zerstampfe es, schmecke mit Honig, Essig, garum, defrutum und Öl ab und übergieße die Kürbisse damit. Wenn es gekocht hat, streue Pfeffer darüber und trage auf.*

Kochen Sie den in große Stücke geschnittenen Kürbis in Wasser (oder besser, Sie backen ihn im Rohr, er wird dann weniger wässrig). Dann schütten Sie das Wasser ab und geben ihn in ein Gefäß. In der Zwischenzeit bereiten Sie aus den angegebenen Zutaten eine Sauce. Sobald sie fertig ist, geben Sie sie in die Kasserolle zu dem Kür-bis und lassen alles durchziehen. Aufwallen lassen, mit Pfeffer bestreuen und servieren. Wie immer ersetzen Sie das unauffindbare Silphion durch eine ausgedrückte Knoblauchzehe.

Wenn Sie garum verwenden, das Sie selbst aus Most hergestellt haben, brauchen Sie keinen Mostsirup (defrutum) zuzugeben.

Mengenangaben für 4 Personen: 1 kg Kürbis, Pfeffer, Salz, 6 oder 7 Datteln, je 1 Handvoll Pinienkerne und Kräuter, 2 Knoblauchzehen, 1 Teelöffel Honig, 1 Löffel Essig, 1/2 Becher garum und 1 Becher Öl.

BROKKOLI
(Apicius 87)

Cimas: Cuminum, salem, vinum vetus et oleum. Si voles, addes piper et ligusticum, mentam, rutam, coriandrum, folia coliclorum, liquamen, vinum, oleum.	*Brokkoli: Kumin, Salz, alter Wein und Öl. Wenn du willst, gib Pfeffer und Liebstöckel, Minze, Raute, Koriander, Kohlblätter, garum, (einen anderen) Wein und Öl dazu.*

Sie entfernen die härtesten Blätter von den Brokkoli. Dann kochen Sie die Brokkoli in gesalzenem Wasser und schütten ab. Sie übergießen die Brokkoli in der Servierschüssel mit der Sauce aus den im Rezept angegebenen Zutaten. Bei der ersten Variante bereiten Sie eine Sauce aus Kumin, Salz, schwerem Rotwein und Öl, bei der zweiten hacken Sie ungekochte Blätter von Weißkohl (oder Wirsing) fein und vermischen sie mit anderen gehackten Kräutern. Verwenden Sie möglichst frische und nicht getrocknete Kräuter. Geben Sie einen guten Löffel garum zu dem Wein (= oenogarum) und ausreichend Öl. Wenn Sie garum zugeben, brauchen Sie kein Salz.

Mengenangabe für 4 Personen: 1 knappes Kilo Brokkoli (die Sie durch Rübenspitzen ersetzen können), ein paar Wirsing- oder Weißkohlblätter, aromatische Kräuter, garum oder oenogarum, Wein, Öl, Pfeffer.

BROKKOLI MIT WEIZENGRIESS
(Apicius 92)

Coliculis conditis ut supra superfundes alicam elixam cum nucleis et uva passa; piper asparges.	*Brokkoli: Über Brokkoli, die wie oben gewürzt sind, wird gekochter Grieß mit Pinienkernen und Rosinen gegossen; streue Pfeffer darüber.*

Dieses köstliche Rezept kann nach Wunsch mit Grieß oder Couscous zubereitet werden. Im ersten Fall bereiten Sie einen nicht zu dicken Grießbrei zu, dem Sie je eine Handvoll Pinienkerne und (zuvor in etwas Wein eingeweichte) Rosinen zugegeben haben. Sobald er fertig ist, geben Sie den Brei über die Brokkoli, die schon gekocht und wie im vorherigen Rezept angemacht sind. Mit Pfeffer bestreuen.

Im zweiten Fall weichen Sie eine Tasse Couscous in Wasser ein, bringen ihn zum Kochen, geben die schon angemachten Brokkoli dazu und mischen gut durch, damit der Couscous durchzieht.

Gekochter Porree im Salat
(Apicius 93)

> Porros maturos fieri: Pugnum salis, aquam et oleum mixtum facies et ibi coques et eximes. Cum oleo, liquamine, mero et inferes.

> *Reifen Porree bereite so: eine Handvoll Salz, Wasser und Öl, mische es und koche ihn darin und nimm ihn heraus. Serviere ihn in Öl, garum und unvermischtem Wein und trage auf.*

Ein ganz einfaches, aber herzhaftes Rezept. Sie kochen den Porree in Wasser, schneiden ihn in Ringe und überziehen ihn mit einer Sauce aus Öl, garum und Wein. Wieviel Sie davon nehmen, hängt von der Menge Porree und von Ihrem Geschmack ab. Wenn Sie den intensiven und salzigen Geschmack von garum mögen, verwenden Sie es reichlich. Meiner Meinung nach ist Rotwein in diesem Fall eher angebracht als Weißwein.

Porree mit Dickbohnen
(Apicius 96)

> Aliter porros: (Si) in aquam elixati erunt, fabae nondum conditae plurimum admisce conditurae in qua eos manducaturus es.

> *Porree anders: Er soll in Wasser gekocht werden. Mische sehr viel Dickbohnen zu der Gewürzsauce, in der du ihn essen willst.*

Sie kochen den Porree in Wasser, schütten ihn ab, geben ihn in ein Gefäß und würzen — außer mit der Sauce vom vorherigen Rezept — mit Dickbohnen. Praktisch geben Sie also neben dem Porree (gekochte oder rohe) Dickbohnen in das Gefäß und würzen dann. Sie können auch gehackte, aromatische Kräuter dazu tun. Die Dickbohnen können natürlich nur dann roh gegessen werden, wenn sie frisch sind. Die Römer von heute essen sie als Salat.

Erbsen
(Apicius 186)

> Pisa: Pisam coques. Cum despumaverit, porrum, coriandrum et cuminum supra mittis. Teres piper, ligusticum, careum, anetum, ocimum viridem, suffundis liquamen, vino et liquamine temperabis, facies ut ferveat. Cum ferbuerit, agitabis. Si quid defuerit, mittis et inferes.

> *Erbsen: Koche die Erbsen. Wenn der Schaum zurückgegangen ist, gib Porree, Kumin und Koriander zu. Zerstoße Pfeffer, Liebstöckel, Kümmel, Dill, frisches Basilikum; gieße garum dazu, und schmecke mit Wein und garum ab und laß es aufkochen. Wenn es aufgekocht hat, rühre um. Wenn etwas fehlt, gib es dazu und trage auf.*

Dies ist das einzige Rezept in De re coquinaria, in dem wir das Basilikum genannt finden, das in unserer Küche vielleicht meistverwendete aromatische Kraut. Sie nehmen frische Erbsen, pahlen sie aus und kochen sie. Abschütten, wenn sie noch bißfest sind, und in eine frische Kasserolle geben. Etwas Porree hacken und mit Kumin, Koriander und etwas Öl in der Kasserolle andünsten. Geben Sie die Erbsen zu und dann die Sauce. Lassen Sie alles gut durchschmoren, ohne die Erbsen zu verkochen. Servieren.

Mengenangaben für 4 Personen: 1 1/2 kg Erbsen zum Auspahlen (oder eine Packung tiefgekühlter Erbsen), 1 Stange Porree und die Zutaten zu der Sauce.

GRÜNE BOHNEN UND KICHERERBSEN
(Apicius 208)

Faseoli virides et cicer ex sale, cumino, oleo et mero modico inferuntur.	*Frische grüne Bohnen und Kichererbsen werden mit Salz, Kumin, Öl und etwas unverwässertem Wein aufgetragen.*

Es wird nicht recht deutlich, ob es sich hier um ein Gericht aus grünen Bohnen mit Kichererbsen handelt oder ob nun die Art des Würzens für beide empfohlen wird. Auf jeden Fall passen grüne Bohnen und Kichererbsen gut zusammen; also können Sie es ausprobieren.

Um das Rezept zuzubereiten, lassen Sie die Kichererbsen, die Sie über Nacht eingeweicht haben, kochen. Die grünen Bohnen kochen Sie gesondert, denn sie sind schneller gar. Geben Sie das Gemüse in eine Salatschüssel und machen es mit schwerem Wein, Öl und Kumin an.

Mengenangaben für 4 Personen: 300 g Bohnen, 200 g Kichererbsen, Kumin, Öl und Rotwein, Salz und Pfeffer.

Die faseoli virides sind unseren grünen Bohnen ähnlich; die Römer verzehrten Bohnen, Dickbohnen und Erbsen, wenn sie noch jung und sehr zart waren, oft ohne sie zu schälen; sie kochten sie in der Schote, genauso, wie wir es heute mit den grünen Bohnen machen. Die faseoli ließ man aber auch ausreifen, um Bohnen zu erhalten. Doch sind diese mit denen, die wir heute essen, nicht vergleichbar, denn unsere stammen fast alle von amerikanischen Arten ab.

LINSEN MIT ARTISCHOCKENBÖDEN
(Apicius 183)

Lenticula ex sfondilis: Accipies caccabum mundum. Adicies in mortarium piper, cuminum, semen coriandri, mentam, rutam, puleium, fricabis, suffundis acetum, adicies mel, liquamen et defritum, aceto temperabis, reexinanies in caccabo. Sfondilos elicatos teres et mittes ut ferveat. Cum bene ferbuerit, obligas, adicies in boletari oleum viridem.	*Linsen mit Artischockenböden: Nimm einen sauberen Topf. Gib in einen Mörser Pfeffer, Kumin, Koriandersamen, Minze, Raute, Poleiminze, zerreibe es, gieße Essig hinzu, gib Honig, garum und defrutum zu und schmecke mit Essig ab. Schütte es in den Topf. Stampfe gekochte Artischockenböden und gib sie dazu. damit sie aufkochen. Wenn sie gut aufgekocht sind, binde. Gib in die Servierschüssel grünes Öl dazu.*

MENSA SECUNDA

Wie heute wurde die Mahlzeit mit Obst oder Süßspeisen beendet. Auf dem Foto sehen Sie eine Eiercreme, die heiß serviert, mit Pinienkernen und Mohnsamen angereichert und mit dem typischen Süßstoff der Antike zubereitet wird, mit Honig. Feigen, Datteln, Trauben, Birnen, Äpfel und Pflaumen waren die wichtigsten Früchte zum Nachtisch.

HEISSE CREME

Verquirlen Sie die Eier in einer Schüssel mit Mehl und Milch; geben Sie Pfeffer dazu und erhitzen Sie alles in einer Kasserolle. Sobald die Mischung zu kochen beginnt, vom Feuer ziehen, Honig und die mit Wein im Mörser zerstampften Pinienkerne zugeben. Wieder auf die Flamme stellen und etwa 15 Minuten sanft köcheln lassen, damit sich keine Klümpchen bilden. Gießen Sie die fertige Speise in eine Schale und streuen etwas Pfeffer, Mohnsamen und ganze Pinienkerne darüber.

In Apicius' Abhandlung findet die Hauptzutat sämtlicher Linsenrezepte nur in der Überschrift Erwähnung, und dann ist nicht mehr die Rede davon: In der Logik des Rezepts wird als selbstverständlich vorausgesetzt, daß die Linsen vorher eingeweicht, abgeschüttet und gekocht worden sind. Die Spur, die in den Rezepten von den Linsen erhalten blieb, zeigt sich einzig in dem kuriosen Anfangssatz: »Nimm einen sauberen Topf«. Daraufhin folgen die weiteren Zutaten, die zu dem Rezept gehören: In diesem Fall sind es Artischocken und die Sauce, im nachfolgenden Kastanien und die Sauce.

Bei den Artischocken können Sie natürlich tiefgefrorene Artischockenböden verwenden, die im Handel befindlich sind und die die Arbeit vereinfachen. Die Römer aßen ja eigentlich wilde Artischocken (und Kardendisteln) und nicht die gezüchtete Pflanze, die wir heute kennen und die das Ergebnis einer im 16. Jahrhundert begonnenen Auswahl ist; der Geschmack dürfte freilich nicht viel anders gewesen sein als der von heute.

Nehmen wir also gekochte Artischockenböden und legen sie in eine Kasserolle. Dann bedecken wir sie mit Linsen, die gekocht, abgegossen und mit der Sauce gewürzt sind, deren Zutaten Apicius nennt. Selbstverständlich müssen Sie nicht unbedingt alle Kräuter verwenden. Lassen Sie alles durchziehen, bis es aufkocht, geben Sie dann etwas kaltes Öl zu und servieren es.

Das von Apicius erwähnte boletarium war ein Vorlegteller, auf dem Röhrenpilze serviert wurden. Hier nun dient er einem vielleicht weniger noblen, aber ebenso guten Gericht.

Mengenangaben für 4 Personen: 300 g Linsen, 8 große Artischockenböden, dazu die Zutaten für die Sauce.

LINSEN MIT KASTANIEN
(Apicius 184)

Lenticulam de castaneis: Accipies caccabum novum, et castaneas purgatas diligenter mittis. Adicies aquam et nitrum modice, facies ut coquatur. Cum coquitur, mittis in mortario piper, cuminum, semen coriandri, mentam, rutam, laseris radicem, puleium, fricabis, suffundis acetum, mel, liquamen, aceto temperabis et super castaneas coctas refundis. Adicies oleum, facias ut ferveat. Cum bene ferbuerit, tutunclabis (ut in mortario teres). Gustas. Si quid deest, addes. Cum in boletar miseris, addes oleum viridem.

Linsen mit Kastanien: Nimm einen neuen Topf und gib die sorgfältig geschälten Kastanien hinein. Gib Wasser und ein wenig Natron dazu und laß es kochen. Wenn es kocht, gib in einen Mörser Pfeffer, Kumin, Koriandersamen, Minze, Raute, laser-Wurzel und Poleiminze zermahle es. Gieße Essig, Honig und garum dazu und schmecke mit Essig ab und gieße es über die gekochten Kastanien. Gib Öl dazu und laß es aufkochen. Wenn es gut aufgekocht ist, stampfe es, wie du im Mörser stampfst. Koste. Wenn etwas fehlt, gib es dazu. Nachdem du es in eine Servierschüssel getan hast, gieße grünes Öl darüber, streue Pfeffer darauf und serviere.

Es handelt sich praktisch um ein Kastanienpüree, das zu den gekochten Linsen gereicht wird. Sie können, wenn Ihnen das bequem erscheint, tiefgefrorene, bereits geschälte, kochfertige Kastanien kaufen. Während sie kochen, bereiten Sie die Sauce zu. Die Kastanien pürieren und mit der fertigen Sauce würzen. Dann gießen Sie das Ganze auf die gekochten Linsen. Auf dem Feuer durchziehen lassen und servieren.

Mengenangaben für 4 Personen: 400 g Linsen, 1 Packung tiefgefrorene Kastanien und die Zutaten zu der Sauce.

10. Kapitel
DAS DESSERT
mensa secunda

Der Zuckerbäcker
Kuchen in tausend Formen
wird hier diese Hand dir gestalten.
Müht sich für diese allein
sparend die Biene doch ab.

(Martial XIV, 222)

Weizenmehl
Willst du vom Weizenmehl
Wert und Verwendungen nennen,
schaffst du es nicht,
da so oft Koch wie auch Bäcker es braucht.

(Martial XIII, 10)

Nußpfirsiche und Granatäpfel
Nicht von lybischem Ast
Nußpfirsich und Frucht des Granatbaums,
schenken wir dir, o nein!,
von nomentanischem Baum.

(Martial XIII, 42)

D̲as Bankett endete mit einem reichhaltigen Gang, der aus Süßspeisen, frischen oder getrockneten Früchten, salzigen kleinen Fladen und zuweilen auch Würsten und Käse bestand.

Die römischen Süßspeisen, deren Rezepte wir kennen, sind von Cato und Apicius auf uns gekommen, doch die Verschiedenheit der jeweiligen Adressaten der Rezepte und die Jahrhunderte, die von Cato bis Apicius verstrichen, bewirkten zwischen diesen beiden Gruppen von Nachspeisen auffallende Unterschiede. Die von Cato empfohlenen süßen Speisen sind für den Verwalter eines landwirtschaftlichen Guts und seine Familie bestimmt, weshalb es sich um einfache, »ärmliche«, bäuerliche Gerichte handelt. Sie lassen sich hauptsächlich durch die Verwendung von Mehl, Frischkäse und Honig charakterisieren. Mit diesen drei Zutaten wird phantasievoll gearbeitet. Wenn wir diese Rezepte nachkochen, können wir sie natürlich durch die Zugabe von Eiern anreichern.

Die von Apicius angeratenen delikaten Süßspeisen sollten dagegen die anspruchsvollen Gaumen überfeinerter Gäste zufriedenstellen. Aus diesem Grunde finden wir in De re coquinaria raffinierte Puddinge, delikate Obstaufläufe, süße Omeletts und Eiercremes.

Was nun den Käse anbelangt, ist es natürlich nicht einfach zu wissen, wie er in den Antike beschaffen war. Wenn Sie freilich Ihren Gästen am Ende des Mahls Ziegen- und Schafskäse, gegrillte oder geräucherte Scamorza (einen frischen Weichkäse) oder eine Scamorza vom Rost vorsetzen, dürften Sie dem antiken Geschmack nahekommen.

Sie können außerdem je nach Jahreszeit getrocknete oder frische Früchte anbieten; sie sind in Italien heute wie zur Zeit der Römer im Überfluß vorhanden.

Im folgenden Kapitel, das sich mit der Aufbewahrung von Speisen befaßt, werden Sie einige Vorschläge zum Füllen vom Datteln und Feigen und zum Würzen von Oliven finden; das könnte Sie inspirieren, wenn Sie für Ihre Gäste den letzten »römischen« Gang anrichten.

MOSTBROTE
(Cato CXXI)

Mustaceos sic facito: Farinae siligineae modium unum msuto conspargito. Anesum, cuminum, adipis. P.II, casei libram, et de virga lauri deradito, eadem addito, et ubi definxeris, lauri folia subtus addito, coques.	*Mostbrote mache so: Einen Scheffel Weizenmehl besprenge mit Most. Anis, Kumin, 2 Pfund Fett, 1 Pfund Käse und schabe von einem Lorbeerzweige (Rinde) ab. (das alles) füge hinzu. Und sobald du die Kuchen geformt hast, lege Lorbeerblätter unter, während du bäckst.*

Verkneten Sie Mehl mit Schweinschmalz, Ricotta und Most, geben Anis und Kumin dazu und Lorbeerrinde, wenn Sie welche finden. Formen Sie flache kleine Fladen, die sie auf dem Feuer in einer beschichteten Pfanne backen, wobei sie jeden Fladen auf ein oder zwei Lorbeerblätter setzen. Kein Fett dazugeben, so wie man es bei der »Piadina« aus der Romagna macht.

Mengenangaben: auf 100 g Mehl 15 g Schweineschmalz und 7 g Ricotta; vom Most nehmen Sie soviel, wie Sie für einen weichen Teig brauchen. Das Mehl nimmt nicht immer die gleiche Flüssigkeitsmenge auf. Die durchschnittliche Menge ist wohl in jedem Fall 1 Löffel Most auf 100 g Mehl.

Der Name dieser Speise hat in manchem Gebäck überlebt, das heute noch in verschiedenen Regionen Italiens hergestellt wird, von den lombardischen »mustazzit« zu den kalabresischen »mostaccioli«, den »mustazzola« aus Messina, sizilianischem Gebäck also, zu den apulischen »mustazzueli«. In all diesen kleinen Kuchen aber ist der Most, die Zutat, die ihnen den Namen gegeben hat, im Lauf der Jahrhunderte verschwunden. Bei keinem dieser Kekse ist nämlich für die Zubereitung Most vorgesehen!

MOSTBRÖTCHEN
(Apicius 297)

Aliter dulcia: Musteos Afros optimos rades et in lacte infundis. Cum biberint, in furnum mittis, ne arescant, modice. Exime eos calidos, melle perfundis, compungis ut bibant. Piper aspergis et inferes.	*Eine Süßspeise auf andere Art: Entferne von den besten afrikanischen Mostbrötchen die Kruste und weiche sie in Milch ein. Wenn sie vollgesogen sind, gib sie in den Ofen, aber nicht zu lange, damit sie nicht austrocknen. Nimm sie heiß heraus, übergieße sie mit Honig und steche hinein, damit sie sich vollsaugen. Streue Pfeffer darauf und serviere.*

Das ist fast das Rezept der französischen »petits pains perdues«, nur daß kein Ei dabei ist. Das Brot aus Alexandria war in der antiken Welt berühmt für seine Güte: Offenbar waren es die Ägypter, die als erste den Sauerteig entdeckten und keinen Zwieback buken, sondern weiche Brötchen. Wir haben diese speziellen Brötchen leider nicht zur Verfügung, deshalb müssen wir sie durch Milchbrötchen ersetzen. Um den delikaten

Geschmack des Mosts dennoch zu erhalten, schlage ich vor, den Honig in einem Becher Most auf kleiner Flamme aufzulösen, bevor er über die Brötchen gegeben wird.

GEBRATENE BRÖTCHEN
(Apicius 298)

| Aliter dulcia: Siligineos rasos frangis et buccellas maiores facies. In lacte infundis, frigis et in oleo, mel superfundis et inferes. | *Eine Süßspeise auf andere Art: Zerbrich Weizenbrötchen ohne Kruste und mache größere Brocken. Weiche sie in Milch ein und brate sie in Öl, gieße Honig darüber und serviere.* |

Eine Variante des vorigen Rezepts, und ebenso delikat. Weichen Sie das Brot nicht so lange ein, damit es während des Braten nicht zuviel Öl aufsaugt. In Samenöl sehr heiß braten und sofort Honig darüber verteilen. Sie nehmen natürlich eine eher flüssige Honigsorte.

GEBACKENE CREME
(Apicius 301)

| Aliter dulcia: Accipies similam, coques in aqua calida ita ut durissimam pultem facias, deinde in patellam expandis. Cum refrixerit, concidis quasi dulcia et frigis in oleo optimo. Levas, perfundis mel, piper aspergis et inferes. Melius feceris, si lac pro aqua miseris. | *Eine Süßspeise auf andere Art: Nimm Weizenauszugsmehl, koche es in heißem Wasser, so daß du einen sehr festen Brei erhältst, und rolle ihn dann auf einem Backblech aus. Wenn er abgekühlt ist, schneide gleichsam Plätzchen aus und backe sie in bestem Öl. Nimm sie heraus, übergieße sie mit Honig, streue Pfeffer darauf und serviere. Besser wirst du sie noch machen, wenn du Milch statt Wasser dazugibst.* |

Das Rezept erinnert sehr an gebackene Grießschnitten und gebackene Creme, die zu den appetitlichsten Leckereien italienischer Nachspeisen gehören. Kleine Laibe aus süßen gebackenem Brei sind eine Spezialität aus dem Piemont («fricia«), während die gebratene Creme aus der Emilia kommt.

Ich bringe hier zum Vergleich das köstliche Rezept aus dem Kochbuch von Artusi.

REGIONALES REZEPT AUS DEM PIEMONT

Süßgebackenes. Sie setzen Milch mit Butter und Zucker aufs Feuer, und wenn sie zu kochen beginnt, rühren Sie mit einem Kochlöffel nach und nach den Grieß ein und salzen. Sie schlagen ein Ei hinein und verrühren es. Wenn das Ei legiert, nehmen Sie den Brei vom Feuer und streichen ihn fingerdick auf ein mit Butter gefettetes Tablett oder auf ein gemehltes Nudelbrett. Mandelförmig ausschneiden und zuerst in gequirltem Ei, dann in Semmelbrösel wenden, dann backen. Mit Puderzucker überstäuben, wenn Sie es süßer mögen, und als eigenen Gang servieren, oder als Beilage zu gebackenem Fleisch.

Mengenangabe: 70-80 g feiner Grieß, 3 Deziliter Milch, 1 Ei, 3 Löffel Zucker, 1 Nuß Butter, 1 Prise Salz, abgeriebene Zitronenschale.

Die gebackene Creme dagegen ist sehr fest und wird genauso zubereitet wie der Brei, d.h. in breite Streifen geschnitten und gebacken.

HEISSE CREME
(Apicius 300)

Aliter dulcia: Piper, nucleos, mel, rutam et passum teres, cum lacte et tracta coques. Coagulum eoque cum modicis ovis. Perfusum melle, (pipere) aspersum inferes.	*Eine Süßspeise auf andere Art: Stampfe Pfeffer, Pinienkerne, Honig, Raute und Likörwein mit Milch und koche den Teig. Koche mit ein paar Eiern den Brei. Serviere ihn mit Honig begossen und mit Pfeffer bestreut.*

Es handelt sich wahrscheinlich um eine warme Eiercreme. Ich habe sie jedesfalls wie unsere »crema pasticcera« zubereitet und fand sie exquisit (ohne Raute ist sie besser!). Sie verquirlen die Eier in einer Terrine mit Mehl und Milch, geben Pfeffer zu und kochen alles in einer Kasserolle auf. Sobald der Siedepunkt nahezu erreicht ist, nehmen Sie das Gemisch vom Feuer, geben Honig und Pinienkerne dazu, die Sie im Mörser mit Wein zusammen zerrieben haben. Wieder 15 Minuten lang kochen lassen, bei ganz kleiner Flamme, damit sich keine Klümpchen bilden. In eine große Schale oder in mehrere kleine Schälchen gießen und dann für jedes einen Teelöffel Honig und eine Prise Pfeffer zugeben.

Mengenangaben für 4 Personen: 3 ganze Eier, 3 Löffel Mehl, 4 Deziliter Milch, 70-80 g Pinienkerne, 1 (oder 2) Löffel Likörwein, 3 Löffel Honig.

EIERCREME
(Apicius 302)

Tiropatinam: Accipies lac, adversus quod patinam aestimabis, temperabis lac cum melle quasi ad lactantia, ova quinque ad sextarium mittis, si ad eminam, ova tria. In lacte dissolvis ita ut unum corpus facias, in cumana colas et igni lento coques. Cum duxerit ad se, piper aspargis et inferes.	*Patina mit Milchcreme: Nimm Milch, schätze die Menge je nach Größe der Auflaufform ab, schmecke die Milch mit Honig wie für Milchbrei ab und gib fünf Eier auf einen Sester dazu und drei auf einen Hämin. Verrühre sie so in der Milch, daß du eine glatte Masse erhältst, passiere es in eine Tonkasserolle und koche auf kleiner Flamme. Wenn sie steif geworden ist, streue Pfeffer darauf und serviere.*

Die Mengenangaben werden diesmal von Apicius selbst genau angegeben: 5 Eier auf einen halben Liter Milch, 3 Eier auf 1/2 Liter. Die Creme ist exquisit und erinnert an die »Crème au bains-marie« oder die »Oeufs au lait« der französischen Küche oder an die englischen »eggs custard«. Sogar das Detail, die Mischung durchzufiltern, erinnert an das Verfahren, das alte Küchenbücher erwähnen: »durch Gaze filtern« oder — wie die Damen aus Mailand zu sagen pflegten — »durch Etamin filtern«.

SÜSSE OMELETTS
(Apicius 129-143)

Patina versatilis: Nucleos, nuces fractas, torres eas et teres cum melle, pipere, liquamine, lacte et ovis. Olei modicum.

Patina versatilis vice dulci: Nucleos pineos, nuces fractas et purgatas, attorebis eas, teres cum melle, pipere, liquamine, lacte, ovis, modico mero et oleo.

Gestürztes Omelett: Pinienerne und gehackte Walnüsse; zerstoße sie und stampfe sie mit Honig, Pfeffer, garum, Milch und Eiern. Gib etwas Öl dazu.

Gestürztes Omelett, als Süßspeise serviert: Nimm Pinienkerne und geschälte, gehackte Nüsse, röste sie und zerstampfe sie mit Honig, Pfeffer, garum, gib Milch, Eier, ein wenig reinen Wein und Öl dazu.

Diese beiden Omeletts sind fast gleich: Der einzige kleine Unterschied besteht in der Zugabe von Wein beim zweiten. Der Name patina rührt von dem Gefäß, patina oder patella, in dem sie gebacken wurden. Im allgemeinen handelte es sich dabei um ein Gefäß aus Ton, eine nicht allzu tiefe Schüssel, die zum Backen in Asche benutzt wurde. Die Gerichte, die bei Apicius diesen Namen tragen, sind Omeletts oder Aufläufe. Meist ist es klar, daß es sich um ein Omelett handelt, weil Apicius dann von patina versatilis, d.h. einer »gestürzten patina« (= Eierkuchen) spricht.

Dessert für 4 Personen: Nehmen Sie 4 Eier, 200 g geschälte und grob gehackte Pinienkerne und Walnüsse, 4 Deziliter Milch, 2 Löffel Wein (nach Belieben rot oder weiß), 2 Löffel Öl, 1 Prise Pfeffer und 20 g Honig.

Meiner Meinung nach ist es in diesem Fall besser, das garum wegzulassen. Wenn Sie das Rezept von Apicius buchstabengetreu nachkochen wollen, zerkleinern Sie die Pinienkerne nicht. Sie rösten die Kerne in einer beschichteten Pfanne ohne Fett, geben sie auf den Vorlegteller und stürzen das Omelett darauf.

HONIG-OMELETT
(Apicius 303)

Ova sfongia ex lacte: Ova quattuor, lactis eminam, olei unciam in se dissolvis ita ut unum corpus facias. In patellam subtilem adicies ole i modicum, facies ut bulliat et adicies inpensam quam comparasti. Una parte cum fuerit coctum, in disco vertes, melle perfundis, piper aspargis et inferes.

Omelett mit Milch: Verrühre vier Eier, eine Hämin Milch (1/2 Liter), eine Unze Öl (etwa 30 g) miteinander, so daß du eine glatte Masse erhältst. Gib auf ein dünnes Backblech ein wenig Öl, laß es aufkochen und gib die Masse dazu, die du vorbereitet hast. Wenn sie von einer Seite gar ist, stürze sie auf eine Platte, übergieße sie mit Honig, streue Pfeffer darauf und serviere.

Dies ist nichts weiter als ein süßes Omelett. Es erscheint mir nicht notwendig, dazu weitere Erklärungen zu geben, jeder von uns weiß ja, wie ein Omelett zubereitet wird. Denken Sie daran, es nicht zu lange backen zu lassen: das Rezept betont, daß es »auf einer Seite« gebacken sein solle. Sobald es sich vom Pfannenboden ablöst, geben Sie es auf einen Teller, überziehen es mit eher flüssigem Honig und bestreuen es mit Pfeffer.

Eine Variante könnte sein, anstelle von Pfeffer Mohn zu verwenden. Es wäre wohl kein allzu großer Verstoß gegen das Rezept, denn die Römer machten von diesen Samen in der Küche reichlich Gebrauch (siehe folgendes Rezept).

Mengenangaben für 4 Personen: 4 Eier, 2 Deziliter Milch, 2 Löffel Öl, 3 Löffel Honig.

»SAVILLUM«
(Cato LXXXIV)

Savillum hoc modo facito: Farinae selibram, casei P.II S una commisceto quasi libum, addito mellis P. et ovum unum. Catinum fictile oleo unguito. Ubi omnia bene commiscueris, in catinum indito, catinum testo operito. Videto ut bene percocas medio, ubi altissimum est. Ubi coctum erit, catinum eximito, melle unguito, papaver infriato, sub testum subde paulisper, postea eximito. Ita pone cum catillo et lingula.	*Baiser-Napfkuchen mache so: 1/2 Pfund (Dinkel)mehl und 2 1/2 Pfund Käse mische wie beim Libum, (dazu) 1/2 Pfund Honig und 1 Ei. Einen irdenen Napf wische mit Öl aus. Sobald du alles gut miteinander vermischt hast, tue es in den Napf; den Napf bedecke mit einer irdenen Stürze. Sieh zu, daß du die Mitte, wo (der Kuchen) am höchsten ist, gut durchgebacken bekommst. Sobald (der Kuchen) gebacken ist, nimm den Napf (vom Herde) herunter, bestreiche (den Kuchen) mit Honig, streue Mohn darauf, setze (den Napf) noch eine Weile unter die irdene Stürze, dann nimm ihn herunter; so setze ihn mit dem Napfe vor und (dazu) Löffelchen.*

Es handelt sich um einen Napfkuchen mit Käse: Vermengen Sie Frischkäse, möglichst römische Ricotta, mit Mehl, Honig und dem Ei. Sie fetten eine Backform mit Öl ein, geben das Gemisch hinein und backen es im Rohr. Nach Ende der Backzeit streichen Sie Honig darüber und bestreuen es mit Mohn, stellen es noch einmal für 5 Minuten ins Rohr und servieren es dann. Die von Cato genannte Kochart ist so zu verstehen: Der Teig wurde in ein Tongefäß gegeben; darauf setzte man die Stürze, eine Art Deckel aus Ton oder Kupfer, der mit Glut bedeckt wurde, und ließ ihn backen. Nach beendeter Kochzeit schob man den Kuchen noch einmal kurz in den noch warmen Herd, diesmal ohne Deckel (Cato LXXVI).

Mengenangaben für 4 Personen: 150 g Mehl, 750 g Frischkäse oder Ricotta, 70 g Honig, 1 Ei. Im heißen Herd (bei 200 Grad) etwa 20-30 Minuten lang backen.

Um zu vermeiden, daß die Oberfläche verbrennt, in der ersten Hälfte der Backzeit mit Alufolie abdecken.

MOHNKLÖSSE
(Cato LXXIX)

Globos sic facito. Caseum cum alica ad eundem modum misceto. Inde quantos voles facere facito. In ahenum caldum unguen indito. Singulos aut binos coquito versatoque crebro duabus rudibus, coctos eximito, eos melle unguito, papaver infriato, ita ponito.	*Mohnklöße mache so: Käse mische mit Graupe in derselben Weise. Daraus mache soviel Klöße, wie du machen willst. In ein erwärmtes Bronzegefäß tue Fett. Schmore (darin) immer ein oder zwei Klöße und drehe sie häufig mit zwei Holzlöffeln um; wenn sie geschmort sind, nimm sie heraus, bestreiche sie mit Honig, bestreue sie mit Mohn (und) trage sie so auf.*

Hier handelt es sich um süßes Schmalzgebäck, etwa in der Art der lombardischen Tortelli zu Fasching. Sie bereiten sie aus Mehl und Frischkäse zu und backen sie möglichst in Schweineschmalz aus, wie man es früher tat.

PUNISCHER BREI
(Cato LXXXV)

Pultem punicam sic coquito. Libram alicae in aquam indito, facito uti bene madeat. Id infundito in alveum purum, eo addito casei recentis P.III, mellis P.S., ovum unum, omnia permisceto bene. Ita insipito in aulam novam.	*Punischen Brei koche so: Schütte 1 Pfund Graupe ins Wasser; laß sie schön weich werden. Das gieße in einen reinen Trog, dazu 3 Pfund frischen Käse, 1/2 Pfund Honig und ein Ei: rühre alles gut zusammen. So schütte es in einen neuen Topf.*

Unter den Rezepten, die uns von Cato überliefert sind, ist dies vielleicht das berühmteste: Mit Erleichterung stellen wir fest, daß auch der unnachgiebige Zensor seine »Schwächen« hatte. »Cartago delenda est«! – aber der puls punica natürlich nicht!

Aber kehren wir zu dem Rezept zurück und sehen, wir wir es nachkochen können.

Der von Cato gebrauchte Begriff alica ist heute schwer exakt zu bestimmen: da er von einem Schriftsteller des 3. Jahrhunderts v.Chr. benutzt wird, ist wahrscheinlich, daß er »grob gehackten Dinkel« bedeutet; das Hartkorn Dinkel konnte nämlich nicht zu so feinem Mehl gemahlen werden wie jenes, das heute im Gebrauch ist. Da aber zu Catos Zeiten schon Weichkorn (triticum) verbreitet wurde, könnte der Begriff alica auch der Name einer Weizenmehlsorte sein, die mehr oder weniger so war wie unser Mehl heute. Für die Zubereitung des »Punischen Breis« müssen wir uns also für eine dieser beiden möglichen Interpretationen entscheiden und entweder zerstoßenes Getreide oder Weizenmehl nehmen.

Rezept mit Mehl

Nachdem Sie das Mehl in Wasser oder Milch aufgelöst haben, kneten Sie Frischkäse darunter und geben Honig und die Eier dazu.

Sie schieben die Mischung in den vorgeheizten Ofen (250 Grad) und backen sie 30 Minuten lang.

Mengenangabe für 4 Personen: 300 g Mehl, 900 g Ricotta (oder anderer Frischkäse), 7 Deziliter Wasser (oder Milch), 100 g Honig, 1-2 Eier.

Rezept mit zerstoßenem Getreide

Weichen Sie 2 Tassen Getreide in Wasser ein: Sie finden es im Supermarkt unter dem Namen Pilpil oder Couscous. Dann mischen Sie die anderen Zutaten unter und backen das Ganze wie im Rezept vorher. Diese Mischung ist weniger fett als die andere.

Wenn Sie die puls punica als Vorspeise servieren wollen, geben Sie keinen Honig, sondern ein paar aromatische Kräuter und Pfeffer dazu.

»SCRIBLITA«
(Cato LXXVIII)

Scriblitam sic facito. In balteo tractis caseo ad eundem modum facito, uti placentam, sine melle.	*Eine Scriblita mache so: Innerhalb des Randes mache es mit den Fladen (und) mit dem Käse in derselben Weise wie eine Placenta, (nur) ohne Honig.*

Es handelt sich um einen Käsekuchen, der zwar salzig ist, aber nach demselben Verfahren wie bei der Placenta (siehe nächstes Rezept) zubereitet wird. Man kann sie als Vorspeise servieren, zusammen mit heißen Würsten und grünen und schwarzen Oliven.

»PLACENTA«
(Cato LXXVI)

Placentam sic facito: Farinae siligineae L. II, unde solum facias, in tracta farinae L. IIII et alicae primae L. II. Alicam in aquam infundito. Ubi bene mollis erit, in mortarium purum indito siccatoque bene. Deinde manibus depsito. Ubi bene subactum erit, farinae L. IIII paulatim addito. Id utrumque tracta facito. In qualo ubi arescant componito. Ubi arebunt componito puriter. Cum facies singula tracta, ubi depsueris, panno oleo uncto tangito et circumtergeto unguitoque. Ubi tracta erunt, focum ibi coquas calefacito bene et testum. Postea farinae L. II conspargito condepsitoque. Inde facito solum tenue. Casei ovilli P. XIIII, ne acidum siet et bene recens, in aquam indito. Ibi macerato, aquam ter mutato. Inde eximito siccatoque bene paulatim manibus, siccum bene in mortarium imponito. Ubi omne caseum bene siccaveris, in mortarium purum manibus condepsito comminuitoque quam maxime. Deinde cribrum farinarium purum sumito, caseumque per cribrum facito transeat in mortarium. Postea indito mellis boni P. IIII S, id una bene comisceto cum caseo. Postea in tabula pura quae pateat P. I ibi balteum ponito, folia laurea uncta supponito, placentam fingito. Tracta singula in totum solum primum ponito, deinde de mortario tracta linito, tracta addito singulatim, item linito usque adeo donec omne caseum cum melle abusus eris. In summum tracta singula indito, postea solum contrahito ornatoque

Die Placenta mache so: Nimm 2 Pfund Siligo-Weizenmehl, um daraus den Kuchenboden zu machen: für die Fladen (nimm) 4 Pfund (Dinkel?)mehl und 2 Pfund »prima Graupe«. Die Graupe schütte in Wasser. Sobald sie gut weich (geworden) ist, tue sie in einen reinen Mörser und trockne sie gut. Darauf knete sie mit den Händen. Sobald sie gut durchgearbeitet ist, füge nach und nach 4 Pfund (Dinkel)mehl dazu. Aus diesen (Bestandteilen) mache die Fladen. Lege sie in Körbchen, damit sie trocknen. Sobald sie trocken sind, lege sie sauber übereinander. Wenn du (so) die einzelnen Fladen gemacht hast, nachdem du sie geknetet hattest, betupfe sie mit einem ölgetränktem Lappen und wische (damit) (darauf) ringsherum und tränke sie (so mit Öl). Sobald sie betupft sind, mache den Herd, worauf du backen willst, gut warm und (ebenso) die tönerne Stürze. Dann besprenge die zwei Pfund Siligo-Weizenmehl mit Wasser und knete sie. Daraus mach dünn den Kuchenboden. 14 Pfund Schafskäse – nicht sauer und schön frisch – lege in Wasser. Darin weiche ihn auf; wechsle dreimal das Wasser. Nimm ihn heraus und trockene ihn allmählich gut mit den Händen; schön trocken lege ihn in den Mörser. Sobald du den ganzen Käse schön trocken gemacht hast, zerkrümele ihn mit den Händen in einem reinen Mörser und zerkleinere ihn möglichst. Dann nimm ein reines Mehlsieb und (schütte) den Käse hinein (und) laß ihn durch das Sieb in den Mörser fallen. Darauf laß 4 1/2 Pfund guten Honig in den Mörser laufen. Rühre ihn gut mit dem Käse zusammen. Darauf bringe an einem reinen Brettchen,

focum... de ve primo temperatoque, tunc placentam imponito, testo caldo operito, pruna unsuper, et circum operito. Videto ut bene et otiose percoquas. Aperito, dum inspicias, bis aut ter. Ubi cocta erit eximito et melle unguito. Haec erit placenta semodialis.

das 1 Fuß Durchmesser hat, daran bringe einen Rand an; lege ölgetränkte Lorbeerblätter unter (und) forme die Placenta. Zuerst lege einen einzelnen Fladen auf den ganzen Kuchenboden, darauf bestreiche den Fladen aus dem Mörser. Die Fladen schichte einzeln auf; ebenso bestreiche sie einzeln, bis du den ganzen Käse mit dem Öl verbraucht hast. Obenhin lege einen einzelnen Fladen (ohne Aufstrich). Nachher ziehe den Kuchenboden (nach oben) zusammen und versieh den Herd gut mit glühender Holzkohle und stelle die richtige Wärme her. Danach setze die Placenta auf, bedecke sie mit einer warmen tönernen Stürze (und) bedecke (die Stürze) oben und ringsum mit glühender Kohle. Sieh darauf, daß sie (die Placenta) gut und gemächlich durchbäckt. Decke zwei bis drei Mal auf, während du nachsiehst. Sobald sie gebacken ist, nimm sie heraus und bestreiche sie mit Honig. Dies wird eine Placenta von 1/2 Scheffel werden.

Der Rezept ist sehr kompliziert, es sieht zwei verschiedene Teigarten vor und eine Mischung aus Käse und Honig. Aus diesem Grund ist klar, daß das Endprodukt dem Fladenbrot, wie wir es kennen, in nichts verwandt ist, zum Beispiel der Foccacia aus Genua, dieser Focaccia schlechthin! Wenn wir einen weicheren Teig erhalten wollen, geben wir ein Ei an den ersten Teig und ein Ei zusammen mit zwei Löffeln Schweineschmalz an den Teig für die kleinen Fladen. Catos Rezept war nämlich für Sklaven bestimmt und deshalb etwas frugal. Wurde es für den Herrn zubereitet, war es selbstverständlich üppiger. Deshalb fühlen wir uns dazu berechtigt, diese Variante vorzuschlagen.

Wir bereiten also einen Teig aus 200 g Mehl und so viel Wasser wie nötig zu. Dann bereiten wir aus 400 g Mehl und 2 Tassen zerstoßenem (zuvor eingeweichtem und gekochtem) Getreide einen anderen Teig, den wir in viele kleine Stücke zerteilen (das sind die Fladen Catos), so wie wir es bei der Zubereitung der Ostertorte tun. Damit wir sie für den Kuchen verwenden können, werden diese Teigstückchen zu kleinen Fladen geformt. Schließlich bereiten wir noch die Käse-Honig-Mischung zu.

Nun schreiten wir zur Herstellung des Kuchens: Wir legen eine Backform mit ölgetränkten Lorbeerblättern aus, darauf kommt der Teig, den wir zuerst gerührt haben, und zwar so, daß er überlappt; dann beginnen wir, die vorbereiteten Fladen darauf auszulegen. Sie sollen dicht nebeneinander gesetzt werden, bis sie auf dem Teig eine Schicht bilden. Nun bestreuen Sie diese erste Schicht mit dem Käse-Honig-Gemisch. Dann fangen wir wieder an, legen eine neue Schicht aus Fladen aus und fahren so fort: wenn eine Fladenschicht fertig ist, bestreuen wir sie jedesmal reichlich mit Käse und Honig. Sobald wir die vorbereiteten Teigstückchen aufgebraucht haben, ziehen wir die Ränder des überlappenden ersten Teigbodens hoch, klappen sie zusammen und schieben alles ins Rohr. Die Backzeit ist lang und dürfte bei mittlerer Flamme (180-200 Grad) etwa 1 Stunde betragen.

Mengenangaben für 4-6 Personen: (eine Form von 20 cm Durchmesser), 600 g Mehl, 1/2 Tasse Couscous (etwa 2 Tassen nach dem Kochen), 800-900 g Ricotta, 6 Löffel Honig, 10 Lorbeerblätter, eventuell 2 Eier und 2 Löffel Schweineschmalz.

SCHNECKEN
(Cato LXXVII)

Spiram sic facito. Quantum voles pro ratione, ita uti placenta fit, eadem omnia facito, nisi alio modo fingito. In solo tracta cum melle oblinito bene, inde tamquam restim tractes facito, ita imponito in solo, simplicibus completo bene arte. Cetera omnia, quasi placentam facias, facito coquitoque.

Eine Schnecke mache so: Soviel du willst, (nur) in demselben Verhältnisse, so wie eine Placenta gemacht wird, dasselbe mache alles; nur forme (die Schnecke) auf andere Weise. Auf dem Kuchenboden bestreiche die Fladen gut mit (dem Käse) Honig. (Dann) mache es, wie wenn du daraus einen Strick ausziehen wolltest. So lege sie auf den Kuchenboden. In einfachen Schneckenlinien fülle (den Kuchenboden) gut (und) dicht an dicht. Das übrige mache alles und backe, als ob du eine Placenta machtest.

Verfahren Sie wie bei dem vorigen Rezept, aber rollen Sie die Teigbänder spiralenförmig auf. Der fertige Kuchen besteht aus vielen kleinen, goldbraun getönten Schnecken.

Dieses Rezept erinnert an ein typisch italienisches Gebäck, den »Frustingolo« aus den Marken und die »Sebada« (oder »Seada«) aus Sardinien. Ich bringe hier zum Vergleich das Rezept der sardischen »Sebada«, eine köstliche Spezialität aus der Provinz Nuoro.

REGIONALES REZEPT AUS SARDINIEN

»Sebada«. Aus Wasser, Mehl und Schmalz einen Teig bereiten und dünn ausrollen. Eine Mischung aus Frischkäse, Grieß und Wasser zubereiten und etwas geriebene Zitronenschale zugeben. Diese Mischung sollte in einer Kasserolle solange gekocht werden, bis zu zu einer einheitlichen Masse verschmolzen ist. Abkühlen lassen und dann viele kleine Laibe daraus formen; dann jeden Laib so flachdrücken, daß ein kleiner Fladen von 8-10 cm Durchmesser entsteht.

Nachdem diese kleinen Fladen vorbereitet sind, wieder den ersten Teig nehmen: darauf nun die kleinen Fladen schichten, jede Schicht mit etwas (miteinander vermischtem) Honig und Käse bestreichen. Wenn die Fladen aufgebraucht sind, die große erste Teigplatte über der »Füllung« zusammenklappen. Die Speise kann in einer Backform in den Ofen geschoben und gebacken werden, oder es werden mit einer kleinen Form viele Platten ausgestanzt und in siedendem Öl ausgebacken.

Bei dieser zweiten Variante sollten die frittierten »Sebadas« mit bitterem Honig überzogen und mit Puderzucker bestreut werden.

Mengenangaben: 400 g weißes Mehl, 300g Frischkäse, 50 g Schmalz, Zitronenschale, eventuelle bitterer Honig und Puderzucker.

»LIBUM«
(Cato LXXV)

Libum hoc modo facito: Casei P. II bene disterat in mortario. Ubi bene destirverit, farinae siligineae libram, aut, si voles tenerius esse, semilibram semilaginis eodem indito, permisceto-que cum caseo bene. Ovum unum addito et una permisceto bene. Inde panem facito, folia laurea subdito: in foco caldo sub testu coquito leniter.

Libum mache so: Zwei Pfund Käse zerreibe man gut im Mörser. Wenn man ihn gut zerrie-ben hat, schütte ein Pfund Siligo-Weizenmehl, oder, wenn du feiner essen willst, nur ein halbes Pfund Similago-Weizenmehl dazu und verrühre es gut mit dem Käse. Füge ein Ei hinzu und verrühre es gut damit. Daraus mache ein Brot, lege Blätter unter (und) backe es gelinde auf dem warmen Herde unter einer irdenen Stürze.

Dieses Brot wurde so genannt, weil es ein Fladen war, der auch für Opfergaben verwen-det wurde: Erinnern wir uns daran, daß Cato diese Rezept für den Massaro, den Gutsver-walter, verfaßt hat, zu dessen Aufgaben es gehört, die rituellen Gaben »... beim Fest der Lares compitales, an der Wegkreuzung oder an der Feuerstelle« (Cato V) zu opfern.

Wenn die Fladen für die Lares compitales gut genug waren, dann möchten wir sie auch probieren! Mit 700 g Frischkäse (oder Ri-cotta) vermengen wir 300 g Mehl und 2 Eier; dann formen wir nicht zu große Bröt-chen und backen sie im Ofen etwa 30 Minu-ten bei mittlerer Flamme (180 Grad).

»APOTHERMUM«
(Apicius 58)

Apotermum sic facies: Alicam elixam cum nucleis et amigdalis depilatis et in aqua infusis et lotis ex creta argen-taria ut ad cadorem pariter perducan-tur. Cui ammiscebis uvam passam, carenum vel passum. Desuper (piper) confractum asparges et in boletari inferes.

Apothermum mache so: Mische gekochten Grieß mit geschälten, in Wasser eingeweich-ten und, damit sie gleichmäßig weiß werden, mit Kreide zum Silberputzen gewaschenen Nüssen und Mandeln, schließlich mit Rosi-nen, caroenum oder passum, außerdem streue Brösel darüber und trage in einer Schüssel für Röhrenpilze auf.

Bei dieser Mischung kommt die Süße vom Likörwein; es handelt sich praktisch um einen sehr feinen Grießpudding. Meiner Meinung nach ist es gut, den Grieß in Milch und nicht in Wasser zu kochen: Erhitzen Sie die Milch in einer Kasserolle; wenn sie zu kochen beginnt, schütten Sie den Grieß hin-

ein und lassen ihn unter Rühren gut zehn Minuten lang kochen. Geben Sie alle weite-ren Zutaten zu (auch ein Ei, wenn Sie den Pudding risikolos aus der Form stürzen wol-len), dann gießen Sie die Mischung in eine Puddingform um und lassen sie im Rohr im Wasserbad fertig kochen.

Mengenangaben für 4 Personen: 150 g Grieß, 8 Deziliter Wasser (oder Milch), 50 g Rosinen, 50 g Pinienkerne, 50 g Mandeln, 2 Löffel passum oder carenum.

Rezepte für Grießpudding gibt es in jedem Kochbuch natürlich in Hülle und Fülle, aber vielleicht lohnt sich der Hinweis auf einen Pudding aus der türkischen Küche, der wie in dem römischen Rezept ohne Eier zubereitet und daher von Dessertellern zu essen und nicht zu stürzen ist.

MODERNES REZEPT AUS DER TÜRKEI

Irmik helvasi (Grießpudding): Mandeln und Pinienkerne in Butter rösten; Grieß, am besten großkörnigen, dazugeben. Lassen Sie ihn anbräunen, während Sie mit einem Holzlöffel ständig rühren (eventuell weiter Butter zugeben). Wenn der Grieß eine goldene Farbe hat, gießen Sie nach und nach die bereits gezuckerte und kochendheiße Milch dazu. Stellen Sie die gut verschlossene Kasserolle auf ganz kleine Flamme. Häufig behutsam umrühren. Auf dem Feuer lassen, bis die Milch ganz aufgesogen ist. Geben Sie gemahlenen Zimt dazu und rühren gut um. Servieren.

Mengenangaben für 5-6 Personen: je 1 Tasse Grieß und Zucker, 1 Tassen Milch, 1/2 Tasse Butter, 1 Löffel fein gehackte Pinienkerne und Mandeln, 1 Teelöffel Zimtpulver.

PFIRSICH-AUFLAUF
(Apicius 161)

Patina de persicis: Persica duriora purgabis, frustratim concides, elixas, in patina compones, olei modicum superstillabis et cum cuminato inferes.	*Pfirsich-Auflauf: Säubere etwas härtere Pfirsiche und schneide sie in Stücke, koche sie, lege sie auf ein Backblech, träufle etwas Öl darüber und serviere sie mit Kümmelsauce.*

Wie aus seinem lateinischen Namen und dem im Rezept verlangten, für das Backen im Rohr unverzichtbaren Öl geschlossen werden darf, handelt es sich bei diesem Gericht um einen Auflauf. Auch wenn Apicius es nicht erwähnt, halte ich deshalb die Zugabe der Zutaten, die für einen Auflauf notwendig sind, deshalb für selbstverständlich.

Das folgende Rezept, ein ähnlicher Auflauf (patina piris), erwähnt Eier ausdrücklich. Wir dürfen nicht vergessen, daß Apicius sich an Personen wendet, die in der Küche bereits Erfahrung haben, und es deshalb nicht jedesmal für nötig hält, Zutaten zu erwähnen, die ihm selbstverständlich erscheinen. So etwa würde heute eine von uns zu ihrer Freundin sagen: »Ach, ein Omelett confiture sollst du machen? Ich geb' dir ein Rezept: Nimm doch statt der üblichen Marmelade gekochte Pfirsiche«. Dabei werden natürlich Details der Zubereitung übersprungen, die ohnehin klar sind.

Sie nehmen also für 4 Personen 3 Eier, 3 Deziliter Milch, 4-5 schöne, saftige Pfirsiche. Schon geschält und in Stücke zerteilt, in wenig Wasser (damit sie sich damit nicht zu sehr vollsaugen) oder besser noch in etwas Wein kochen lassen. Sie zerdrücken das Fruchtfleisch, das sie zu den Eiern und der Milch gegeben haben, und schütten die Masse in eine feuerfeste Form; diese beträufeln

MENSA SECUNDA

Ein Quittenpüree ist ein anderes, typisches Dessert der Römer. Auf dem Foto sind Granatäpfel beigegeben, das in der Antike sehr geschätzte Symbol guter Vorzeichen, und Früchte, wie sie sowohl in der Antike wie bei uns für die winterliche Jahreszeit typisch sind.

QUITTENPÜREE

Sie kochen die Quitten kurz und schneiden sie dann in große Stücke; zerstampfen Sie sie und lassen sie dann mit zwei Löffeln Honig und etwas Mostsirup weiterkochen. Wenn Sie wollen, können Sie auch zwei Eier zugeben und alles im Ofen backen.

Sie mit etwas Öl, streuen Pfeffer darüber und schieben sie ins Rohr. Die Kumin-Sauce von Rezept Apicius 31 paßt dazu, ich rate Ihnen jedoch, das garum wegzulassen.

Der Pfirsich-Auflauf ist auch ohne Sauce sehr gut. Backzeit im Ofen 20 Minuten bei 180 Grad.

BIRNEN-AUFLAUF
(Apicius 162)

> **Patina de piris: Pira elixa et purgata e medio teres cum pipere, cumino, melle, passo, liquamine, oleo modico. Ovis missis patinam facies, piper super aspargis et inferes.**

> *Birnen-Auflauf: Zerstampfe gekochte und entkernte Birnen mit Pfeffer, Kumin, Honig, passum, garum und etwas Öl. Nach Zugabe von Eiern mache einen Auflauf, streue Pfeffer darauf und trage auf.*

Ähnlich wie im Rezept zuvor lassen Sie die ganzen Birnen in Wasser oder Weißwein kochen. Wenn sie gar sind, schälen, das Kerngehäuse entfernen und zu einem Püree zerdrücken, dem Sie Honig, Pfeffer, Kumin und etwas Likörwein untermischen.

Verquirlen Sie die Eier wie für einen Pfannkuchen, geben Sie die Masse und etwas Öl zu; in einer feuerfesten Form in den Ofen schieben.

Mengenangaben für 4 Personen: 4 Birnen, 3 Eier, 1/2 Glas Likörwein, Weißwein zum Kochen der Birnen soviel wie nötig, 1 Löffel Honig, 1 Prise Pfeffer und Kumin, 1 Löffel Öl. Nach Belieben auch 3 Deziliter Milch. Backzeit im Rohr etwa 20 Minuten (180 Grad).

QUITTEN-AUFLAUF
(Apicius 164)

> **Patina de cydoneis: Mala cydonia cum porris, melle, liquamine, oleo, defricto coques; et inferes, vel elixata ex melle.**

> *Quitten-Auflauf: Koche Quitten mit Porree, Honig, garum, Öl, defrutum und trage sie auf; oder in Honig gekocht.*

Hier schlägt Apicius zwei Möglichkeit vor: Die erste ist ein Auflauf aus Quitten und Porree, die zweite ein Quittenpüree mit Honig. Probieren Sie beides aus, es lohnt sich.

Für das erste Rezept nehmen Sie zwei große Quitten und 2 Porreestangen: Lassen Sie die in große Stücke geschnittenen Quitten in einem Topf kochen, den Porree in einem anderen (er ist schneller gar). Wenn beides gar ist, durch ein Sieb passieren und mit Honig und Mostsirup mischen; dann 2 Eier zugeben und das Ganze im Rohr backen. Es gilt noch immer der persönliche Rat, das garum zu vergessen.

Das zweite Rezept ist ein sehr delikates Quittenmus, das vor allem Kindern mögen werden. Kochen Sie die in große Stücke geschnittenen Quitten; dann zerdrücken und mit 2 Löffeln Honig und etwas Mostsirup weiterkochen. Heiß oder kalt servieren (1 kg Quitten reicht für 4 Personen).

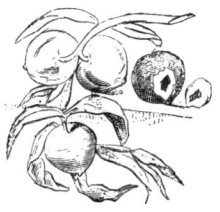

»MELCAS«
(Apicius 304)

Melcas: Cum pipere et liquamine vel sale, oleo et coriandro.	*Dicke Milch: Mit Pfeffer und garum, oder mit Salz, Öl und Koriander.*

Die Römer schätzten diese verdauungsfördernde Speise auf der Grundlage von Dickmilch sehr; sie ist unserem Joghurt verwandt. Nach einem libanesischem Rezept, das ich weiter unten bringe, können Sie die Dickmilch selbst zubereiten. Nach Belieben mit Pfeffer und garum würzen, oder mit Salz, Öl und Koriander. Auf eine Tasse Dickmilch (Menge für eine Person) rechnen sie eine Prise Pfeffer und 1 Teelöffel garum oder oenogarum; oder 1 Prise Salz, 2 Löffel Öl und 1 Prise Koriander. Es handelt sich um ein sehr wirksames Digestivum.

MODERNES REZEPT AUS DEM LIBANON

Dickmilch (aus Ziegen- oder Schafsmilch). Sie nehmen 5 l Milch und setzen sie in einer Kasserolle aufs Feuer. Wenn sie den Siedepunkt erreicht hat, vom Feuer nehmen und abkühlen lassen. Nun 500 g Joghurt zugeben und gut umrühren. Mit einer Wolldecke zudecken und ruhen lassen. Nach etwa zwei Stunden haben Sie gegorene Milch; wenn Sie sie 12 Stunden weiter gären lassen, haben Sie Joghurt.

Dieses elementare Verfahren erinnert an das Rezept über Dickmilch, das in der Geoponica (einer Abhandlung über griechische Landwirtschaft) enthalten ist: »Gebt geronnene Milch zu frischer Milch, um sie sauer werden zu lassen. Behaltet stets etwas geronnene Milch und werft sie nicht weg, damit ihr neue daraus machen könnt, sobald sie verbraucht ist.« (18, 21) Eine andere, kompliziertere Methode, die Columella erwähnt, besteht darin, der Milch ein Sträußchen aromatische Kräuter und Zwiebeln beizugeben, dann das Gefäß zu verschließen und 5 Tage gären zu lassen. Danach wurde eine Öffnung in das Gefäß gebohrt, um die entstandene Buttermilch abfließen zu lassen. Daraufhin wurde das Gefäß wieder verschlossen, die Milch vergor zwei weitere Tage, dann wurde sie gesalzen und umgerührt.

Aus diesem Rezept, das Columella oxygala (saure Milch) nennt, ergibt sich freilich eher Käse statt Joghurt. Es erinnert stark an eine alte Mailänder Zubereitungsart, die »Cagiada« genannt wurde.

Noch zwei Rezepte gehören zu diesem Kapitel, das »Zedern-Frikassee« und das »Aprikosen-Frikassee«. Da beide aber nicht sehr süß sind, ja, das zweite Frikassee sogar Speck enthält und somit eng mit einem Aprikosen-Frikassee verwandt ist, das Apicius als gustum (Vorspeise) bezeichnet, habe ich beide in dem Kapitel über Vorspeisen untergebracht.

In Vorspeisen-Kapitel werden Sie auch das Rezept über das moretum finden, eine Käsespeise, die sehr gut auch als Abschluß eines Mahls dienen kann, möglichst mit der »Piadina« zusammen serviert, einem Fladen, den Sie im selben Rezept beschrieben finden. Im folgenden 11. Kapitel schließlich werden Sie Rezepte für die Zubereitung von getrockneten Früchten finden – Feigen, gefüllte Datteln usw. –, die Sie als Dessert reichen können. In der schönen Jahreszeit könnten Sie auch frische Feigen mit einer warmen Focaccia oder warmen Most- oder Honigbrötchen anbieten.

11. Kapitel
DIE AUFBEWAHRUNG DER SPEISEN

Ein Kistchen Oliven
Hier die Olive, die kommt, der picenischen Kel-
ter entzogen, bildet den Anfang des Mahls, bil-
det zugleich auch den Schluß.

(Martial XIII, 36)

Quitten
Setzt man dir Quitten vor, von kekropischem
Honig gesättigt, »Honigäpfel wie die«, sagst
du, »die schmecken mir gut.«

(Martial XIII, 24)

Honigwaben
Gibst du sizilischen Waben von Hügeln der
mittleren Hybla, darfst du sagen, es sind
Waben kekropischen Lands.

(Martial, XIII, 105)

Wenn unvorhergesehene Gäste kommen, ist die Ruhe jeder Hausfrau auch heute noch durch eine gut sortierte, mit vielen haltbaren Lebensmitteln reich bestückte Speisekammer gesichert. Das Aufbewahren bereitet uns ja dank der Kühlschränke, Tiefkühltruhen und vakuumverpackten Produkte, welche die Industrie heute anbietet, keinerlei Probleme mehr. Die Römerinnen aber mußte ihre Konserven noch selber herstellen, wollten sie der Ankunft eines unerwarteten Gastes gefaßt entgegensehen. Der Markt offerierte ihnen lediglich Fischkonserven, garum in seinen unzähligen Varianten und aus dem Nahen Osten oder aus Nordafrika importiertes Trockenobst.

Darüber hinaus füllten die römischen Frauen ihre Speisekammern mit getrockneten Hülsenfrüchten (Kichererbsen, Saubohnen, Linsen usw.), mit Getreide, Öl, Wein und Honig, so wie wir uns heute Vorräte an Teigwaren und Tomaten in der Dose halten.

Aber auch manche Produkte aus Obst- und Gemüsegärten waren zum Einlegen geeignet und bildeten dann nützliche Rücklagen; auch waren gekaufte Nahrungsmittel bisweilen von schlechter Qualität, und in einem solchen Fall mußte man Abhilfe schaffen, ohne die Früchte gleich wegzuwerfen. Die Gesellschaft der Antike war nicht so konsumorientiert wie unsere. Dies war der Grund, warum jedes Handbuch, angefangen beim Werk des »Untadeligen Landwirts« bis zum Buch des »Großen Kochs« und zu den medizinischen Lehrbüchern von sämtlichen Autoren – Cato, Columella, Apicius, Plinius und den anonymen Autoren des Geoponica – Instruktionen und Ratschläge zur Konservierung erteilt.

Folglich stoßen wir auf Rezepte zum Einmachen von Rüben, Feigen oder Trüffeln, Prozeduren zur Verbesserung von verdorbenem Honig oder zur Rettung von versalzenem garum. Man lehrte Tricks, die vermeiden sollten, daß gebratener Fisch oder das Fleisch zu stinken begannen.

Einige dieser Rezepte bringe ich hier: manche sind Kuriositäten, andere können in unseren Küchen nachgekocht werden und sind gut.

Salzlake, Salz, Gewürze, Öl, Essig, Honig und Senf waren die Grundzutaten, mit denen Speisen auf Dauer haltbar gemacht wurden. Deshalb mußten sie von einwandfreier Qualität sein.

Und hier nun einige Rezepte und Ratschläge.

GEWÜRZSALZ
(Apicius 29)

Sales conditos ad multa: Sales conditos ad digestionem, ad ventrem movendum, et omnes morbos et pestilentiam et omnia frigora prohibent generari, sunt autem et suavissimi ultra quam speras. Sales communes frictos lib. I, sales ammonicos, frictos lib. II, piperis albi uncias III, gingiber unc. II, amneos unc. I semis, timi unc. I semis, apii seminis unc. I semis (si apii semen mittere nolueris, petroselini mittis unc. III), origani unc. III, erucae semen unc. I semis, piperis nigri unc. III, croci unc. I, ysopi Cretici unc. II; folium unc. II, petroselinum unc. II, aneto unc. II.	*Gewürzsalz für viele Dinge: Gewürzsalze zur Verdauung und um den Magen anzuregen, verhindern das Entstehen aller Krankheiten, Seuchen und aller Erkältungen, sie sind aber auch sehr süß, mehr als du hoffst. 1 Pfund normales, gemahlenes Salz, 2 Pfund Pökelsalz, 3 Unzen weißen Pfeffer, 1 Unze Wacholder, 1 1/2 Pfund Ammei, 1 1/2 Thymian, 1 1/2 Selleriesamen (wenn du keinen Sellerie dazugeben willst, gib 3 Unzen Petersilie dazu), 3 Unzen Oregano, 1 1/2 Unzen wilder Rauke, 3 Unzen schwarzen Pfeffer, 1 Unze Safran, 3 Unzen Kretischen Ysop, 2 Unzen Lavendelblätter, 2 Unzen Petersilie und 2 Unzen Dill.*

Zur Herstellung von gebackenem Salz wurde das Salz in einen Tonkrug geschüttet, der daraufhin versiegelt und mit Erde und Stroh verschmiert solange in Kohlenglut lag, bis es aufgehört hatte zu prasseln.

Was das Pökelsalz anbelangt, handelt es sich um Salz aus der Oase von Ammon, dem heutigen Sivah in Libyen. Dieser Art Salz wurden viele verdauungsfördernde, reinigende Eigenschaften zugeschrieben, so weitgehend, daß es — wie hier — als Allheilmittel betrachtet wurde.

GEWÜRZTER VERDAUUNGSTRANK
(Apicius 37)

Oxyporum: Cumini unc. II, zingiberis unc. I, rutae viridis unc. I, nitri scripulos VI, dactilorum pinguium scripulos XII, piperis unc. I, mellis unc. IX. Cuminum vel Ethiopicum aut Siriacum aut Libicum aceto infundes, sicca, et sic tundes. Postea melle comprehendis. Cum necesse fuerit, oxygaro uteris.	*Oxyporum: 2 Unzen Kumin, 1 Unze Wacholder, 1 Unze frische Raute, 6 Scrupel Soda, 12 Datteln, 1 Unze Pfeffer und 9 Unzen Honig. Gib Kumin aus Ägypten, Syrien und Libyen in Essig, lasse ihn trocknen und zerreibe ihn. Danach tue ihn mit dem Honig zusammen. Wenn es nötig ist, nimm oxygarum (garum mit Essig)*

Ein solches Gebräu aus Kräutern, Früchten, Honig und Essig wurde als starkes Digestivum geschätzt; der Name selbst bedeutete auf Griechisch »möge es die Verdauung aktivieren« (und meinte damit »Arznei«). Es wurde benutzt, um nach einem ausschweifenden Mahl die Verdauung zu fördern, und es wurde gegen Magenschmerzen, Nierenschmerzen, Nierensteine und Koliken eingesetzt. Kaiser Nero in seiner schrankenlosen Genußsucht — er setzte sich bei Sonnenuntergang zu Tisch und blieb dort bis zum folgenden Morgen! — hatte ein bevorzugtes oxyporum, das Alka Seltzer jener Zeit, das er sich aus Quitten, Granatäpfeln und mit Sumach (Rhus coriarius) gekochten Vogelbeeren und Safran brauen ließ.

Ich habe nicht gewagt, davon zu kosten, aber wenn jemand mutiger sein sollte, kann er für das Rezept die Mengenangaben in der Gewichtstabelle am Ende des Buches benutzen.

Zwei weitere Rezepte, die leichter nachzukochen sind, hat Apicius unter dem Titel oxygarum digestibilem (garum mit verdauungsförderndem Essig) gesammelt. Das erste schlägt eine Mischung aus Pfeffer, Kardamom, Kumin, Lavendelblättern und getrockneter Minze vor, die zerstoßen, durch ein Haarsieb (oder durch Gaze) gefiltert und dann in Essig und garum (Apicius 29) aufgelöst werden sollten. Das zweite verlangt mit Honig gebundenen Pfeffer, Petersilie, Kumin und Liebstöckel; das Ganze solle in garum und Essig verrührt werden (Apicius 40).

Diese beiden leicht nachkochbaren Rezepte fördern tatsächlich die Verdauung. Es könnte amüsant sein, Ihren Gästen zum Abschluß des Mahls einen solchen Trank anzubieten, der bestimmt nicht schlechter schmeckt als mancher Kräuterlikör.

Columella lehrte, wie Senf zuzubereiten sei, sowohl gewöhnlicher als auch verfeinerter, dem zerstoßene Mandeln und Pinienkerne beigegeben werden, damit er schön weiß aussieht.

WIE MAN SENFSAUCE HERSTELLT
(Columella XII, LVII)

Sinapim quemadmodum facias: Semen sinapis diligenter purgato et cribrato: deinde aqua frigida eluito et cum fuerit bene lotum, duabus horis in aqua sinito: postea tollito, et manibus expressum in mortarium novum aut bene emundatum conicito et pistillis conterito: cum contritum fuerit, totam intritam ad medium mortarium contrahito et comprimito manu plana: deinde cum compresseris, scarificato et impositis paucis carbonibus vivis aquam nitratam suffundito, ut omnem amaritudinem eius et pallorem exsaniet: deinde statim mortarium erigito, ut omnis humor eliquetur: post hoc album acre acetum adicito et pistillo permisceto colatoque. Hoc ius ad rapa condienda optime facit.

Caeterum si velis ad usum conviviorum praeparare, cum exsaniaveris, sinapi nucleos pineos quam recentissimos et amygdalam adicito, diligenterque conterito infuso aceto. Caetera, ut supra dixi, facito. Hoc sinapi ad embammata non solum idoneo, sed etiam specioso uteris nam est candoris eximii, si sit curiose factum.

Man reinige Senfsamen gründlich und siebe ihn. Dann wasche man ihn mit kaltem Wasser und lasse ihn, wenn er ganz sauber ist, zwei Stunden im Wasser stehen. Hernach nehme man ihn heraus, werfe ihn in einen neuen, gut gesäuberten Mörser und zerstoße ihn mit der Keule. Ist er zerstoßen, dann schiebe man die Masse in der Mitte des Mörsers zusammen und drücke sie mit der flachen Hand zusammen. hat man dies getan, dann teile man den Haufen, lege ein paar glühende Holzkohlen dazwischen und gieße Sodawasser darüber, damit sie alle Bitterkeit ausschwitzt und die blaßgelbe Farbe verliert. Danach gibt man den scharfen, weißen Essig hinzu, mischt alles mit dem Stößel ineinander und seiht es durch. Diese Brühe ist zum Einmachen der weißen Rüben hervorragend brauchbar.

Will man sie dagegen zum Tafelgebrauch zubereiten, dann gebe man zur Senfbrühe nach dem Austropfen möglichst frische Pinienkerne und Stärkemehl hinzu, gieße Essig darüber und verreibe es sorgfältig. Das übrige mache man, wie ich oben gesagt habe. Diese Senfbrühe ist nicht nur ein ganz brauchbares, sondern ein ganz glänzendes Mittel zur Herstellung von Saucen. Denn wenn sie sorgfältig hergestellt ist, hat sie eine außerordentlich helle Farbe.

Von Apicius ist ein merkwürdiges Rezept erhalten, wie Rotwein zu bleichen und in Weißwein zu verwandeln sei. Es erinnert an die beiden Methoden, die bei den Griechen und Römern gebräuchlich waren: Die erste bestand in der Zugabe von Dickbohnenmehl oder Eiweiß (beides ist als Aufheller bekannt), die zweite in der Zugabe von Asche aus dem Rebenholz weißer Trauben (tatsächlich hat Holzkohle einen Bleicheffekt). Das Rezept ist eine Kuriosität, und als solche bringe ich es.

WIE MAN ROTWEIN BLEICHT
(Apicius 7)

Lomentum ex faba factum vel ovorum trium alborem in lagonam mittis et diutissima agitas: alia die erit candidum. Et cineres vitis albae idem faciunt.	*Gib Paste aus Dickbohnenmehl oder 3 Eiweiß in die Flasche und schüttele sehr lange. Am nächsten Tag wird er weiß sein. Asche von weißem Rebenholz macht dasselbe.*

Auch garum, ob gekauft oder im Haus gemacht, konnte verderben. Falls es einen unangenehmen Geschmack angenommen hatte oder versalzen war – es gab ein Mittel dagegen. Hier ist es:

WIE MAN GARUM VERBESSERT
(Apicius 8)

De liquamine emendando: Liquamen si odorem malum fecerit, vas inane inversum fumiga lauro et cupresso, et in hoc liquamen infunde ante ventilatum. Si salsum fuerit, mellis sextarium mittis et moves picas..., et emendasti; sed et mustum recens idem praestat.	*Wenn das garum einen schlechten Geruch bekommen hat, räuchere ein leeres Gefäß von unten her mit Lorbeer- und Zypressenholz aus und gieße das vorher gelüftete garum hinein. Wenn es gesalzen ist, gib einen Sextar Honig dazu, rühre es um, und du hast es verbessert. Aber auch frischer Most zeigt dieselbe Wirkung.*

Vor der Erfindung des Kühlschranks war es ein ernsthaftes Problem, wie Fleisch haltbar zu machen sei. Salz und Gewürze sowie das Räuchern waren die gebräuchlichsten Konservierungsmittel; aber derart behandeltes Fleisch wurde womöglich zu salzig, und so mancher konnte gepökeltes Fleisch vermutlich nicht ausstehen. Auch dazu hat unser Apicius einen Vorschlag.

WIE MAN FLEISCH OHNE SALZ AUFBEWAHRT
(Apicius 9)

Ut carnes sine sale quovis tempore recentes sint: Carnes recentes quales volueris melle tegantur, sed vas pendeat et, quando volueris, utere. Hoc hieme melius fit, aestate paucis diebus durabit. Et in carne cocta itidem facies.	*Wie Fleisch ohne Salz zu jeder Zeit frisch ist: Die frischen Fleischstücke, was für welche du auch möchtest, sollen mit Honig bedeckt werden, aber das Gefäß soll aufgehängt sein. Verwende sie dann, wann du willst. Das geschieht besser im Winter, im Sommer hält es sich nur wenige Tage. Dasselbe mache auch bei gekochtem Fleisch.*

WIE MAN SALZFLEISCH MILD MACHT
(Apicius 11)

Ut carnem salsam dulcem facias: Carnem salsam dulcem facias, si prius in lacte coquas et postea in aquam.	*Wie man Salzfleisch mild macht: Salzfleisch kannst du mild machen, wenn du es zuerst in Milch und dann in Wasser kochst.*

WIE MAN GEBRATENE FISCHE AUFBEWAHRT
(Apicius 12)

Ut pisces fricti diu durent: Eodem momento quo friguntur et levantur ab aceto calido perfunduntur.	*Wie sich gebratene Fische lange halten: Zur selben Zeit, wenn sie gebraten und aus dem Topf genommen werden, werden sie mit warmem Essig übergossen.*

Zum Schluß noch drei Wurstrezepte, die es gestatten, uns eine Vorstellung von der Arbeit damaliger Metzger zu machen. Das erste ist ein Rezept zur Herstellung der berühmten lucanicae oder Würsten aus Lukanien (oder Basilikata); für uns moderne Menschen ist das interessant — garum darf nicht fehlen, aber »gesetzlich vorgeschriebene Konservierungsmittel« sind nicht dabei. Die beiden anderen sind eigenartige Würste, die gekocht und heiß gegessen werden sollen; die eine wird aus Ei und Hirn, die andere aus Fleisch und Grieß hergestellt.

LUKANISCHE WÜRSTCHEN
(Apicius 61)

Lucanicae: Teritur piper, cuminum, satureia, ruta, petroselinum, condimentum, bacae lauri, liquamen, et admiscetur pulpa bene tunsa ita ut denuo bene cum ipso subtrito fricetur. Cum liquamine admixto, pipere integro et abundanti pinguedine et nucleis inicies in intestinum perquam tenuatim perductum, et sic ad fumum suspenditur.	*Lukanische Würstchen: Man mahlt Pfeffer, Kumin, Bohnenkraut, Raute, Petersilie, Gewürzkraut, Lorbeeren, garum und es wird feingeschnittenes Fleisch dazugemischt, so daß es wieder zusammen gemahlen und zerrieben wird. Zusammen mit dazugemischtem garum, ganzen Pfefferkörnern und reichlich Fett und Pinienkernen fülle es in Wursthaut, die überaus dünn sein soll, und so wird es zum Räuchern aufgehängt.*

WÜRSTE
(Apicius 62 und 63)

Farcimina: Ova et cerebella teres, nucleos pineos, piper, liquamen, laser modicum et his intestinum implebis. Elixas, postea assas et inferes. Aliter: Coctam alicam et tritam cum pulpa concisa et trita una cum pipere et liquamine et nucleos. Farcies intestinum et elidabis, diende cum sale assabis et cum senapi inferes, vel sic concisum in disco.	*Würste: Stampfe Eier und Hirnchen, Pinienkerne, Pfeffer, garum und etwas laser, und damit fülle die Wursthaut. Koche sie in Wasser, dann grille sie und trage auf.* *Auf andere Art: Gekochter Grieß gestampft mit Hackfleisch und mit Pfeffer und garum und Pinienkernen. Stopfe damit die Wursthaut und koche sie, dann grille sie mit Salz und trage sie mit Senf auf, oder einfach auf einer Platte aufgeschnitten.*

169

Kommen wir nun zu den Obst- und Gemüserezepten, die wir ebenfalls problemlos umsetzen können. Wir haben sie den Texten von Cato, Columella und Apicius entnommen.

WIE WEISSE RÜBEN UND STECKRÜBEN EINGEMACHT WERDEN
(Columella XII, LVI)

Rapas et napos quomodo condias. Rapa quam rotundissima sumito eaque, si sunt lutosa, detergito et summam cutem novacula decerpito: deinde (sicut consueverunt salgamarii) decussatim ferramento lunato incidito: sed caveto, ne usque ad imum praecidas rapa. Tum salem inter incisuras raporum, non nimium minutum aspergito et rapa in alveo aut seria componito et sale plusculo aspersa triduo sinito, dum exudent: post tertiam diem mediam fibram rapi gustato, si receperit salem: deinde cum videbitur satis recepisse, exemptis omnibus, singula suo sibi iure eluito: vel si non multum liquoris fuerit, muriam duram adicito, et ita eluito: et postea in quadratam cistam vimineam, quae neque spisse, solide tamen et crassis viminibus contexta sit, rapa componito: deinde sic aptatam tabulam superponito, ut usque ad fundum, si res exigat, intra cistam deprimi possit. Cum autem eam tabulam sic aptaveris, gravia pondera superponito, et sinito nocte tota et uno die siccari: tum in dolio picato fictili, vel in vitreo compomito et sic infundito sinapi et aceto, ut a iure contegantur. Napu quoque, sed integri, si minuti sunt, maiores autem insecti, eodem iure, quo rapa, condiri possunt: sed curandum est ut haec utraque antequam caulem agant et cymam faciant, dum sunt tenera, componantur.

Napos minutos integros, aut rursus amplos in tres aut quattuor partes divisos, in vas conicito, et aceto infundito, salis quoque cocti unum sextarium in congium aceti adicito: post trigesimum diem uti poteris.

Die Rüben nimmt man so dick wie möglich, wischt sie ab, wenn sie schmutzig sind, und schält ihnen mit einem scharfen Messer die äußerste Haut ab.

Dann schneidet man sie, wie es die Einsalzer zu tun pflegen, mit einem gekrümmten Messer kreuzweise ein, hütet sich aber, sie bis zur Mitte durchzuschneiden. Danach streut man in die Schnitte nicht allzu feines Salz und legt die Rüben in eine Wanne oder einen Kessèl, streut weiteres Salz über sie und läßt sie drei Tage lang ruhen, bis sie ihr Wasser ausschwitzen. Nach dem dritten Tage koste man einen Schnitz aus dem Inneren einer Rübe, (um festzustellen), ob sie Salz aufgenommen hat. Wenn man glaubt, sie hat genug aufgenommen, nimmt man sie alle heraus und spült jede einzeln in ihrem eigenen Saft aus. Wenn es nur wenig Flüssigkeit ist, gibt man harte Salzlake hinzu und wäscht sie so aus. Danach legt man die Rüben in einen viereckigen Weidenkasten, der nicht dicht, aber gediegen und aus kräftigen Weidenruten geflochten ist. Darüber lege man ein Brett, das so passend zugeschnitten ist, daß man es nötigenfalls innerhalb des Kastens bis zum Boden niederdrücken kann. Hat man das Brett so eingesetzt, dann legt man schwere Gewichte darauf und läßt (die Rüben) eine Nacht und einen Tag trocknen. Nun legt man sie in ein ausgepichtes Tongefäß oder einen Glasbehälter ein und gießt Senfbrühe darüber, so daß sie von der Flüssigkeit überdeckt werden. In derselben Brühe wie die weißen Rüben kann man auch Steckrüben einmachen, unzerschnitten freilich nur dann, wenn sie klein sind, die größeren dagegen zerschnitten. Man muß aber darauf achten, daß sie nur eingelagert werden, solange sie zart sind und noch ehe sie einen Stiel und einen Blattsproß treiben.

Eine andere Methode: Kleine Steckrüben wirft man ganz, größere wiederum in drei oder vier Stücke zerschnitten in ein Gefäß und übergießt sie mit Essig. Ferner gibt man einen Sextar gerösteten Salzes zu je einem Congius Essig. Nach drei Tagen kann man sie verwenden.

Zwei weitere Rezepte zum Einmachen von Rüben finden wir bei Apicius; zum Glück sind sie viel kürzer.

WIE MAN RÜBEN AUFBEWAHREN KANN
(Apicius 25)

Rapae ut diu serventur: Ante accuratas et compositas asperges mirtae bacis cum melle et aceto. Aliter: Senapi tempera melle, aceto, sale et super compositas rapas infundes.	*Wie sich Rüben lange aufbewahren lassen: Schütte über die vorher sorgfältig gereinigten und zurechtgelegten Rüben Myrtenbeeren mit Honig und Essig.* *Auf andere Art: Schmecke Senf mit Honig, Essig und Salz ab und gieße ihn über die zurechtgelegten Rüben.*

Ein Rezept von Apicius demonstriert, wie wir Trüffeln einlegen können: Zeugnis einer glücklichen Zeit, in der die Trüffel wohl noch nicht so sündhaft teuer waren, wenn sie krügeweise aufbewahrt werden konnten! Es bleibt uns nichts weiter, als neidvoll zu lesen:

WIE MAN TRÜFFELN EINLEGEN SOLLTE
(Apicius 27)

Tubera ut diu serventur: Tubera quae aquae non vexaverint componis in vas alternis, alternis scobem siccam mittis et gipsas et loco frigido pones.	*Wie sich Trüffeln lange aufbewahren lassen: Lege in ein Gefäß abwechselnd je eine Schicht Trüffeln, die kein Wasser berührt hat, und eine Schicht trockene Sägespäne; verschließe und vergipse es und stelle es an einen kühlen Ort.*

WIE MAN GRÜNE OLIVEN EINMACHEN SOLL
(Cato CXVII)

Oleae albae quo modo condiantur: Antequam nigrae fiant, contundantur et in aquam deiciantur. Crebro aquam mutet. Deinde, ubi satis maceratae erunt, exprimat et in acetumm coiciat et oleum addat, salis selibram in modium olearum. Feniculum et lentiscum seorsum condat in acetum... Manibus siccis cum voles sumito.	*Wie man grüne Oliven einmachen soll: Bevor sie schwarz werden, sollen sie zerstampft und in Wasser geworfen werden. Das Wasser wechsele man häufig. Dann, sobald sie genug mürbe sind, drücke man (das Wasser) aus und werfe sie in Essig und gieße Öl dazu; Salz 1/2 Pfund auf einen Scheffel Oliven. Fenchel und Lentiscus (Mastix) lege man gesondert in Essig. Wenn du die Oliven damit zusammentun willst, verbrauche sie bald. Drücke sie in ein Tongefäß; wenn du sie essen willst, nimm sie mit trockenen Händen.*

EIN WEITERES VERFAHREN
(Cato CXVIII)

Oleam albam, quam secundum vindemmiam uti voles, sic condito. Musti tantundem addito, quantum aceti. Cetera item condito ita uti supra scriptum est.	*Grüne Oliven, die du erst nach der Weinernte verbrauchen willst, mache so ein: Gib ebenso viel Most hinzu wie Essig. Im übrigen mache sie ebenso ein, wie oben geschrieben steht.*

Columella (XII, XLIX) sagt, daß die meisten »unter die Oliven, nachdem sie vorher zerstoßen wurden, Porree, Raute und Minze mischen, die sie mit zartem Sellerie zusammen fein gehackt haben, ganz wenig mit Pfeffer und Honig oder etwas Honigwein gewürzten Essig dazutun, mit reichlich grünem Öl tränken und dann ein Sträußchen grünen Sellerie darüberlegen«. Wir können dieses Verfahren nachahmen, indem wir grüne Oliven kaufen, sie mit dem Fleischklopfer sacht zerquetschen (oder jede Olive leicht einschneiden) und sie dann zusammen mit Öl, Essig und aromatischen Kräutern in ein gut verschließbares Gefäß geben und dort mürbe werden lassen.

REGIONALES REZEPT AUS KALABRIEN

In Kalabrien bereitet man Oliven zu, indem man zerriebenen roten Peperoncino ins Öl gibt. Die Oliven schmecken auf diese Weise sehr würzig und kräftig. Sie können schon nach gut zwei Wochen verzehrt werden. Das Einmachverfahren ist ähnlich wie bei den Römern; der – aus Amerika stammende! – Peperoncino kam natürlich erst Jahrhunderte später dazu.

WIE SICH WEINTRAUBEN
LANGE AUFBEWAHREN LASSEN
(Apicius 18)

Uvae ut diu serventur. Accipies uvas de vite inlaesas, et aquam pluvialem ad tertias decoques, et mittis in vas in quo et uvas mittis. Vas picarti et gipsari facies, et in locum frigidum ubi soli accessum non habet reponi facies et, quando volueris, uvas virides invenies. Et ipsam aquam pro idromelli aegris dabis. Et si ordeo obruas, inlaesas invenies.	*Nimm unverletzte Weintrauben, koche Regenwasser auf ein Drittel ein und gib es in ein Gefäß, in das du auch die Trauben gibst. Verpiche und vergipse das Gefäß und stelle es an einen kühlen Ort, wo die Sonne nicht hinkommt, und du wirst, wann du willst, grüne Trauben haben. Das Wasser selbst kannst du statt Honigmet den Kranken geben. Auch wenn du sie in Gerste vergräbst, wirst du sie unbeschädigt finden.*

Das gleiche Rezept findet sich in den griechischen Texten zur Landwirtschaft. Es handelte sich offenbar um ein allgemein bekanntes Verfahren. In Gerste wurden überdies auch Zedernfrüchte und Quitten aufbewahrt. Und um auch im Winter frische Trauben zu haben, wurden noch Ende des letzten Jahrhunderts Weintrauben mit Hirsekörnern oder anderem Getreide bedeckt in Fässern aufbewahrt. Nun, für uns ist das Problem, auch außerhalb der

Saison frische Früchte zu haben, durch die Schnelligkeit heutiger Transportmittel, die uns im Winter aus den Ländern der südlichen Hemisphäre frisches Obst bringen, endgültig gelöst.

WIE SICH MAULBEEREN LANGE HALTEN
(Apicius 23)

Mora ut diu durent. Ex moris sucum facito et cum sapa misce et in vitrio vase cum mora mitte: custodies multo tempore.	*Wie sich Maulbeeren lange halten: Mache Saft aus Maulbeeren, mische ihn mit sapa, und gib ihn zusammen mit den Maulbeeren in ein Glasgefäß: du wirst sie lange Zeit aufbewahren können.*

Die Maulbeeren, von denen Apicius spricht, sind in Süditalien noch zu haben. In Kampanien gibt es noch eine hervorragende Spezialität: das Maulbeereis.

Wenn Sie sich welche besorgen können, bereiten Sie einen Sirup zu, indem sie 500 g Maulbeeren 20 Minuten lang kochen. Dann seihen Sie durch, geben 4 oder 5 Löffel sapa zu und gießen davon so viel in ein Glas (ein Marmeladeglas zum Beispiel), daß die Maulbeeren, die Sie dort hinein getan haben, vollständig bedeckt sind. Sie können sie zu Süßspeisen, Puddings oder Eis servieren.

WIE SICH ÄPFEL UND GRANATÄPFEL LANGE HALTEN
(Apicius 19)

Ut mala et mala granata diu durent. In calidam ferventem merge, et statim leva et suspende.	*Wie sich Äpfel und Granatäpfel lange halten: Tauche sie in kochendes Wasser; nimm sie gleich wieder heraus und hänge sie auf.*

In Wirklichkeit erscheint uns dieses Verfahren ergänzungsbedürftig: In den anderen antiken Texten heißt es nämlich, man solle die Äpfel ins Wasser tauchen, in der Sonne trocknen lassen und dann aufhängen; das ist überzeugender.

WIE SICH QUITTEN LANGE AUFBEWAHREN LASSEN
(Apicius 20)

Ut mala cidonia diu serventur. Eligis mala sine vitio cum ramulis et foliis et condes in vas et suffundes mel et defritum et diu servabis.	*Suche Quitten ohne Fehler mit Zweigen und Blättern aus und gib sie in ein Gefäß und gieße Honig und Mostsirup darüber. Du wirst sie länger aufbewahren können.*

Columella (XII, XLVII) dagegen schlägt vor, Quitten in Honig einzulegen. Er ermahnt dazu, schöne, reife Quitten zu nehmen, sonst ließen sie sich vorm Verzehr schlecht schneiden, und die Früchte nicht zu quetschen. Der Honig, den man über die Quitten gab, war sehr flüssig. Die Flüssigkeit, die sich mit der Zeit bildete, wurde Apfelhonig genannt.

Wie sich Zedernfrüchte lange halten
(Apicius 22)

Citria ut diu durent. In vas citrium mitte, gipsa, suspende.	*Damit sich Zedernfrüchte lange halten können: Gib sie in ein Glasgefäß, vergipse es und hänge es auf.*

Die Zedernfrüchte wurden auch in Hirse und vor allem in einer Lehmhülle aufbewahrt. Immer wenn man eine Frucht verwenden wollte, zerschlug man den Lehm und verzehrte sie.

Wie man vielerlei Früchte aufbewahren kann
(Apicius 21)

Ficum recentem, mala, pruna, pira cerasia ut diu serves. Omnia cum peciolis diligenter legito et in melle ponito ne se contingant.	*Wie du frische Feigen, Äpfel, Pflaumen, Birnen und Kirschen lange aufbewahren kannst: Lies alle zusammen mit den Stielen sorgfältig aus und lege sie in Honig ein, ohne daß sie sich berühren.*

Wie man getrocknete Feigen aufbewahrt
(Cato XCIX)

Fici aridae si voles uti integrae sint, in vas fictile condito. Id amurca decocta unguito.	*Wenn du willst, daß sie unversehrt bleiben, lege sie in ein irdenes Gefäß. Das bestreiche mit eingekochtem Olivenfruchtwasser.*

Regionales Rezept aus Apulien.

In Apulien läßt man die Feigen an der Sonne trocknen (wir können dazu den Ofen oder den Trockner benutzen), und bewahrt sie dann in Tongefäßen auf, in denen die einzelnen Feigenschichten jeweils durch Lorbeerblätter voneinander getrennt sind. Durch dieses Verfahren erhalten die Feigen ein außerordentliches Aroma.

Feigen und Datteln wurden im antiken Rom mit Walnüssen, Haselnüssen oder Pinienkernen gefüllt. Derart präparierte Datteln konnte man auch für ein köstliches warmes Dessert verwenden, dessen Rezept wir hier bringen:

Dulcia domestica
(Apicius 296)

Palmulas vel dactilos excepto semine, nuce vel nucleis vel piper tritum inpercies. Sale floris contingis, frigis in melle cocto et inferes.	*Fülle große oder normale Datteln, nachdem der Kern entfernt ist, mit Walnüssen oder Pinienkernen oder fülle gemahlenen Pfeffer hinein. Bestreue sie außen mit Salz, brate sie in gekochtem Honig und trage auf.*

Für die Zubereitung von gefüllten Datteln sind auch getrocknete aus der Schachtel sehr gut zu verwenden, für die Zubereitung von gebratenen Datteln sind frische vorzuziehen (wenngleich nicht unabdingbar). Entkernen Sie die Datteln, füllen Sie einige mit Walnüssen, andere mit grob zerhackten Pinienkernen und lassen Sie sie in heißem Honig in der Pfanne braten. Rechnen Sie 5-6 Datteln pro Person.

12. Kapitel
DIE GETRÄNKE

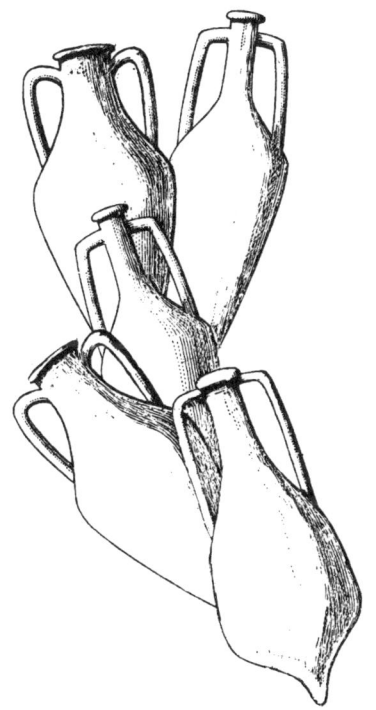

Fundaner

*Diesen Fundaner hier
brachte Opimius' glückliches Weinjahr,
und der Konsul selbst presste und trank
auch den Most.*

(Martial, XIII, 113)

Met

*Attischer Honig,
du trübst den Nektartrank des Falerners,
Gut wär's, solches Getränk
mischte allein Ganymed.*

(Martial, XII, 108)

Falernum

*Dieser Massiker
kam aus den Kellern von Sinuessa.
Wer damals Konsul war, fragst du?
Da gab's sie noch nicht.*

(Martial, XII, 111)

9   Verkohlte Eier, Brot, Feigen und Nüsse, gefunden in Bäckereien und
     Schenken in Pompei.
10   Abwiegen von Brot auf dem Markt, aus einem Relief in Capua.
11   Brotverkauf auf einem Fresko in Pompei.
12   Mahlsteine aus Lavagestein und Backofen zum Brotbacken, ausgegraben
     in Pompei.

Die Römer hatten nicht unsere heutige Auswahl an warmen und kalten Getränken zur Verfügung. Wasser, Milch, Wein, Bier, ein Gerstentee oder einen Kräuteraufguß, das war alles, was zu haben war.

Auf dem Lande wurde im allgemeinen Wasser und Milch getrunken, und Wasser und Milch tranken die Kinder; aber die Milch (lac), die gewöhnlich getrunken wurde, stammte nicht von der Kuh, sondern von Ziegen oder Schafen. Denn die antike mediterrane Welt war sehr viel reicher an Schafen und Ziegen als an großen Rinderherden, was im übrigen heute noch für einen großen Teil Italiens und für die anderen Länder am Mittelmeer zutrifft. Die Kühe waren zudem keine Milchkühe, ihre Milch diente lediglich der Kälberaufzucht.

Auch Kamelmilch wurde sehr geschätzt; sie galt als die süßeste und nahrhafteste Milch, war aber nicht leicht zu beschaffen und wurde deshalb fast ausschließlich in den asiatischen und afrikanischen Provinzen, wo es Kamele gab, getrunken.

Pferde- und Eselsmilch, die wir manchmal bei den antiken Autoren erwähnt finden, wurde fast ausschließlich zu kosmetischen oder medizinischen Zwecken verwendet.

Bei der Ernährung von Erwachsenen jedesfalls kam der Milch in der Stadt kaum Bedeutung zu. Sie war der Zubereitung einiger Gerichte – Pudding oder Grießbrei – und den Kindern vorbehalten.

Ein weiteres bekanntes Getränk war Bier (cervisia): In großen Mengen schon zur Zeit der Ägypter hergestellt, die als seine Erfinder galten, war das Bier bei den Römern ein vergorenes Getränk aus Weizen und Gerste, aber ohne die Zugabe von Hopfen, der im heutigen Bier enthalten ist und es aromatisch und auf Dauer haltbar macht. Weil der Hopfen fehlte, wurde Bier in der Antike nur kurzzeitig aufbewahrt und besaß nicht jenen leicht bitteren Geschmack, den es heute hat.

Obgleich auf industriellem Niveau hergestellt und in Ägypten, Spanien und in den Provinzen nördlich der Alpen weit verbreitet, galt Bier bei den Römern nur als ein stärkendes Getränk für Kranke: keine Hausherrin hätte ihren Gästen jemals Bier vorgesetzt; es war hauptsächlich das Getränk der einfachen Soldaten in den Provinz-Garnisonen. Wie anspruchsvolle Menschen über Bier urteilten, veranschaulicht ein Epigramm, das Kaiser Julius dem Abtrünnigen (361-363 n.Chr.) zugeschrieben wird:

Der Wein des Rebstocks duftet wie Nektar,
der Wein aus Gerste stinkt wie ein Bock.
Der Wein des Rebstocks kommt von Bacchus,
Sohn der Göttin Semele,
der Wein aus Gerste kommt vom Brot.

Also ist Wein ein göttliches Produkt, Bier dagegen plebejischer Herkunft! Und tatsächlich war Wein das am meisten geschätzte und getrunkene Getränk der antiken Welt. Ein Essen, ein Gastmahl ohne Wein wäre undenkbar gewesen! Die berühmtesten Anbaugebiete lagen in Kampanien, woher der gefeierte Falerner und der Massiker kamen, in Gallien, das sehr aromatische und geräucherte Weine (wie den aus Marseille) herstellte, in Spanien und natürlich in Griechenland, in Knossos, Kio, Kos und Rhodos, von dort kamen die berühmtesten Weine. Auch nördlich der Alpen wurde schon vor der römischen Eroberung Wein angebaut, nachher jedoch erlebte die Produktion einen bemerkenswerten Aufschwung und nicht geringe Verbesserungen, insbesondere in den Gebieten an Mosel und Rhein, die heute noch Weinregionen sind. Sogar in England wurden zu römischer Zeit Reben angebaut.

Die Methoden zum Anbau von Rebstöcken und die Weinherstellung waren uraltes Erbe italischer Tradition: Der erste, griechische Name eines großen Teils von Süditalien lautete Enotria – »Land des Weins«.

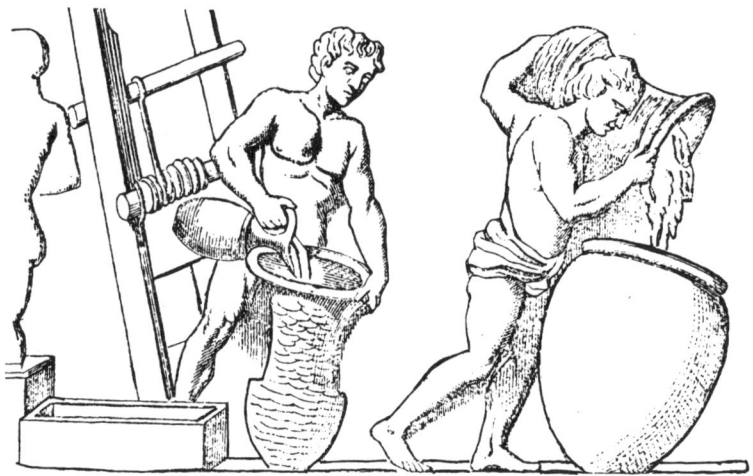

Von den Anbaumethoden haben wir genaue Kenntnis durch Catos und Columellas Schriften zur Landwirtschaft. Während sich dieses System von jenem, das noch bis vor 70-80 Jahren gebräuchlich war, wenig unterscheidet, wurde bei der Weinherstellung damals sehr primitiv verfahren. Die Produktion war enorm, aber jeder Produzent hatte das Problem der Haltbarkeit zu lösen. Der Wein wurde rasch zu Essig, insbesondere verdarb er während des Transports auf See, ein im übrigen auch heute noch schwierig zu lösendes Problem. Nachdem die Trauben gekeltert und durch große Binsenkörbe gefiltert worden waren, wurden Stabilisatoren und Konservierungsmittel zugegeben; in Griechenland war Meerwasser am gebräuchlichsten, aber Cato und Columella rieten auch zu Harz, Teer und Wurzeln von Iris und Schwertlilie, sogar zu kalkhaltigen Mineralien und Bleisalzen. Neben diesen Methoden, die wohl irgendwie gewirkt haben müssen, gab es viele von purem Aberglauben und magischem Denken diktierte Ratschläge. War die Qualität eines Weins bedroht, weil ein Tier in den Bottich gefallen und ertrunken war, hieß es, die Tierleiche solle von Sklaven herausgefischt und verbrannt werden. Die Asche müsse abkühlen, sei dann wieder in den Wein zu streuen und mit einem Holzlöffel einzurühren (Columella, XII, Kap. XXXI).

Nach solcherlei Vorbereitung wurde der Most in große Tonkrüge oder Holzfässer geschüttet, die gut gepicht und mit Meerwasser ausgewaschen waren. In Amphoren umgegossen, auf denen häufig Herstellungsort, Jahr und Faßvermögen des Gefäßes vermerkt waren – bei Luxusweinen gab es eigens Etiketten aus Leder, Stoff oder Pergament, die pittacia, die um den Amphorenhals gebunden wurden –, reiste der Wein durch die ganze bekannte Welt. Amphoren mit Wein sind bei archäologischen Ausgrabungen gefunden worden, die Hunderte, ja bisweilen auch Tausende von Kilometern vom Herstellungsort entfernt waren. In Israel hat eine der jüngsten Ausgrabungen in den Ruinen des Königspalasts von Herodes zur Entdeckung von 12 noch erhaltenen römischen Amphoren geführt: Italienischer Wein, für König Herodes hergestellt, »abgefüllt« und auf dem Seeweg nach Palästina verschickt. Die Aufschrift auf den Amphoren besagt: »Ich bin Herodes, König der Juden«.

Der in der Antike produzierte Wein war im allgemeinen sehr stark und wurde niemals pur, sondern stets mit Wasser verdünnt getrunken, im Verhältnis von drei Teilen Wasser auf einen Teil Wein. Die Aufgabe, das richtige Mischungsverhältnis herzustellen, erfüllten die Sommeliers der damaligen Zeit, die cellarii (Kellermeister), welche dazu ein raffiniertes Gefäß, die authepsa, benutzten.

Die authepsa war eine Art Samowar, der in seinem Inneren ein kleines Becken für Holzglut barg (oder ein Töpfchen für Schnee). Ein Teil faßte Wasser und Wein, durch eine Tülle wurde das Getränk in die Becher gegossen, und oben auf der authepsa saß ein Filter. Der Wein wurde durch diesen Filter in die authepsa gegossen, denn er hatte stets viele Rückstände und mußte gereinigt werden. Durch denselben Filter wurde auch das Wasser gegossen, das den Wein verdünnen sollte, und manche cellarii gaben in den Filter Fenchel oder andere duftende Samen, die dem Wein ein besonderes »cachet« verliehen. Das Kohlenbecken diente im Winter für die Zubereitung von warmem Wein, im Sommer dagegen kühlte Schnee das römische Lieblingsgetränk.

Einerseits wurde also Wein mit Wasser gemischt, um ihn trinkbar zu machen. Andererseits gab es aber die Betrügereien unehrlicher Händler, die Wein verkauften, der mit viel zu viel Wasser »gestreckt« worden war.

Martial hat die Bräuche eines Händlers namens Coranus gegeißelt:

Nicht überall hat der Ertrag der Weinernte
versagt, Ovid; der starke Regen war nützlich:
Coranus bracht's auf hundert Krüge – voll Wassers.
(Martial IX, 98)

Ein anderes übliches Verfahren bestand darin, schlechten Wein mit gutem Wein zu verschneiden:

Tucca, was hast du davon, den alten Falerner zu mischen
mit Vatikanischem Most, wie du in Krügen ihn bargst?
Was nur hat der abscheuliche Wein dir so Gutes geleistet?
Oder der treffliche Wein, was hat er dir Böses getan?
Uns ... das wäre nicht schade, doch Frevel, Falerner zu morden.
und zu campanischem Wein gräßlich Gifte zu tun?
Deine Gäste – sie haben's vielleicht verdient zu verderben,
ein so kostbarer Krug hat nicht zu sterben verdient.
(Martial, I, 18)

Nichts Neues unter der Sonne! Dieser Satz ist diesmal wirklich angebracht.
Überdies wurde für die Sklaven ein minderwertiger Wein aus Trester hergestellt, und es ist interessant zu wissen, wie der »Wein« beschaffen war, den der sparsame, um nicht zu sagen knauserige Patronus Cato für die Sklaven empfahl. Hier ist sein Originalrezept:

Wein für die Sklavenschaft im Winter zum Trinken:
Gieße 10 Quadrantalia Most in ein Faß, dazu gieße 2 Quadrantalia
scharfen Essig,
2 Quadrantalia Weinsirup und 50 Quadrantalia Süßwasser.
Das rühre alles roh dreimal täglich 5 Tage hintereinander um.
Dazu gieße: abgestandenes Meerwasser 64 Sextare und lege einen Deckel
auf das Faß und verschmiere ihn nach 10 Tagen mit Gips.
Dieser Wein wird sich dir bis zur Sommersonnenwende halten.
(Cato CIV)

In moderne Mengenmaße übersetzt klingt das so: 258 l Most, 51,6 l Weinsirup (sapa), 1290 l Süßwasser, 34,5 l abgestandenes Meerwasser!
Nicht zufällig fügt Cato hinzu. »Wenn nach der Sommersonnenwende noch etwas übrig ist, wird es der beste und schärfste Essig sein!«
Tatsächlich wäre es besser, dieses Getränk nicht Wein, sondern posca zu nennen, das erfrischende Getränk auf der Grundlage von Essig oder Essigwein und Wasser, das in den antiken Texten häufig erwähnt wird. Dieses Getränk war bei den Heerestruppen üblich, es galt als erfrischend und sicher auch als vitaminreich. An dieser Stelle kommt uns die von Johan-

nes erzählte Stelle aus der Leidensgeschichte Jesu in den Sinn: »Dann sagte Jesus, als er wußte, das alles vollbracht war: >Mich dürstet.< Dort gab es eine Amphore, die mit Essig gefüllt war. Sie tauchten einen Schwamm hinein, steckten ihn auf einen Ysopzweig und führten ihn an seinen Mund« (Johannes 19, 28-29). Die Geste des unbekanntes Legionärs war also keine Bosheit, wie oft geglaubt wird, sondern eine bloße Geste des Mitleids gegenüber einem Sterbenden.

Zurück zum Wein, dem fürstlichen Getränk auf Banketten und in Schenken sowie Grundzutat sehr vieler Rezepte: Überlegen wir, wie er zu Tisch gebracht und in der Küche verwendet wurde.

Neben dem aus normal angebauten und ausgereiften Trauben hergestellten Wein wurde auch passum produziert, ein aus Rosinen gewonnener Likörwein, wie wir heute sagen würden. Seine Herstellung verlangte, daß die Trauben in der Sonne am Rebstock dörrten. Dann wurden sie gepflückt und gekeltert. Das Resultat war ein schwerer, süßer, für Desserts geeigneter Wein.

Auch wurde der Wein zu Sirup eingekocht und ergab das carenum (auf Griechisch karoinon), von dem Gallienus spricht. Der ungewöhnliche Name rührte vielleicht von dem Brauch, ihn in einem Gefäß aufzubewahren, das einer Nußschale glich (oinos = Wein; cariunon = in Gestalt einer Nuß). Andere Autoren dagegen sprechen von caroenum, als wäre es Mostsirup.

Überdies wurde der Wein gewürzt (vinum conditum) und zwar vor allem mit Pfeffer, Kräutern wie Wermut und Kumin, Blumenessenzen aus Veilchen und Rosen, den Wurzeln von Iris und Feuerlilie und darüber hinaus noch mit Samen aus Fenchel, Kumin und anderen. Verwöhnte Römer schätzten diese Zubereitung des Weins so sehr, daß sie auf Reisen stets ein Säckchen mit ihrem Lieblingscocktail aus Kräutern dabei hatten, die sie in den Wein gaben, welchen die Gasthäuser ausschenkten.

Da Wermut die wichtigste Würze dieser Weine war, hieß das solcherart aromatisierte Getränk vinum absinthiatum. Die Deutschen übersetzten dies wortwörtlich mit Wermut-Wein, und dieser Name ist uns heute dank der seltsamen Anleihen der Sprachen untereinander vertrauter als der lateinische Begriff. Die deutsche Bezeichnung verkam mit der Zeit zu Vermouth, einem nach wie vor sehr beliebten Aperitif und Digestif aus Wein und Kräutern, zu denen eben auch Wermut gehört, der ihm die bittere Note verleiht.

Ein interessantes Rezept für einen »gewürzten« Wein steht am Anfang von Apicius' Abhandlung: Es ist das erste Rezept der Sammlung, die uns erhalten ist, und es trägt die Überschrift »Ausgezeichneter Kräuterwein«.

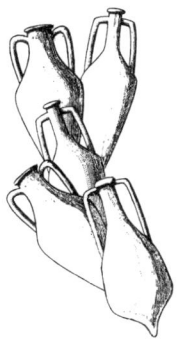

»Conditum Paradoxum«
(Apicius 1)

Conditi paradoxi compositio: Mellis p. XV in aeneum cas mittuntur, praemissis vini sextariis duobus, ut in coctura mellis vinum decoquas. Quod igni lento et aridis lignis calefactum, commotum ferula dum coquitur, si effervere coeperit, vini rore conpescitur, praeter quod subtracto igni in se redit. Cum perfrixerit, rursus accenditur. Hoc secundo ac tertio fiet, ac tum demum remotum a foco postridie despumatur. Tum (mittis) piperis uncias quattuor iam triti, masticis scripulos III, folii et croci dragmae singulae, dactilorum assibus torridis quinque, isdemque dactilis vino mollitis, intercedente prius suffusione vini de suo odo ac numero, ut tritura lenis habeatur. His omnibus paratis supermittis vini lenis sextaria XVIII. Carbones perfecto aderunt (duo milia).

Paradoxer Gewürzwein: Zubereitung von paradoxem Gewürzwein: 15 Pfund Honig werden zu 2 Sextarien Wein in ein ehernes Gefäß gegeben, so daß du den Wein zu einer Honigbrühe einkochst. Diese wird auf einer kleinen Flamme aus trockenem Holz erhitzt und mit einem Rutenbesen umgerührt, während sie kocht. Sobald sie anfängt aufzuschäumen, wird sie durch Besprengen mit Wein abgelöscht, außer was in sich zurückgeht, wenn das Feuer nicht mehr einwirkt. Wenn sie abgekühlt ist, wird das Feuer wieder angefacht. Das geschieht noch ein zweites und drittes Mal, und dann erst wird sie vom Herd genommen und am folgenden Tag abgeschäumt. Dann gib 4 Unzen Pfeffer hinzu, 3 Skrupel Harz, je ein Quentchen Lorbeerblätter und Safran, 5 geröstete Dattelkerne samt der vorher in Wein eingeweichten Datteln, vorher aber gib nach Menge und Anzahl soviel Wein dazu, daß man eine milde Gewürzmischung erhält. Wenn das alles fertig ist, gib 18 Sextarien milden Weines dazu. Kohle wird helfen, es zu vollenden.

Ein anderes Rezept beschreibt die Zubereitung römischen Wermutweins.

»Absintium Romanum«
(Apicius 3)

...absinti Pontici purgati terendique unciam, Thebaicam dabis, maticis, folii (scripulos) III, costi scripulos senos, croci scripulos III, vini eius modi sextarios XVIII. Carbones amaritudo non exigit.

... je 1 Unze gereinigten und gemahlenen Pontischen Wermut sowie 1 thebanische Dattel, 3 Skrupel Harz und aromatische Blätter (Lorbeer), 6 Skrupel Scherberkraut, 3 Skrupel Safran, 18 Sextarien alten Wein. Kohlen verlangt die Bitterkeit nicht.

Ob es sich um das Geheimrezept jenes Vermouths handelt, den eine berühmte Turiner Firma seit Ende des 18. Jahrhunderts braut?! Das wäre zu schön, um wahr zu sein!

Die Römer fügten dem Wein und Most auch Honig hinzu und erhielten auf diese Art das mulsum, das Getränk, das auf allen Banketten zu den Vorspeisen gereicht wurde.

Columella beschreibt es als mit Honig vermischten Most, der einen Monat lang gärte; das von ihm genannte Mischverhältnis beträgt 10 Pfund Honig auf 1 Gefäß für 13 l Most, praktisch ein Verhältnis von 1 kg Honig auf 4 l Most (Columella XII, 41).

Plinius wiederum empfiehlt, trockenen Wein zu nehmen, in dem sich der Honig vollständig auflösen werde (Plinius 22, 24, 53).

Was die häufig zitierte griechische Sammlung Geoponica anbelangt, beträgt das Mengenverhältnis Wein-Honig vier Fünftel Wein zu einem Fünftel Honig. Das Rezept vom Columella ist für unseren Geschmack sicher zu süß, abgesehen davon, daß es das umständlichste ist, aber mit einem anderen Mengenverhältnis ist dieser Aperitif hervorragend:

MULSUM-REZEPT

Sie lösen in einer Tasse 3 Löffel Honig in etwas Wein auf und gießen ihn dann durch einen Trichter in eine Flasche, die Sie für mindestens 2 Wochen in den Kühlschrank stellen.

Vor dem Servieren prüfen Sie, ob sich auf dem Boden Honig abgesetzt hat; ist dies der Fall, bitte umrühren. Servieren Sie das Getränk in einem Tonkrug, das paßt zu einem »antiken« Mahl.

Mengenangaben: 1 Flasche trockenen, aromatischen Weißwein, 3 Löffel Berghonig.

Falls Sie Ihren Gästen mulsum servieren, könnten Sie ihnen folgende von Plinius überlieferte Anekdote erzählen: Ein gewisser Pollio Romilius, ein hundertjähriger Greis, antwortete auf die Frage von Kaiser Augustus, wie er es schaffe, sich so jung und fit zu halten: »Indem ich mulsum für innen und Öl für außen verwende!« (- wobei er sich auf den bei Römern und Griechen üblichen Brauch bezog, die Haut zum Schutz kräftig einzuölen).

Außer den beschriebenen Getränken gab

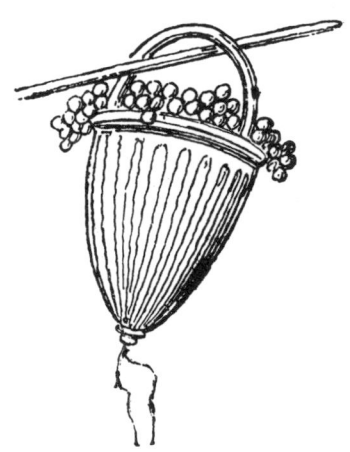

es bei den Römern auch Obstweine, die durch das Vergären von Birnen, Quitten, Granatäpfeln und selbst Datteln hergestellt wurden.

Ein anderes erfrischendes und sehr beliebtes Getränk war Met oder aqua mulsa, ein Getränk, das durch das Mischen von einem Teil Honig mit zwei Teilen Wasser entstand (Plinius 14, 113). Wenn es ganz frisch getrunken wurde, hieß es aqua mulsa subita, sonst hieß es aqua mulsa inveterata.

Die antiken Quellen besagen, daß dieses Getränk, wenn man es altern ließ, »den Geschmack von Wein annahm« (Plinius), d. h., es wurde alkoholisch; also kam ein Gärungsprozeß im Gang. Es liegt allerdings auf der Hand, daß die oben angegebenen Mengenverhältnisse von Honig und Wasser für das Zustandekommen eines solchen Prozesses nicht stimmen können; eine so starke Konzentration von Zucker würde die Gärung verhindern.

Von Bedeutung war schließlich auch eingekochter Most, Mostsirup also, der sapa, defrutum oder defritum genannt wurde. Da er jedoch kein Getränk war, sondern eine Zutat für die Zubereitung von Saucen, Kuchen und anderen Speisen, habe ich ihn im Kapitel über die Saucen beschrieben.

13. Kapitel
RÖMISCHE MENÜS
VON MARTIAL, PETRONIUS UND JUVENAL UND DAZU EIN PAAR VORSCHLÄGE FÜR IHRE GÄSTE.

Der Küchenmeister

Sage mir nur,
mit wie vielen du speisen willst und wie teuer,
Kein Wort weiter ist not.
Fertig schon steht dir das Mahl.
                              (Martial XIV, 218)

Ein richtiger Grund

Grausam scheine ich dir und gar zu bedacht auf das Schlemmen,
Rusticus,
prügel ich einmal wegen des Essens den Koch.
Scheint dir der Grund zu leicht,
um dafür Schläge zu kriegen,
weshalb meinst du wohl sonst,
soll ich den Koch verprügeln?
                              (Martial VII, 23)

Das für ein Gastmahl typische Menü setzte sich aus drei Gängen zusammen: der erste entsprach unserer Vorspeise, nannte sich gustum (oder gustatio oder promulsis) und bot den Gästen Gerichte aus Eiern, gekochten oder rohen Gemüsen (Spargeln, Kürbis und Gurken zum Beispiel) Salate, Pilze, gesalzenen Fisch, Austern, Meeresfrüchtesalat und die berühmten Schlafmäuse (siehe Seite 83).

Das Getränk zur gustatio war das mulsum (Wein mit Honig) (siehe Seite 183).

Danach folgte der zweite Gang: die sogenannte mensa prima oder caput cenae. Je nachdem, wie reich ein Amphytrion war und wie sehr er seine Gäste verblüffen wollte, wurden bis zu sieben Gerichte aus Fleisch, Wild und Fisch aufgetragen. Die Speisen wurden von Wein begleitet. Schließlich kam noch die mensa secunda, unser Dessert, das auch bei den Römern aus Süßspeisen und Früchten bestand; bisweilen wurden in dieser letzten Phase des Banketts auch salzige Speisen gereicht, bei Martial zum Beispiel Würstchen und Fladen mit Käse und bei Petronius sogar Mollusken.

Die cena wurde als die wichtigste Stunde des Tages betrachtet, Höhepunkt der Beziehung zwischen dem Patron und den Clienten, dem Reichen und seiner Schar von Schmeichlern und Nutznießern, und zwar ebenso am kaiserlichen Hof, in den verschiedenen Intellektuellenzirkeln sowie der gesamten Klasse der equites, welche in etwa unserer Bourgeoisie entsprach.

Ein Hausherr wurde danach beurteilt, wie er seine Empfänge zu gestalten und auszustatten verstand, auch nach dem Schmuck seiner Eßzimmer, dem Reichtum seines Tafelgeschirrs und natürlich nach den Speisen, die er den Gästen auftischte. Die lächerlichen Ausschweifungen der Neureichen, die ihre Gäste unbedingt blenden wollten, hat Petronius im »Gastmahl des Trimalchio« verewigt, dessen Speisenfolge wir in diesem Kapitel bringen; ebenso ins Lächerliche gezogen wurde der Geizhals, der zu wenig zu essen reichte:

Zweimal dreißig, sie waren bei dir, Mancinus, geladen;
und einen Eber allein setzte man uns gestern vor,
nicht die späten Trauben, die an den Reben gespart sind,
nicht die Äpfel, die süß, wie es der Honig nur ist,
nicht die Birnen, die hängen, mit langem Ginster gebunden,
Punische Äpfel auch nicht, rot wie die flüchtige Ros;
und nicht schickte die Bäurin von Sassina Käse in Spitzform,
auch die Olive, sie kam nicht aus picenischem Krug,
nur der Eber, auch der ganz klein, so wie ein Zwerg schon,
ohne Waffen sogar, ihn zu erlegen vermag.
(Martial I, 43)

Martial, erbarmungsloser Kritiker der Einladungen anderer, lud seinerseits ebenfalls Freunde zum Abendessen ein. War sein Menü gastlicher?

Julius Cerialis, du wirst ganz nett bei mir speisen;
sollte dir also nicht grad besseres winken, so komm!
Halte die achte Stunde nur ein. Wir baden zusammen;
weißt ja, des Stephanus Bad liegt in der Nähe bei mir.
Erstlich gibt es dann Lattich, der gut zur Verdauung dem Magen,
sowie Stiele vom Lauch, frisch erst geschnitten, und dann
Thunfischjunge, gedörrt, doch größer als dürftige Stöcker,
Eier mit Rautenlaub sind die Garnierung dabei.
Andere fehlen dann nicht, die in feiner Asche gekocht sind,
und ein Käse, gedickt auf velabrischem Herd,
und Oliven, die Frost in picenischem Land erfahren.
Das als Eingang genug. Hörst du das weitere gern?
Nun, so lüg ich, damit du nur kommst: Fisch,
Muscheln und Euter,
fettes Geflügel vom Hof, ebenso Vögel zum Stumpf,
wie sie Stella sogar nur selten bietet zum Mahle.
Ich versprech dir noch mehr: Ich rezitiere dir nichts!
Lies du selbst uns nur wieder den Sang vor von den Giganten
oder vom Land, der Virgils, des Unvergänglichen, gleichst.
(Martial XI, 52)

Die Form ist heiter, und der Dichter übertreibt seine Versprechungen, um den Freund zum Kommen zu bewegen. Die aufgezählten Speisen indes verraten, daß bei dieser Einladung nicht gespart wird: Üppige Vorspeisen, rohes und gekochtes Gemüse, mit Eierscheiben garnierter Thunfisch auf einem Bett aus Salat und ein geräucherter Käse, der die gustatio vervollständigt. Ein Vorschlag, wie er für ein sommerliches Abendessen leicht nachzuahmen ist. Den Salat werden wir natürlich mit einer Vinaigrette von Apicius oder mit seiner Käsesauce würzen.

Eine Einladung in poetischer Form sendet Martial auch an seine engsten Freunde; ein kleines Abendessen unter Männern, informell und ungezwungen. Lesen wir die Speisenfolge:

Kündet dem pharischen Rind seine Schar doch die Achte,
und abrückt eben der Trupp mit dem Speer,
während der nächste erscheint.
Zeit für das lauwarme Bad! Die Stunde vorher ist fürs Dampfbad,
und in der sechsten, da kocht's heiß, wie es Nero gefiel.
Stella, Canius, Nepos, Cerialis, Flaccus, ihr kommt doch?
Sieben Plätze! Und sechs sind wir doch: noch Lupus dazu!
Malven brachte die Meierin mir, die dem Magen so gut tun,
und was mein Garten noch sonst irgendwie an Schätzen enthält.
Niedriger Lattich ist da und Schnittlauch,
es fehlt auch nicht Minze,
die Verdauung bewirkt, noch das erotische Kraut.
Harte Eier, zerteilt, umkränzen den Stöcker in Raute,
Tunke vom Thunfisch salzt euch richtig das Euter der Sau.
Vorgeschmack dies! Es folgt nur ein Mahl mit einem Gerichte,
ein des grimmigen Wolfs Rachen entrissener Bock,
Stücke, bei denen nicht erst des Zerlegers Messer benötigt,
Bohnen, der Handwerker Speis, eben geschnittener Kohl.
Etwas Hühnchen dazu und Schinken,
was blieb von drei Mählern,
gibt es noch. Seid ihr dann satt, spend ich euch Äpfel, gar mild,
Wein ohne Satz aus dem Krug von Nomentum,
der grade drei Jahr alt
eben jetzt ward, da Frontin Consul zum zweitenmal ist.
Harmlose Scherze dann gibt es und freies Gespräch,
das am Morgen,
keinen entsetzt, und nichts, was man verschwiegen dann wünscht.
Von der grünen und blauen Partei nur rede mein Gast hier.
Keinen bringt in Gefahr solch ein Gelage bei mir.
(Martial X, 48)

Frische Produkte vom Land eröffnen die Vorspeisen, und mit gekochten Eiern bedeckte, gesalzene Sardellen und Schweinsbrust in Thunfischsauce ergänzen sie. Dann das Lamm, ein kleiner Rostbraten oder vielleicht ein delikates Ragout (Martial nennt sie ofellae). Die Beilagen dazu: Dickbohnen und würzige Brokkoli. Unter Freunden ziert man sich nicht, wenn noch einer Hunger haben sollte, gibt's noch Reste vom Tag vorher; hungrig wird keiner fortgehen. Und zum Abschluß wird es wie üblich Früchte geben. Ein guter alter Wein wird für gute Laune sorgen. Es erübrigt sich, Musiker oder Jongleure einzuladen, die Unterhaltung unter Freunden erlahmt nie, die Leidenschaft für den Sport und Debatten über wetteifernde Mannschaften werden die Stimmung erhöhen.

Auch dieses Menü können wir nachahmen, falls wir die Saueuter durch den mit Thunfischsauce überzogenen kalten Braten ersetzen (ein Vorläufer unseres »Vitello tonnato«, dem fein aufgeschnittenen, kalten Kalbsbraten mit Thunfischsauce)! Allerdings werden wir unseren Gästen tunlichst keine Reste anbieten!

Martials Einladung an seinen Freund Torianus aber ist kulinarisch vielleicht am aufregendsten:

Quält's dich, traurig allein zu speisen?
karg, Toranius, kannst du bei mir essen.
Hast du gern einen Vortrunk, soll's nicht fehlen
an dem billigen Lattich, strengem Porree.
Eierhäcksel verbirgt die Thunfischstückchen.
Grüner Kohl – man verbrennt sich daran die Finger,
faßt man an – wird serviert auf schwarzer Schüssel –
eben kam er noch aus dem kühlen Garten –,
und ein Würstchen, das auf dem weißen Brei liegt,
und mit rötlichem Speck die blassen Bohnen.
Willst du etwas dann noch zum Nachtisch haben,
wird man Trauben dir reichen, die getrocknet,
Birnen, die nach dem Volk der Syrer heißen,
und Kastanien, lang im Dampf geröstet,
die Neapel, der Sitz der Weisheit, liefert.
Und trinkst du ihn, so wird der Wein auch edel.
Regt nach allem dann, wie es ja gewöhnlich,
etwa Bacchus bei dir den Appetit an,
werden edle Oliven gleich dir helfen,
die vor kurzem picenische Bäume trugen,
warme Bohnen und heiße Kichererbsen.
Dürftig nur ist das Mahl – wer kann es leugnen? –
Doch du brauchst nicht zu lügen, hörst nicht Lügen,
ruhst behaglich mit unverstellter Miene.
Keinen mächtigen Wälzer liest der Herr dir,
keine Mädchen von zügellosen Gades
schwingen lüstern und in geübtem Zittern
ihre üppigen Hüften ohne Ende.
Doch was keinen belästigt und nicht reizlos,
eine winzige Flöte wird erschallen.
Dies mein Mahl! – Doch du wirst dem andern nachgehen,
dem bei Claudius, wünschst, es käme vorher.
(Martial V, 78)

Ein sehr frugaler Vorschlag diesmal, aber passend für ein Mahl mit Freunden oder vielleicht für ein Picknick mit Würstchen, die die Gäste selber grillen, oder für einen legeren Sommerabend auf der Terrasse, den Männer veranstalten, die allein in der Stadt zurückgeblieben sind.

Akzeptabel ist auch das Menü, das Juvenal (Satire, XI, 64-76) vorschlägt: Vorspeise aus Eiern und Spargeln, caput cenae Zicklein oder Huhn und zum Abschluß Obst. Wir haben die Wahl, ob wir zweierlei Fleisch zubereiten und welche Spezialität aus Eiern und Spargeln wir anbieten wollen, eine patina de asparagis zum Beispiel oder Eier mit einer Sauce aus Pinienkernen und Spargeln mit einer Vinaigrette dazu (siehe das Kapitel zu den Vorspeisen).

Das berühmteste römische Menü aber ist zweifellos jenes aus dem »Gastmahl des Trimalchio«! Die Speisenfolge war köstlich: als gustatio zuerst grüne und schwarze Oliven, dazu in Honig und Mohn gebratene Schlafmäuse (Siebenschläfer), heiße Würstchen vom Grill sowie Grasmücken in Eiersauce. Die mensa prima bot eine reiche Auswahl an Huhn, Hasen, Saueuter und Fisch in pikanter Sauce, dann noch einen Gang, ein mit Würstchen und Blutwürsten gefülltes Schwein, und schließlich noch ein vollständiges Kalb.

Die mensa secunda zum Abschluß bestand aus Früchten und verschiedenen Kuchen.

Die Schilderung dieses Gastmahls, ein Teil von Petronius' Roman »Satyricon«, ist indes so lebhaft und witzig, daß es sich lohnt, den Autor selbst zu Wort kommen zu lassen.

DIE VORSPEISE

Schon hatten alle Platz genommen, mit Ausnahme allein von Trimalchio, dem ein seltsamer Ehrenplatz freigehalten wurde. Übrigens stand auf dem Hors d'oeuvres-Tablett eine Eselsstatuette aus korinthischer Bronze mit einem Quersack, der auf der einen Seite weiße, auf der anderen Seite schwarze Oliven trug. Das Eselchen flankierten zwei Schüsseln, auf deren Rändern der Name Trimalchio eingraviert war und das Silberkarat. Dazu trugen gelötete Stege Siebenschläfer mit einem Überguß aus Honig und Mohn. Es gab auch heiße Würstchen über einem silbernem Grill, und darunter lagen syrische Pflaumen mit Granatkernobst.

... bevor wir mit der Vorspeise zu Ende waren, (wurde) ein Tablett mit einem Korb hereingetragen, in dem eine Henne aus Holz mit kreisförmig ausgebreiteten Flügeln saß, wie man sie beim Brüten sehen kann. Umgehend traten zwei Sklaven herzu, begannen unter einem Tusch des Orchesters das Stroh zu durchwühlen, brachten in einem fort Pfaueneier zum Vorschein und verteilten sie an die Gäste. Trimalchio wandte sich dieser Vorstellung zu und sagte: »Liebe Freunde, Pfaueneier habe ich der Henne unterlegen lassen. Und ich fürchte Gott, sie sind schon bebrütet; machen wir trotzdem einen Versuch, ob man sie noch schlürfen kann!« Uns gibt man Eierlöffel von mindestens einem halben Pfund Gewicht, und so schlagen wir die in Krapfenteig herausgebackenen Eier auf. Ich für meinen Teil hätte meine Portion beinahe hingeworfen, denn sie schien mir schon zäh geworden zu sein, als gäbe es ein Küken. Wie ich aber einen Stammgast sagen höre: Hier muß etwas Gutes stecken!«, schälte ich mit der Hand zu Ende und fand eine kugelrunde Grasmücke in einer Hülle von gepfeffertem Dotter ...

MENSA PRIMA

... ein rundes Tablett zeigte die zwölf Tierkreiszeichen im Kreise angeordnet, und der Entremettier hatte je ein besonderes und sinngemäßes Gericht daraufgelegt: auf den Widder Widdererbsen, auf den Stier ein Stück Rindfleisch, auf die Zwillinge Hoden und Nieren, auf den Krebs einen Kranz, auf den Löwen eine afrikanische Feige, auf die Jungfrau die Gebärmutter einer Jungsau, auf die Waage eine Standwaage mit einer Pastete in der einen, einem Kuchen in der anderen Schale, auf den Skorpion ein Seefischchen, auf den Schützen ein Fixierauge, auf den Steinbock einen Seehummer, auf den Wassermann eine Gans, auf die Fische zwei Barben. In der Mitte aber lag ein ausgestochenes grünes Rasenstück mit einer Wabe darauf.

Aber das ist nur ein Deckel; Sklaven heben ihn hoch und darunter liegt der eigentliche Gang:

Jetzt sehen wir darunter Poularden und Saueuter, dazu in der Mitte einen Hasen, der mit Federn drapiert war und für Pegasus gelten konnte. Auch fielen uns an den Ecken des Tabletts vier Marsyasfiguren auf, aus deren Schläuchlein eine Pfefferbrühe über Fische hinrann, die wie in einem Golf schwammen.

Dann wird dreierlei gebratenes Fleisch aufgetragen. Das erste dient nur der Anschauung: eine Sau, mit lebenden Vögeln gefüllt, die auffliegen, sobald der Bauch aufgeschnitten wird, und von den Sklaven mit Leimruten wieder eingefangen und in Käfige gesperrt werden. Um die Sau sind Ferkel aus Brotteig drapiert, die sich an die Zitzen zu drängen scheinen. Ein anderes, großes Schwein aber ist zum Essen da:

Darauf faßte Trimalchio sie scharf und immer schärfer ins Auge und sagte: »Was? Was? Ist diese Sau nicht ausgenommen? Weiß Gott, sie ist es nicht! Los, los, her mit dem Koch! Als der Koch bekümmert an die Tafel trat und sagte, er habe das Ausnehmen vergessen, poltert Trimalchio los: »Was? Vergessen? Vermutlich hat er nicht einmal Pfeffer und Kümmel zugesetzt!« Der Koch ergriff ein Schlachtmesser und schnitt der Sau in vorsichtiger Manipulation hüben und drüben den Bauch auf. Im Augenblick gaben die Ritze einem Druck nach, weiteten sich und ließen Bratwürste mit Plunzen hervorkullern.

Das letzte Gericht der mensa prima ist ein ganzes Kalb:

... dann wurde zwischen den auseinanderstiebenden Dienern ein gesottenes Kalb auf einer Zweizentnerschüssel hereingetragen, und zwar mit Helm. Es folgte Ajax, der mit gezücktem Schwert, als wäre er wahnsinnig, das Kalb zerhackte, bald die Terz, bald die Quart schlug, mit der Spitze die Stücke aufnahm und sie an die staunenden Gäste verteilte.

MENSA SECUNDA

... Dort hatte man schon ein Tablett mit einer Reihe von Kuchen hingestellt, dessen Mitte ein Priapus von Konditorhand einnahm, und dieser trug in seinem genügend splendiden Schurz wie üblich allerlei Baumfrüchte und Trauben.

192

14

13 In einem Keller in Pompei
    zusammengetragene Wein-
    amphoren.

14 Werbetafel aus einem Wein-
    laden: unter den Krügen sind
    die Preisangaben (I, II, III, IV
    Asse), je nach Qualität

15 Das Innere eines Ausschanks
    in Pompei mit in Marmor ver-
    kleideten Tresen, Trinkge-
    fäßen und Kochtöpfen
    aus Bronze.

16 Das Innere einer Schenke in
    Pompei, mit einem für Stamm-
    gäste vorbehaltenen Hinter-
    raum.

17 Die Via dell´Abbondanza in
    Pompei, im Vordergrund der
    Ausschank von Asellina mit
    einer Herberge im obersten
    Stockwerk.

Natürlich speisten nicht alle Römer so, und nicht jeden Tag gab es ein Festessen! Unter der Regentschaft mancher Kaiser herrschte selbst bei Hofe eine gewisse Mäßigung.

In Vita di Pertinax steht zu lesen: »... er war derart geizig, daß er seinen Gästen nur Artischocken und halbe Lattiche anbot. Wenn er Freunde einlud, ließ er unabhängig von der Anzahl seiner Tischgenossen stets 9 Pfund Fleisch in drei Gängen auftragen, außer wenn ihm eine Speise als Geschenk mitgebracht worden war. Was übrig blieb, bewahrte er für den nächsten Tag auf, denn Gäste hatte er stets viele. Auch als er Kaiser geworden war, behielt er seine Gewohnheiten bei, wenigstens, wenn er alleine speiste. Wenn es geschah, daß er einem seiner Freunde etwas von seinem Mahl zukommen ließ, waren es nie mehr als zwei Bissen Fleisch oder ein paar Kutteln, oder manchmal auch ein Schenkelchen vom Huhn, aber niemals eins vom Fasan, denn dieser kam bei ihm nicht auf die Tafel.« (Storia Augusta, Vita di Elvio Pertinace, XII)

Auch dürfte das Abendessen in Familie nicht viel anders gewesen sein als bei uns, im Winter eine Suppe, etwas Käse, Eier, Obst und auf der Tafel der Wohlhabenden eventuell Fleisch.

Den moderaten Sitten unserer Tage angepaßt, folgen auf den nächsten Seiten einige Menü-Vorschläge. Doch das sind natürlich nur kleine Ausschnitte aus der Palette des Möglichen; der Phantasie der Leserinnen sei keine Grenze gesetzt.

MENÜS FÜR DEN WINTER

GUSTUM	GUSTUM	GUSTUM	GUSTUM
Lattichauflauf Gekochte Eier mit *garum*	Artischocken und Linsen Frischkäse	Eier mit Pinienkernsauce Gebratener Kürbis	Eier und Artischocken

MENSA PRIMA	MENSA PRIMA	MENSA PRIMA	MENSA PRIMA
Gebratenes Wildschwein mit heißer Sauce	Schinken im Brotteig	Ente mit Pflaumen	Gefüllter Kapaun

MENSA SECUNDA	MENSA SECUNDA	MENSA SECUNDA	MENSA SECUNDA
Gefüllte Datteln	Eiercreme	Mostbrötchen	Süßes Omelett

MENÜS FÜR DEN SOMMER

GUSTUM	GUSTUM	GUSTUM	GUSTUM
Vorspeise aus Mangold Meeresfrüchtesalat	*Moretum*	Gewürzte Melone Alexandrinisches Brot	Gebratene Sardellen

MENSA PRIMA	MENSA PRIMA	MENSA PRIMA	MENSA PRIMA
Schwein mit Apfel	Muschel-Sauté	Languste vom Grill	Gefüllte Tauben

MENSA SECUNDA	MENSA SECUNDA	MENSA SECUNDA	MENSA SECUNDA
Sommerfrüchte	Gebackene Creme	Melcas Mostkuchen	Feigen

MENÜS FÜR ALLE TAGE

GUSTUM	GUSTUM	GUSTUM	GUSTUM
Grüne und schwarze Oliven Würstchen	Crostini mit Olivenpaste Spargelauflauf mit Wachteln	Mangold mit Senf *Moretum* (Kräuterkäse)	Schwarze und grüne Oliven Geräucherter Scamorza

MENSA PRIMA	MENSA PRIMA	MENSA PRIMA	MENSA PRIMA
Lammkeule auf parthische Art	Gebratene Zahnbrasse mit Kräutersauce	Fisch im eigenen Saft gekocht	Fleischklößchen

MENSA SECUNDA	MENSA SECUNDA	MENSA SECUNDA	MENSA SECUNDA
Gefüllte Feigen Kleine Honigfladen	Heiße Eiercreme in der Schale	Birnenauflauf	Obst der Saison

RAFFINIERTE MENÜS

GUSTUM	GUSTUM	GUSTUM	GUSTUM
Meeresklößchen Lattich mit Käsesauce	Crostini mit Olivenpaste Spargelauflauf mit Wachteln	Steinpilzkappen mit *garum*	Trüffeln mit Salat Gemüsevorspeise

MENSA PRIMA	MENSA PRIMA	MENSA PRIMA	MENSA PRIMA
Lammkeule auf parthische Art	Gebratene Zahnbrasse mit Kräutersauce	Ente mit Rüben	Gebratenes Perlhuhn in süßsaurer Sauce

 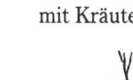

MENSA SECUNDA	MENSA SECUNDA	MENSA SECUNDA	MENSA SECUNDA
Gefüllte Feigen Honig-Fladen	Heiße Eiercreme in der Schale	Fischpastete	Gebackene Creme Granatäpfel

14. Kapitel
DIE RÖMER IN DER STADT

... und diese Müßigen bringen den ganzen Tag
in einer Weinstube hin.

(Seneca, De providentia, 4)

Wenn Nero auf dem Tiber nach Ostia fuhr
oder den Golf von Baiae entlangsegelte, waren
an den Küsten und Ufern in gewissen Abstän-
den Wirtsbuden mit Bordellbetrieb aufgestellt,
wo vornehme Damen die Wirtin machten und
ihn bald da, bald dort zum Landen einluden.

(Sueton, Das Leben des Nero, XXVIII)

Sobald sie in grauer Morgenfrühe aufgestanden waren bis zu ihrer abendlichen Rückkehr bei Sonnenuntergang, nach dem Bad in den Thermen, verbrachten die in Städten lebenden Römer den ganzen Tag draußen, auf dem Forum, in öffentlichen Ämtern und in den Gerichten, im Senat oder in diesem und jenem Geschäft; sie hatten, um es modern auszudrücken, eine durchgehende Arbeitszeit.

Notgedrungen nahmen deshalb viele von ihnen einen Bissen in der »City« zu sich, ohne viel Zeit damit zu vertun; im Winter empfand man das Bedürfnis nach einem warmen Getränk, im Sommer nach etwas Erfrischendem. Daher florierten die Stätten der Erholung im Umkreis der Thermen und auf dem Forum, angefangen bei den einfachen Weinkneipen (popinae oder thermopolia), die je nach Jahreszeit heißen oder kalten Wein, Kichererbsentorte, kleine Fladen und andere fertige Gerichte anboten, bis hin zu den Herbergen (caupanae), die Gästen von außerhalb auch Schlafplätze boten.

Diese öffentlichen Einrichtungen, von deren Existenz die Straßen Pompejis, Herkulaneums und Ostias zeugen, sahen folgendermaßen aus: zur Straße hin eine gemauerte Theke, in welche große Amphoren für Wein, Wasser und Öl eingelassen waren; an der Rückwand Regale für die Humpen und Becher und Feuerstellen, auf denen warmes Essen zubereitet oder rasch aufgewärmt wurde. Dahinter gab es für die weniger eiligen Kunden fast immer zumindest einen mit Bänken und groben Tischen ausgestatteten Raum. Hier wurde im Sitzen gegessen, wie stets bei den untersten Schichten der Bevölkerung. Die besser eingerichteten Herbergen freilich boten anspruchsvolleren Kunden auch ein Triklinium. Die antiken Texten schildern das Bedienungspersonal dieser Lokale stets als gemeinsten Pöbel, der Gast gilt nicht mehr als ein Räuber und steht auf der gesellschaftlichen Rangskala ganz unten, und die Dienerinnen pflegen den Kunden in der Regel auch andere, wenig noble Dienste zu leisten. Das Glücksspiel, das zumeist in den hinteren Räumen stattfand, wurde von der »Bauaufsichtsbehörde« mißbilligt, der Wirt konnte indes für das Treiben seiner Kunden nicht bestraft werden. Es genügte, daß er nicht gegen die möglichen Schäden protestierte, die durch die zahlreichen Schlägereien, die unter dem Gesindel losbrachen, entstanden. Öffnungs- und Schließzeiten kannten diese Lokale faktisch nicht, sie blieben bis spät in die Nacht geöffnet, was häufig mit beträchtlichen Nachteilen für die Bevölkerung verbunden war. Räuber, Tagediebe, Glücksspieler, Matrosen und entflohene Sklaven gehörten zum festen Kundenkreis. Freilich brauchten sich wohlanständige Leute nicht unter diese Stammgäste zu mischen: Sie konnten einen Krug warmen Gewürzweines, einen süßen oder salzigen warmen Fladen, einen Teller warme puls (einen Mehlbrei) oder Früchte direkt an der Straße kaufen.

Unternehmerische Wirte (und mit ihnen die salarii oder Wurstmacher) schickten sogar Burschen zum Forum, durch die Straßen der Innenstadt und zu den Thermen, wo sie gekochte Würste und ähnliche »Snacks« feilboten. Für jede Speise gab es einen besonderen Ruf, der die Aufmerksamkeit der Passanten auf sich zog und sie zum Kaufen einlud, ein Brauch, der an die ehedem so zahlreichen ambulanten Händler Italiens erinnert, die heute verschwunden oder im Aussterben begriffen sind, die Verkäufer von Kutteln und heißem Braten in Florenz zum Beispiel, die Verkäufer von »Heißen Lambro-Krebsen« oder gedünsteten Birnen in Mailand oder von »u'musu«, gekochten Kalbs- oder Schweineutern im Neapolitanischen. Die beliebteste Speise war die Kichererbsentorte, und wer sie verkaufte, scheffelte Gold.

Aber auch in den Thermen konnte gespeist werden. Neben den schon erwähnten Burschen, die dort kleine Erfrischungen feilboten, drängten sich im Umkreis der Thermen und unter den Arkaden außerhalb viele popinae, und die Besucher der Thermen konnten dort zu Mittag essen, ohne nach Hause zurückkehren zu müssen. Die Thermen öffneten nämlich mittags, und später, seit der Regentschaft Hadrians, um 14 Uhr. Wer dort hinkam, um zu baden, Gymnastik zu treiben und sich massieren zu lassen, bekam häufig Hunger. Die Ärzte selber rieten in ihren Traktaten zu bestimmten Speisen und Arzneien, die a balneo einzunehmen seien, das heißt, nach dem Verlassen des Bades.

Ein kurioses Zeugnis dieses Brauchs hat uns Apicius hinterlassen, der ein Rezept für »Fleischbällchen a balneo« aufgeschrieben hat (esicia amulata a balneo sic facies, 55); vielleicht gehörte das Rezept einst zu einer Diät, die in einem medizinischen Traktat enthalten war, das er aufbewahrt hatte. In der Tat wirkten die langen, warm-kalten Wechselbäder, Läufe, Gymnastik und Massagen wohl ermüdend und machten hungrig; eine Erfrischung zwischen dem einen oder anderen Gang war gewiß angenehm!

Ein weiteres, appetitanregendes Zeugnis der Sitte, in den Thermen zu speisen, haben wir von Martial, der sich über die häusliche Appetitlosigkeit eines gewissen Emilius lustig macht:

In den Bädern verzehrt er Lattich, Eier und Stöcker,
und »Er speist nicht zu Haus« rühmt sich Aemilius dann!
(Martial XII, 19)

Diese Weinstuben, die an englische Pubs erinnern, suchten natürlich nur Männer auf. Noch in der Kaiserzeit, als auch Frauen sich in die Thermen begaben (in spezielle Frauenabteilungen), hätte keine gut beleumdete Frau jemals ein solches Lokal betreten dürfen. Dorthin gingen allerhöchstens Sklavinnen, um für die Herrin etwas zu holen und es ihr in die Thermen zu bringen.

Neben den Kneipen gab es auch Herbergen, in denen man ein Bett und ein warmes Abendessen bekam. Hier stiegen Durchreisende, Händler oder militärische Gesandte zum Schlafen ab wie auf einer Poststation. Sie ließen sich vom Wirt eine warme Mahlzeit bringen oder schickten die mitreisenden Sklaven in die Küche, damit sie dort das Abendessen zubereiteten.

Die lebhafte Beschreibung einer taberna und ihrer Wirtin (copa) ist uns durch ein paar Zeilen aus einem elegischen Distichon mit dem Titel copa überliefert, das zum Appendix Virgiliana gehört. Es ist Sommer, die staubige Straße liegt in der Sonne, die Grillen veranstalten einen betäubenden Lärm. Eine junge, syrische Wirtin singt und tanzt vor ihrer Herberge und fordert die Vorübergehenden auf, in ihr Lokal zu treten, das Erholung und Zerstreuung verspricht.

»... und es gibt ein Weinchen, das eben erst aus dem verpichten Krug gegossen wurde, und das raschelnde Murmeln eines melodischen Bächleins: darauf sind kleine Kränze aus Krokusblüten, veilchenblaue Blütenkronen und geflochtene Kränze aus roten Rosen, gelben Blumen und Lilien von den Ufern des jungfräulichen Flusses der jungen Acheloide, die sie in Weidenkörbchen brachte. Und ich habe köstlichen, in Binsenkörben getrockneten Käse und goldene, herbstliche Susinen; und Kastanien und sanft gerötete Äpfel. Hier herrschen die unbescholtene Ceres, Amor und Bromius. Und hier gibt es blutrote Brombeeren und Beeren von milden Träubchen, und aus der Binse baumelt die dunkelgrüne Gurke ...«.
(Copa, 11-22)

Lebendig wie eine Momentaufnahme dieser Rasthäuser ist auch die Szene, die ein grobes Basrelief aus Aesernia darstellt, dem heutigen Isernia in der Region Molisse, und mit diesem Zeugnis aus Stein beschließen wir den kleinen Exkurs. Das Relief zeigt eine Wirtin und einen Reisenden mit seinem Muli; darunter ist folgender Dialog in den Stein gemeißelt:

- Wirtin, machen wir die Rechnung.
- Du hast einen Sextar Wein. 1 As für das Brot, für die Zu kost 2 As.
- In Ordnung.
- Für das Mädchen 8 As.
- Geht in Ordnung.
- Und Heu für dein Muli, macht 2 As.

BIBLIOGRAPHIE

Die antiken Quellen

Apicius   M. Gavius Apicius, De re coquinaria, Über die Kochkunst, Lateinisch/Deutsch, Hrg., übersetzt und kommentiert von Robert Maier, Stuttgart 1991. An dieser Ausgabe orientiert sich die deutsche Übersetzung der Rezepte im vorliegenden Buch. Bei Unstimmigkeiten folgt die Übersetzung der Lesart der Autorin.

Appendix   (Copa e Moretum), Libr. Scientifica Ed., Neapel 1964

Virgiliana Cato   Des Marcus Cato Belehrung über die Landwirtschaft, von Paul Thielscher, Berlin 1963

Columella   L.J. Moderato Columella, Zwölf Bücher über Landwirtschaft, Lat.Deutsch, hrg. von Will Richter, Bd. I-III, Zürich 1982

Geoponica   Geoponicorum sive de re rustica libri XX, Teubner, Leipzig 1895

Juvenal   D. Junius Juvenal, Satire, Bologna 1965

Martial   M. Valerius Martial, Epigramme, eingeleitet und im antiken Versmaß übertragen von Rudolf Helm, Zürich 1957

Petronius   Petronius, Satyrica-Schelmengeschichten, Lateinisch-deutsch von Konrad Müller und Wilhelm Ehlers, Heimeran, München 1965

Plinius   Gaius Plinius Secundus, Naturalis historia, Loeb, London 1953-1972

Seneca   L. Anneus Seneca, Epistolae, in »Opera omnia«, Loeb, London 1953-1972

Tacitus   Cornelius Tacitus, Annales, Calrendon Press, Oxford 1956

Garg. Martial   Gargilius Martialis, De medicina et de virtute herbarum, ed. V, Rose, Teubner, Leipzig 1893

Moderne Quellen über das Leben in Rom, Sitten und Gebräuche

André   J. André, Lálimentation et la cuisine à Rome, Klincksieck, Paris 1961

André   J. André, Lexique des termes de botanique en latin, Klincksieck, Paris 1965

Carcopino   J. Carcopino, La vita quotodiana a Roma all'apogeo dell'Impero, Laterza, Bari 1967

Levi   M. A. Levi, Roma antica, Utet, Turin 1963

Paoli   U. E. Paoli, Vita romana, Le Monnier, Florenz 1975

Wörterbücher und Enzyklopädien

Daremberg-Saglio, Dictionaire des Antiquités grecques et romaines, Paris 1877-1919

Pauly-Wissowa, Real-Enzyklopädie der klassischen Altertumswissenschaft, Stuttgart 1893

und zahlreiche Rezeptbücher über die regionale Küche Italiens, der arabischen Länder und der Türkei.

Die Numerierung der Rezepte von Apicius folgt der französischen Ausgabe von De re coquinaria, herausgegeben von Jacques André.

Ich habe auch die englische Ausgabe von Apicius herangezogen (Harrap, London 1958, Hrg. Flower-Rosenbaum), die deutsche des Teubner-Verlags, Leipzig 1922 und 1969, und natürlich die italienische, Pisa 1957, ed. Colombo Cursi, Hrg. A. Marsili.

GEWICHTE UND MASSEINHEITEN

Ich liste hier die gebräuchlichsten Maßeinheiten oder Gewichte und ihre Entsprechungen zu den altrömischen Maßen auf, insoweit sie in den Rezepten häufig genannt werden. Es gibt natürlich mehr davon, doch diejenigen, welche nur ab und zu erscheinen, sind aus Gründen der Übersichtlichkeit bereits in den Rezepten in die entsprechenden modernen Maße übersetzt worden.

Hohlmaße

Grundmaß: 1 Amphore	= 25,80 l
Amphore (amphora)	= 25,80 l
Urne (urna)	= 1/2 Amphore = 12,90 l
Congius	= 1/8 Amphore = 3.225 l
Sextar (sextarius)	= 1/6 congius = 1/48 Amphore = 0,547 l
Hämin (hemina)	= 1/2 Sextar = 0,273 l
Quarter (quartarius)	= 1/4 Sextar = 0,136 l
Acetabulus (acetobolus)	= 1/4 Hämina = 0,068 l
Ciatus oder cyarthus	= 1/12 Sextar = 0,045 l
Cochlear	= vielleicht 1/4 ciatus = 0,011 l
Calix	= unbestimmbar, ein Becher
Scheffel (modius)	= 1/3 Amphore = 8,60 l

Maßeinheiten für feste Körper

Grundmaß: Libra = 327 g	
Libra	= 327 g (= 12 Unzen)
Quadrant (quadrans)	= 1/4 libra = 81 g
Unze (uncia)	= 1/12 libra = 26,8
Halbe Unze (semiuncia)	= 1/2 Unzen = 13,5 g
Drachma (oder dragma)	= ca. 1/6 Unze = 4,36 g
Skrupel (scriptulus)	= 1/24 Unze = ca 1 g

GLOSSAR

Alica: grob gemahlener Weizen – Graupe
Allec (oder allex): verdorbene Fischsauce
Amulum: Stärke. Für die Römer »Reisstär-ke« oder »Roggenstärke«; durch Maizena oder Kartoffelstärke ersetzbar
Ammi: Ägyptisches Ammium (Trachysper-mum Copticum)
Aqua mulsa: Met
Carenum (oder caroenum): eingekochter Wein, Weinsirup
Careum: Kümmel (carum carvi), auch Feld-kumin genannt, wenn man den duftenden Sa-men verwendete. Kann durch Kumin ersetzt werden
Ciperus (oder ciperis): Nußgras (Cyperus rotundus). Man nahm die aromatischen Wur-zeln, die wie Lavendel dufteten
Conditum (vinum conditum): Gewürzwein oder »angemachter Wein«
Costum: Scherberkraut (Sassureia Lappa), ein ursprünglich indisches Gewürz. Sehr scharf
Defrutum (defritum): Mostsirup oder »sapa«
Embractum: Tunke oder Sauce
far (oder spelta): Dinkel, Hartkorn; ging der Einführung von Weichkorn voran, kann zu Mehl gemahlen werden
Folium: bezeichnet Blätter von Pflanzen aus der Familie der Lorbeergewächse
Hydrogarum: in Wasser aufgelöstes garum
Garum: Fischsauce
Garum castimoniale: spezielles garum für Juden
Gustatio: Vorspeise
Gustum: anderer Name für Vorspeise
Ientaculum (oder jentaculum): das morgend-liche Frühstück
Isica: Klopse oder Bällchen aus gehacktem Fleisch oder Fisch
Laser: lateinischer Name eines Gewürzes, das aus einer heute nicht mehr existieren-den Pflanze aus der Familie der Ferulae gewonnen wurde
Laserpicium: siehe laser und silphium
Liquamen: ein anderer Name für garum
Mensa prima: der Gang, der bei einem Ban-kett auf die Vorspeise folgte
Mensa secunda: der letzte Gang eines Ban-ketts, die Nachspeise
Minutal: Ragout, zumeist aus kleinen Fleischstücken und Bällchen aus gehacktem Fisch – oder Fleisch
Mulsum: Wein mit Honig
Muria: anderer Name für garum
Nardostacium: siehe spica nardi (oder spica indica)
Oenogarum: garum mit Wein
Oenomeli: siehe mulsum
Ofella: einzelnes Fleischstück eines Ragouts oder Spießes; diente manchmal auch zur Bezeichung von kleinen Rostbraten
Oxygarum: garum mit Essig
Passum: Likörwein
Patina (oder patella): Gefäß aus Metall oder Ton, in dem Eierspeisen gebacken wurden; dieser Name wurde später auf die Speisen selbst übertragen. Sie entsprechen unseren Omeletts und Aufläufen
Posca: Getränk mit Wasser oder Essig
Puleium (oder pulegium): Poleiminze, mit der Minze verwandt, wird trocken oder in Essig aufbewahrt
Puls: Mehlbrei oder Polenta
Pyrethrum: Bertramwurz (Anacyclus pyre-thrum), aus Afrika stammende, getrocknete Wurzel, die sehr stark duftet. Sie wird heute in der Küche nicht mehr verwendet
Sapa: Mostsirup
Silphium: griechischer Name für laser oder laserpicium
Similago (oder simila): halbweißes Mehl
Spica indica (oder spica nardi): Narde oder Lavendel, die Ähre eines Baldrianstengels
Tracta: ausgerollter Teig aus Mehl und Wasser

Triticum: Weichweizen, unserem Weizen verwandt

Vinum conditum: mit Beeren, Gewürzen usw. »Angemachter« Wein

Vinum myrteum: mit Myrtenbeeren gewürzter Wein

VERZEICHNIS DER REZEPTE

206

KONSERVEN

DIE GETRÄNKE

MODERNE REZEPTE

KAPITELVERZEICHNIS

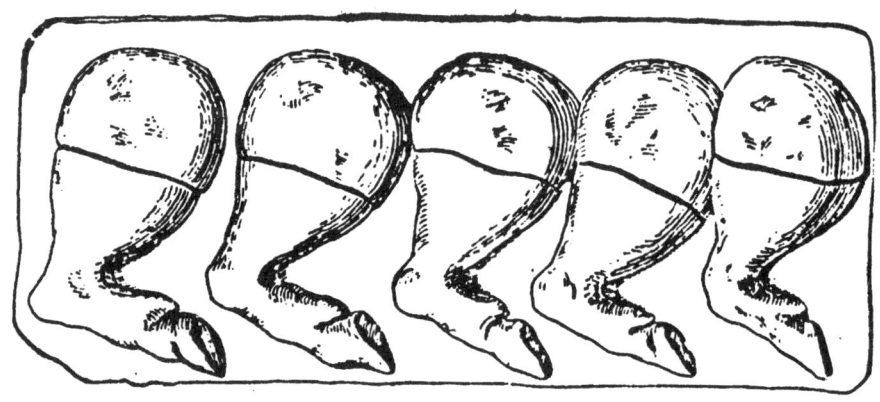